"十四五"职业教育国家规划教材

"十四五"职业教育河南省规划教材

高等职业教育财务会计类专业教材

COST ACCOUNTING

INTELLIGENT COSTING AND MANAGEMENT

成本会计

智能化成本核算与管理

（第四版）

侯丽平　刘彧　主编

东北财经大学出版社
Dongbei University of Finance & Economics Press
大连

图书在版编目（CIP）数据

成本会计：智能化成本核算与管理 / 侯丽平，刘彧主编．—4版．—大连：东北财经大学出版社，2025.9.—（高等职业教育财务会计类专业教材）．

ISBN 978-7-5654-5784-5

Ⅰ.F234.2

中国国家版本馆CIP数据核字第2025XT0855号

成本会计：智能化成本核算与管理

CHENGBEN KUAIJI：ZHINENGHUA CHENGBEN HESUAN YU GUANLI

东北财经大学出版社出版

（大连市黑石礁尖山街217号　邮政编码　116025）

网　　址：http://www.dufep.cn

读者信箱：dufep@dufe.edu.cn

大连金华光彩色印刷有限公司印刷　东北财经大学出版社发行

幅面尺寸：185mm×260mm　字数：357千字　印张：15.25　插页：1

2025年9月第4版　　2025年9月第1次印刷

责任编辑：包利华　刘晓彤　　责任校对：孟　鑫

封面设计：原　皓　　版式设计：原　皓

书号：ISBN 978-7-5654-5784-5　　定价：45.00元

教学支持　售后服务　　联系电话：（0411）84710309

如有印装质量问题，请联系营销部：（0411）84710711

第四版前言

本教材获评“十四五”职业教育国家规划教材、“十四五”首批职业教育河南省规划教材、河南省职业教育优质教材。

成本核算与管理是企业财务工作的重要组成部分，是企业提升竞争优势、提高经济效益的重要手段，更是支撑“制造强国”与“双循环”国家战略落地的关键支点。“智能化成本核算与管理”是财务会计类专业教学标准中大数据与财务管理、大数据与会计、大数据与审计等专业的核心课程，是财会专业群岗位核心技能。培养“精核算、善管理、懂技术”的高水平成本核算与管理人才，既是响应时代之需，也是顺应教育之变，教材编写团队正是在这一背景下修订了此教材。修订后的教材具有如下特色：

1. 在编写理念上坚持立德树人、产教融合

教材编写团队牢固树立“教材是立德树人的重要载体、教育教学的关键要素”这一指导思想，一方面坚持习近平新时代中国特色社会主义思想的世界观和方法论，将专业知识和技能与“自信自立”“守正创新”“问题导向”“系统观念”有机融合，落实立德树人根本任务；另一方面深化产教融合、校企“双元育人”，联合北京东大正保科技有限公司、九阶管理咨询有限公司等企业专家共同进行教材开发，紧跟产业和新技术发展趋势。

2. 在内容组织上坚持“三化设计”“五阶递进”

教材以《企业会计准则》《企业产品成本核算制度（试行）》《管理会计应用指引》等行业规范为依据，以职业教育专业教学标准为指导，根据职业教育特点和规律，围绕成本核算与管理岗位任务和工作流程，对接会计专业技术资格考试、专业领域技能竞赛，践行“岗课赛证”综合育人理念。教材聚焦成本核算与管理岗位典型工作任务，坚持“三化设计”（体例设计标准化、体系设计模块化、内容设计任务化）理念，凸显职业教育的类型定位和职业特色。教材内容以生产制造业成本核算和管理为背景，按照“成本理论—成本核算—成本管理—业务实践—智能应用”五阶递进组织教学内容，解决成本核算与管理岗位未来职业能力胜任的问题。

3. 在特色创新上坚持教科研一体和新技术赋能

教材编写团队坚持教科研一体，将科研课题、学术论文等优秀成果在教材中加以应用和实践，侯丽平主持的课题“高职高专财经类专业办学成本研究”获得河南省教育厅科技成果一等奖，刘彧撰写的《平行结转分步法简析》发表于北大核心期刊《财会通讯》，这些研究成果在本教材成书过程中得以应用和转化，在同类教材中尚属首

创。教材编写团队坚持新技术赋能，基于“人才共育、资源共享、平台共建”校企合作新格局，首创性地引入零代码开发工具，将前沿技术深度融入成本管控核心场景，构建覆盖“供产销”全价值链的表单驱动式管理新范式，为企业成本会计数字化转型提供轻量级实施方案。

4. 在配套资源上不断丰富、拓展，便教利学

本教材在“学银在线”网站配备了电子课件、教案、习题库、微课视频等数字化资源（https：//www.xueyinonline.com/detail/250646882），方便教师授课和学生自主学习。

本教材由侯丽平、刘彧任主编，许庆建、王玉任副主编，王子瑄、杨光参编。具体分工如下：侯丽平撰写项目一和项目二，王玉撰写项目三，王子瑄撰写项目四、项目五和项目七，许庆建撰写项目六，刘彧撰写项目八、项目十以及项目九的任务一和任务二，杨光撰写项目九的任务三、成本会计综合实训和成本管理智能应用。

虽然我们在教材编写过程中力求尽善尽美，但仍有一定的提升空间，恳请读者批评指正。请通过东北财经大学出版社提出意见或建议：

电话：0411-84711800

邮箱：184510119@qq.com

QQ群号：302506355（仅限任课教师加入）

教学交流群

编　者

2025年9月

目　录

成本理论篇

成本核算篇

成本管理篇

业务实践篇

智能应用篇

成本理论篇

项目一　走进成本会计

学习目标

素养目标

1. 树立成本战略意识，培养系统工作思维；
2. 树立成本职责意识，培养爱岗敬业精神。

知识目标

1. 理解成本的概念和作用；
2. 理解成本会计的概念、对象和职能；
3. 了解成本会计的任务和工作组织。

能力目标

1. 能厘清成本和费用、资产的关系；
2. 能区分不同行业企业的成本和费用。

思维导图

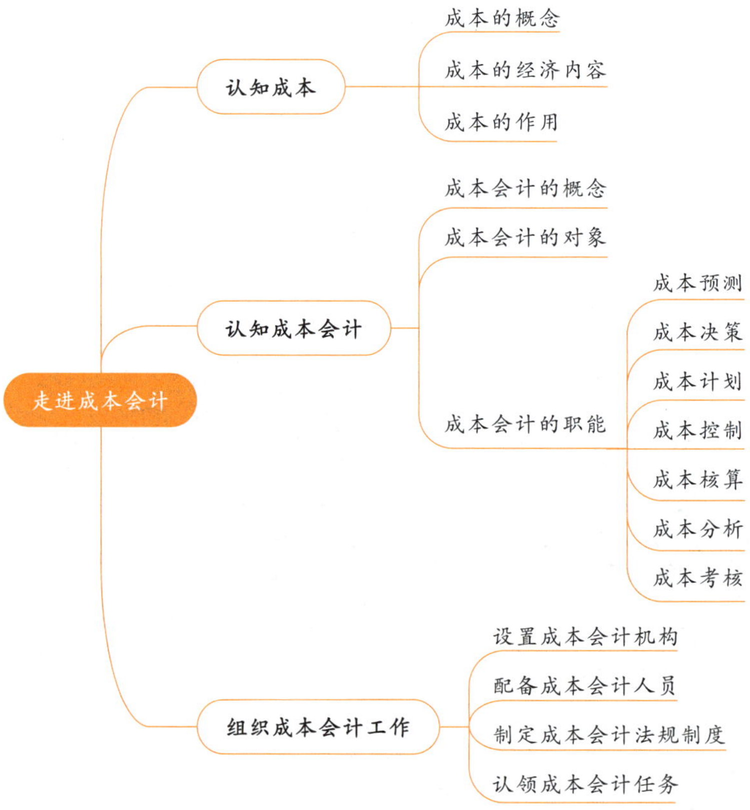

课前导入

党的二十大报告指出，建设现代化产业体系，要坚持把发展经济的着力点放在实体经济上，推进新型工业化，加快建设制造强国和质量强国。成本会计是会计学科中的一个重要分支，对支持制造业等实体经济部门转型升级发挥重要作用。成本会计工作人员作为经济信息的记录者、资源配置的引导者和政策制定的参与者，要树立正确的价值观和职业道德观，以高度的社会责任感为企业管理、社会发展和国家经济建设贡献力量。

任务一 认知成本

1.1 成本的概念

微课

成本和成本会计

广义上的成本是指为取得一定的资产或提供一定的劳务而发生的各种耗费，主要包括存货的采购成本、产品的生产成本、固定资产和无形资产的取得成本、股票和债券的投资成本等；**狭义上的成本通常是指产品的生产成本。本教材主要针对狭义上的成本概念。**

生产活动是人类最基本的活动。在生产活动中，为获得一定的经济利益必须发生各种各样的耗费。制造业企业在产品制造过程中主要发生以下三方面的耗费：❶为生产产品发生的材料费、薪资费、折旧费、水费、电费等；❷为销售产品发生的广告费、展览费、运费、专设销售机构的办公费等；❸为组织和管理生产经营活动发生的办公费、差旅费、折旧费等。但是，企业发生的这些耗费并不全部构成产品成本，只有在生产过程中为生产产品发生的各种生产耗费，才能计入产品成本。“为销售产品发生的各项耗费”和“为组织和管理生产经营活动发生的各项耗费”，则需要作为期间费用分别记入“销售费用”和“管理费用”账户。**产品的生产成本是指企业为生产一定种类和一定数量的产品而发生的各种耗费，包括直接材料、直接人工，以及不能直接计入而按一定标准分配计入的各种间接费用等。**销售费用、管理费用作为期间费用，是指企业在一定时期内发生的不需要直接或间接归属于某种或某类产品的耗费。

课堂讨论

有人说，“产品的生产成本也是一种费用”。这种说法对吗？

提示：产品的生产成本是以产品为对象归集的费用，是对象化了的费用。

1.2 成本的经济内容

产品生产是制造业企业的基本活动，产品的生产过程同时也是物化劳动和活劳动的消耗过程。在社会主义市场经济中，产品价值（w）是由生产中消耗的生产资料价值（c）、劳动者为自己的劳动所创造的价值（v）、劳动者为社会所创造的价值（m）三部分组成的。**从理论上讲，产品成本是企业在生产经营过程中所耗费的生产资料价值（c）和劳动者为自己的劳动所创造的价值（v）的总和（c+v）。**产品成本既是生产耗费的反映，又是生产补偿的尺度。只有当产品销售出去以后，产品价值得以实现，才能补偿产品成本（c+v），进而剩余价值（m）得以实现。但在实际工作中，为了促使制造业企业加强经济核算，节约生产耗费，减少生产损失，便于进行产品成本计算，某些不形成产品价值的损失（如废品损失、停工损失）也作为生产费用计入产品成本。可见，在实务中，产品成本的实际内容除了应主要反映理论成本的客观经济内涵外，也应充分体现企业成本核算和管理的要求，将某些理论上不属于（c+v）的内容也列入成本。

特别提示

产品的理论成本是指马克思主义的政治经济学中所指的成本。

1.3 成本的作用

成本的经济内容决定了成本在经济管理工作中具有重要的作用，主要表现在以下几个方面：

1）成本是企业补偿生产耗费的尺度

为了保证企业再生产的不断进行，成本必须得到补偿，否则，企业正常生产所需的资金就会短缺，也就不能按照原有的规模进行。成本是生产耗费的补偿尺度，成本的补偿往往通过产品销售收入得以实现。在收入一定的情况下，成本越低，利润就越多。由此可见，成本作为生产耗费的补偿尺度，对准确确定企业的损益有着重要意义。

2）成本是制定产品价格的重要依据

在商品经济中，产品价格是产品价值的货币表现，成本是产品价格制定的最低经济界限。产品定价是一项复杂的工作，应当考虑的因素有很多，除了要考虑产品成本外，还要考虑国家的价格政策及其他经济政策、产品在市场上的供求关系以及市场上的竞争形势等。因而，产品成本只是产品定价的一个重要因素，而不是全部因素。

3）成本是企业进行预测、决策和分析的重要依据

在市场价格一定的条件下，成本的高低直接影响企业的盈利水平和参与市场竞争的能力。企业要在激烈的市场竞争中取胜，就要面向市场对生产安排进行科学的预测、决策，其中成本是预测、决策的依据之一。同时，企业在生产经营过程中，还必须有效地进行成本管理与控制，定期或不定期地进行成本分析，确保企业以较低的成本取得较高的收入。

4）成本是衡量企业经营管理水平的重要指标

产品成本的高低，是企业生产技术和经营管理水平的综合反映。企业可以通过对成本进行计划、控制、监督、考核和分析等，促使企业和内部各单位加强经济核算，努力改进管理，降低成本，提高经济效益。

任务二 认知成本会计

2.1 成本会计的概念

成本会计是为了适应经济发展需要而产生的，并随着经济发展需要而不断地发展和完善。

广义的成本会计是成本核算与现代管理的结合，根据成本核算和其他资料，采用数学和统计的原理和方法，按照最优化的要求，对企业的生产经营活动进行预测、决

策、计划、控制、核算、分析和考核，促使企业生产经营实现最优化运行，提高企业的经济效益和竞争力。广义的成本会计包括成本预测、成本决策、成本计划、成本控制、成本核算、成本分析和成本考核等方面的内容。

狭义的成本会计通常是指成本核算。**成本核算是企业按照一定的程序、标准和方法，对企业发生的各项费用进行归集和分配，从而计算出产品总成本和单位成本的一系列程序和方法。成本核算是成本会计最基础、最核心的内容。**

在我国，成本核算和成本会计工作要根据《企业会计准则》及相关的成本管理法规进行。成本会计提供的资料是财务会计进行资产计价和利润计算的必要依据，但成本会计只是提供企业内部管理使用的会计信息。成本会计是为适应成本管理的需要而形成的，同时又是成本管理的重要组成部分。成本管理是企业为降低成本所进行的各项管理工作的总称。

课堂讨论

有人说，成本会计只是针对制造业企业而言的。这种说法对吗？

提示：成本会计的主体应当是企业，各种类型的企业都应有成本会计。由于制造业企业的生产活动是企业生产活动最典型的形式，因此，通常以制造业企业为主体来设计成本会计学科体系。但是，成本会计的基本方法和原则也同样适用于施工企业、交通运输企业等其他各类企业。

2.2 成本会计的对象

成本会计的对象是指成本会计反映和监督的具体内容。一般来说，成本所包括的内容，也就是成本会计应该反映和监督的内容，即企业生产经营过程中发生的产品生产成本和期间费用。由于不同行业的生产经营特点不同，各行业成本会计所要反映和监督的具体内容也有所不同。下面以制造业企业的生产经营活动为例，说明其成本会计对象的具体内容。

微课

成本会计的对象

制造业企业的基本生产经营活动是生产和销售产品。在生产过程中，企业从原材料投入到产品制成，一方面会发生各种各样的生产耗费，另一方面也会制造出产品。这一过程中的生产耗费，包括劳动资料与劳动对象等物化劳动耗费和活劳动耗费两大部分。其中，房屋、机器设备等作为固定资产的劳动资料，通过计提折旧的方式逐渐地、部分地转移到所制造的产品中去，构成产品生产成本；原材料等劳动对象，其价值一次性全部地转移到新产品中去，也构成产品生产成本；生产过程中劳动者为自己劳动所创造的那部分价值，则以工资形式支付给劳动者，这部分工资也构成产品生产成本。由此可见，制造业企业在产品生产过程中发生的各种生产耗费，主要包括了原料及主要材料、辅助材料、燃料等的各种劳动对象的耗费，生产单位（如分厂、车间）固定资产计提的折旧，直接生产人员及生产单位管理人员的工资以及其他一些货币性支出等。所有的这些耗费，就构成了制造业企业在产品制造过程中的全部生产费用。为生产一定种类和一定数量产品而发生的各种生产费用支出的总和，就构成了产品的生产成本。制造业企业在生产过程中各种生产费用的支出和产品生产成本的形成，就是制造业企业成本会计所要反映和监督的主要内容。

企业在销售产品过程中，也会发生各种各样的费用支出，如销售过程中应由企业负担的运输费、装卸费、包装费、保险费、展览费、广告费，以及为销售本企业商品而专设销售机构发生的各种费用等。所有这些为销售本企业产品而发生的费用，构成了企业的销售费用。销售费用也是企业在生产经营过程中所发生的一项重要费用，其归集和结转过程也是成本会计所要反映和监督的一项内容。

企业的行政管理部门为组织和管理生产经营活动，也会发生各种各样的费用，如企业行政管理部门人员的工资、差旅费、固定资产折旧、业务招待费等。这些费用构成了企业的管理费用。管理费用也是企业在生产经营过程中所发生的一项重要费用，其归集和结转过程也是成本会计所要反映和监督的一项内容。

企业为筹集生产经营所需资金等也会发生一些费用，如利息净支出、汇兑净损失、金融机构的手续费等，这些费用构成了企业的财务费用。财务费用也是企业在生产经营过程中所发生的一项重要费用，其归集和结转过程也是成本会计所要反映和监督的一项内容。

由此可见，**制造业企业成本会计的对象包括产品生产成本和期间费用。**

特别提示

虽然商品流通企业、交通运输企业、施工企业、农业企业等其他行业企业的生产经营过程各有其特点，但按照《企业会计准则》的有关规定，从总体上看，它们在生产经营过程中所发生的各种费用，同样是一部分形成企业的生产经营业务成本，另一部分则作为期间费用直接计入当期损益。因此，成本会计的对象可以概括为各行业企业的生产经营业务成本和期间费用。

2.3 成本会计的职能

成本会计的职能是指成本会计所具有的功能。成本会计最初的职能是成本核算，以确定产品的价格和经营的盈亏。随着社会经济的发展和管理水平的提高，**现代成本会计的职能包括成本预测、成本决策、成本计划、成本控制、成本核算、成本分析和成本考核等七个方面。**

微课

成本会计的职能

1）成本预测

成本预测是根据成本的历史数据，考虑计划期企业内外部环境的变化及将要采取的各项措施，运用一定的技术方法，对未来的成本水平及其发展趋势做出科学的估计。通过成本预测，可以挖掘成本降低的潜力，从而减少生产经营管理的盲目性，提高成本管理的前瞻性和科学性。

2）成本决策

成本决策是根据成本预测的数据和其他有关资料，在若干与成本有关的方案中选择最优方案，以确定目标成本。成本决策是企业经营管理决策的重要组成部分。进行成本决策、确定目标成本，是编制成本计划的前提，也是实现成本的事先控制及提高经济效益的重要途径。

3）成本计划

成本计划是根据成本决策所确定的目标成本，按照计划期的生产任务、降低成本的要求以及有关资料，具体规定在计划期内为完成生产经营任务所应支出的成本水平及所应采取的各项成本管理措施。成本计划是企业财务计划的重要组成部分，是企业进行成本控制、成本分析和成本考核的依据。编制成本计划，可以进一步挖掘降低成本的潜力。

4）成本控制

成本控制是根据成本计划，对成本发生的过程及影响成本的各种因素进行限制与监督，使之能按预订计划进行的一种管理活动。通过成本控制，可以确保成本目标的实现。成本控制可以最大限度地挖掘降低成本的潜力，提高经济效益。

5）成本核算

成本核算是对生产经营过程中实际发生的各项生产费用，采用适当的成本计算方法，按照规定的成本项目，计算出各成本计算对象的总成本和单位成本。成本核算是对本期成本计划执行结果，也是对本期成本控制结果的事后反映。成本核算也为下期成本预测、成本计划提供可靠资料，并为以后的成本分析和成本考核提供必要依据。

6）成本分析

成本分析是利用成本核算资料，与本期计划成本、上年同期实际成本、本企业历史先进的成本水平，以及国内外先进企业的成本水平等进行比较，确定成本差异及其原因，并提出切实可行的方法，进一步降低成本，提高经济效益。通过成本分析，可以正确认识和掌握成本变动的规律，有利于实现降低成本的目标，并为编制成本计划和制定新的经营决策提供依据。

7）成本考核

成本考核是在成本分析的基础上，对成本计划及其他有关指标的实际完成情况进行总结和评价，以监督和促使企业加强成本管理责任制，提高成本管理水平。企业内部应逐级对下属单位或个人的责任成本指标的完成情况进行考核，并根据考核结果进行一定的奖惩。

上述成本会计的各项职能是一个相互联系、相互配合、相互补充的有机整体。成本预测是成本决策的前提和依据；成本决策是成本预测的延伸和结果，又是制订成本计划的依据；成本计划是成本决策所确定成本目标的具体化；成本控制是对成本计划的实施进行监督，是实现成本决策既定目标的保证；成本核算是对成本决策目标是否实现的检验；通过运用成本核算资料和成本计划资料的对比结果进行成本分析，才能对成本决策的正确性做出判断；将成本决策目标进行层层分解，落实责任，认真组织成本考核，正确评价成本工作业绩，才能调动各部门及员工完成成本决策目标的积极性，这是实现决策目标的重要手段。

特别提示

成本核算是成本会计的最基本职能，是发挥其他职能的基础。没有成本核算，成本的预测、决策、计划、控制、分析和考核，都无法进行，即没有成本核算，就没有成本会计。可以说，成本核算是狭义的成本会计，而包括上述七种职能的成本会计则是广义的成本会计。本教材仅讲述成本的核算和分析，至于成本的预测、决策、计划、控制和考核的内容，将在“企业财务管理”等相关课程中进行讲述。

任务三 组织成本会计工作

3.1 设置成本会计机构

微课

成本会计的任务和工作组织

成本会计机构是在企业中组织、领导并直接从事成本会计工作的职能单位。大中型企业可以在专设的会计部门中，单独设置成本会计机构，专门从事成本会计工作；规模较小、会计人员不多的企业，可以在会计部门中指定专人负责成本会计工作。有关职能部门和生产车间，也应根据工作需要设置成本会计机构，或者配备专职或兼职的成本会计人员，负责该职能部门和生产车间的成本会计工作。

企业内部各级成本会计机构之间的组织分工有集中工作和分散工作两种方式。集中工作方式是指成本会计工作主要由厂部成本会计机构或人员集中进行。厂部成本会计机构或人员负责各种会计凭证的审核、整理和汇总，各种费用的归集和分配，生产费用的核算和产品成本的计算等。部门、车间成本会计机构或人员只负责原始记录和原始凭证的填制，并对其进行初步的审核、整理和汇总，为厂部成本会计机构或人员进一步的工作提供基础资料。分散工作方式是指成本会计工作中的主要内容由部门、车间成本会计机构或人员分别进行。部门、车间成本会计机构或人员完成主要会计凭证的审核、整理和汇总，各种费用的归集和分配，生产费用的核算和产品成本的计算等工作。厂部成本会计机构或人员根据各车间、部门上报的成本计算资料进行全厂成本的汇总核算，进行生产费用的总分类核算和少数费用的明细核算，并对全厂成本进行综合的计划、控制、分析和考核，同时负责对各车间、部门成本会计机构或人员进行业务上的指导和监督。小型企业为了提高成本会计工作的效率和降低成本管理的费用，一般采用集中工作方式；大中型企业因其规模较大、组织结构复杂、会计人员较多，一般采用分散工作方式。

3.2 配备成本会计人员

成本会计人员是专门从事成本会计工作的专业技术人员。在成本会计机构中，配备适当数量的思想品德优秀、业务技能精通的专门从事成本会计工作的人员，是做好会计工作的关键。就思想品德而言，成本会计人员应当具备廉洁奉公、遵纪守法、实事求是、坚持原则的工作作风和高度的敬业精神；就业务素质而言，成本会计人员不仅要熟悉会计法规、准则和制度，掌握能够适应成本会计工作的会计基础知识和实务操作技能，而且要具备一定的生产技术和经营管理方面的知识。

3.3 制定成本会计法规制度

成本会计的法规制度是成本会计机构和人员从事成本会计工作的规范，是成本会计工作组织的重要组成部分，也是会计法规制度的重要组成部分。我国关于成本会计的法规制度主要有《中华人民共和国会计法》《企业会计准则》《企业产品成本核算制度（试行）》等。企业作为会计个体，为了具体规范本企业的成本会计工作，还应根据国家的各种成本会计法规制度，结合本企业的生产经营特点和管理需要，具体制定适合本企业的成本会计制度、规程或办法，作为企业进行成本会计工作的直接依据。企业内部成本会计制度、规程或办法一般包括：成本会计工作的组织分工及职责权限；

成本核算的具体规定，如成本计算对象、成本项目、成本计算方法、在产品计价方法等；成本报表制度，如成本报表的种类、格式、编制方法、报送对象与日期等；成本定额、成本计划和费用预算的编制方法；成本预测、成本控制、成本分析、成本考核制度。

3.4 认领成本会计任务

成本会计人员根据企业管理要求，遵循成本会计法规制度，认领以下成本会计任务：

（1）进行成本预测、成本决策，编制成本计划和费用预算，为提高企业管理水平和经营管理效果服务。

（2）进行成本费用核算，反映成本计划和费用预算的执行情况，为企业生产经营管理提供所需的成本费用数据。

（3）进行成本费用的审核与控制，防止浪费和损失，促使企业节约费用、降低成本。

（4）进行成本费用的分析与考核，促使企业改进生产经营管理，挖掘降低成本费用的潜力，提高经济效益。

党的二十大报告强调，坚持高质量发展，这与成本会计中追求经济效益最大化的目标相契合。通过优化成本控制和资源配置，企业可以实现更高质量的发展。

特别提示

一般来说，企业应当根据其规模大小、生产经营特点和成本管理要求等具体情况来组织成本会计工作。

项目概要

本项目主要是走进成本会计，从了解成本及其经济内容、作用，到理解成本会计的概念、对象、职能、任务及工作组织，为以后各项目的学习奠定基础。

职业能力训练

一、单项选择题

职业能力训练

单项选择题

1.构成产品理论成本的是（　　）。

A.已耗费的生产资料转移的价值（c）

B.劳动者为自己劳动所创造的价值（v）

C.劳动者为社会劳动所创造的价值（m）

D.所耗费生产资料的转移价值和劳动者为自己劳动所创造的价值（c+v）

2.实际工作中的成本开支范围与理论成本所包括的内容是（　　）。

A.相互一致的　　B.不相关联的

C.有一定差别的　　D.可以相互替代的

3.（　　）是成本会计最基本的职能。

A.成本预测　　B.成本核算

C.成本分析　　D.成本决策

4.小型企业为了提高成本会计工作的效率和降低成本管理的费用，一般采用（　　）。

A.集中工作方式　　B.分散工作方式

C.统一领导方式　　D.自由工作方式

5.大中型企业因其规模较大、组织结构复杂、会计人员较多，一般采用（　　）。

A.集中工作方式　　B.分散工作方式

C.统一领导方式　　D.自由工作方式

二、多项选择题

职业能力训练

多项选择题

1.成本会计的职能包括（　　）。

A.成本预测和决策　　B.成本计划和控制

C.成本核算　　D.成本分析和考核

2.一般来说，企业组织成本会计工作，应当根据（　　）。

A.本单位生产规模的大小　　B.本单位生产经营的特点

C.本单位成本管理的要求　　D.国家宏观调控的需要

3.成本会计工作的组织主要包括（　　）。

A.设置成本会计机构　　B.配备成本会计人员

C.制定成本会计法规制度　　D.进行成本预测和决策

4.企业内部各级成本会计机构之间组织分工的基本形式有（　　）。

A.集中工作方式　　B.分散工作方式

C.定额管理方式　　D.责任考核方式

5.成本的作用主要有（　　）。

A.成本是企业补偿生产耗费的尺度

B.成本是制定产品价格的重要依据

C.成本是衡量企业经营管理水平的重要指标

D.成本是企业进行预测、决策和分析的重要依据

6.成本会计的任务主要有（　　）。

A.进行成本预测、成本决策，编制成本计划和费用预算，为提高企业管理水平和经营管理效果服务

B.进行成本费用核算，反映成本计划和费用预算的执行情况，为企业生产经营管理提供所需的成本、费用数据

C.进行成本费用的审核与控制，防止浪费和损失，促使企业节约费用、降低成本

D.进行成本费用的分析与考核，促使企业改进生产经营管理，挖掘降低成本、费用的潜力，提高经济效益

三、判断题

职业能力训练

判断题

1.成本属于一种耗费，但耗费不一定都属于成本。（　　）

2.成本会计的工作就是进行成本核算、成本分析。（　　）

3.成本会计的对象可以概括为各行业企业生产经营业务成本和期间费用。（　　）

4.成本是补偿生产耗费的尺度。（　　）

5.产品价格的高低完全取决于产品成本的高低。（　　）

成本核算篇

项目二 进行成本核算准备

学习目标

素养目标

1. 树立成本全局意识，培养团队协作能力；
2. 树立成本合规意识，培养遵规守纪品质。

知识目标

1. 熟悉产品成本核算的要求；
2. 了解成本核算的一般程序。

能力目标

1. 能正确划分各种费用界限；
2. 能正确界定产品成本的开支范围；
3. 能正确设置成本账户。

思维导图

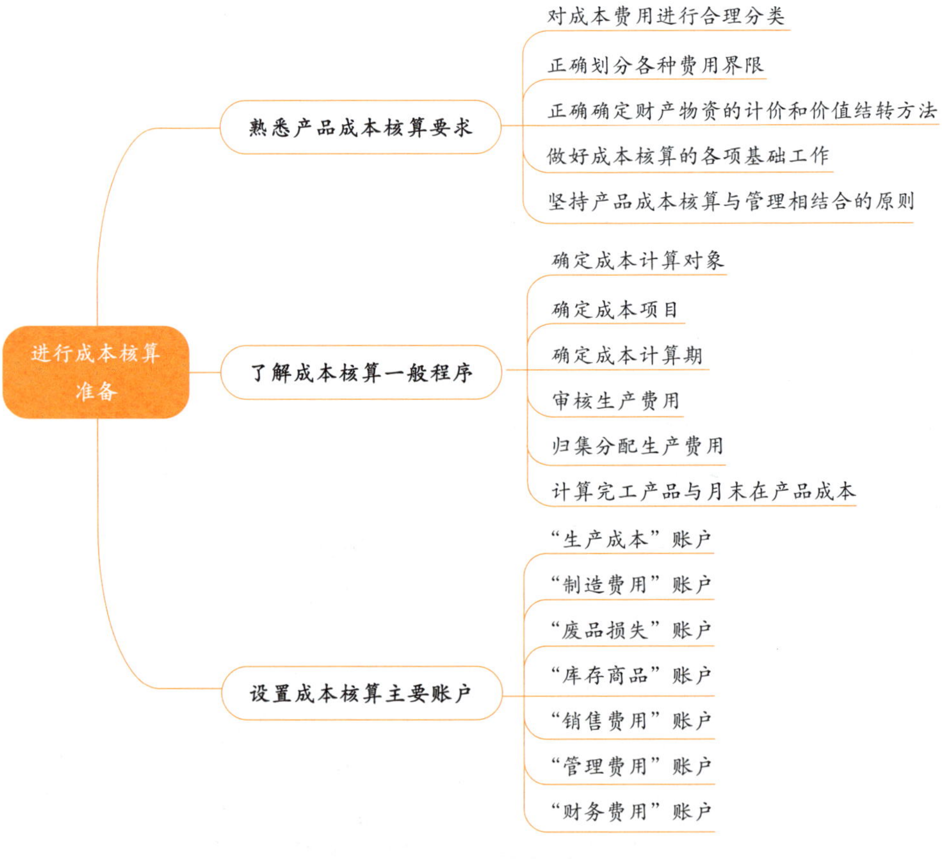

课前导入

2024年6月28日，第十四届全国人民代表大会常务委员会第十次会议表决通过了关于修改《中华人民共和国会计法》的决定。新修订的《中华人民共和国会计法》更加注重会计信息的真实性、完整性和准确性，强调会计人员的职业道德和专业能力。成本会计作为会计工作的重要组成部分，不仅要关注企业内部的成本控制和利润最大化，还要符合国家宏观经济政策和社会发展需求，通过科学的成本核算和分析，提供高质量的成本信息，支持企业的决策和管理。

任务一 熟悉产品成本核算要求

1.1 对成本费用进行合理分类

1）按经济内容分类

微课

产品成本核算的要求

企业在生产经营过程中发生的各项耗费，称之为生产经营费用，简称成本费用。成本费用按经济内容划分，可以分为劳动对象方面费用、劳动手段方面费用和活劳动方面费用三大类。为了具体地反映制造业企业各种费用的构成和水平，还可以在此基础上进一步划分为以下八个费用要素：

（1）材料费，是指企业在生产经营活动中耗用的原料及主要材料、半成品、辅助材料、修理用备件、包装物和低值易耗品等。

（2）燃料费，是指企业在生产经营活动中耗用的各种燃料，包括固体燃料、液体燃料、气体燃料。

（3）动力费，是指企业在生产经营活动中耗用的各种动力，包括风力、热力、电力等。

（4）职工薪酬，是指企业为获得职工提供的生产经营服务或解除劳动关系而给予的各种形式的报酬或补偿，包括短期薪酬、离职后福利、辞退福利和其他长期职工福利。

（5）折旧费，是指企业在生产经营活动中按照规定方法计提的固定资产折旧费用。

（6）修理费，是指企业在生产经营活动中发生的固定资产修理费用。

（7）利息支出，是指企业在生产经营活动中发生的利息费用减去利息收入后的净额。

（8）其他支出，是指企业在生产经营活动中发生的，不属于以上各费用项目但应计入产品成本或期间费用的费用支出，如差旅费、办公费、租赁费、保险费和诉讼费等。

制造业企业按照上列费用要素分类核算的作用在于：可以反映企业在一定时期内发生哪些费用，数额是多少，据以分析各个时期各种费用的结构和水平；可以为编制企业的材料采购资金计划和劳动工资计划提供资料；可以为企业核定储备资金定额和考核储备资金周转速度提供资料。这种分类核算的不足之处是：不能反映各种费用的经济用途，因而不便于分析这些费用的支出是否节约、合理。因此，对于制造业企业的这些费用，还必须按经济用途进行分类。

2）按经济用途分类

制造业企业在生产经营过程中发生的成本费用按其经济用途分类，一部分计入产品成本，另一部分计入期间费用。

（1）**计入产品成本的费用，按其计入产品成本的方式，分为直接计入产品成本的费用和间接计入产品成本的费用**。直接计入产品成本的费用，简称直接计入费用，包括直接材料、燃料和动力、直接人工等；间接计入产品成本的费用，简称间接计入费用，包括车间管理人员薪资、车间用固定资产折旧以及车间发生的水费、电费等。直接计入产品成本的费用发生时直接计入各种产品的成本，包括一种产品领用一种材料直接计入产品成本，也包括两种或两种以上产品共同领用一种材料经分配后直接计入产品成本。间接计入产品成本的费用发生时先按车间进行归集，再按一定的标准分配计入各种产品的成本。计入期间费用，主要是指企业发生的管理费用、财务费用和销售费用。管理费用是指企业为组织和管理生产经营活动所发生的各种管理费用。财务费用是指企业为筹集生产经营所需资金而发生的各项费用。销售费用是指企业在销售产品和材料、提供劳务过程中发生的各项费用，以及为销售本企业产品而专设的销售机构的各项经费。

（2）**计入产品成本的费用，按其与生产工艺的关系，分为直接生产费用和间接生产费用**。直接生产费用是指由于生产工艺本身引起的、直接用于产品生产的各种费用，如原材料费用、生产工人工资和福利费。间接生产费用是指与生产工艺没有直接关系、间接用于产品生产的各项费用，如车间机物料消耗、车间管理人员工资和车间用固定资产折旧等。

课堂讨论

有人说“直接生产费用都是直接计入费用，间接生产费用都是间接计入费用”，对吗？

提示：直接生产费用大多是直接计入费用，间接生产费用大多是间接计入费用，但也不都是如此。在生产一种产品的生产单位中，直接生产费用和间接生产费用都可以直接计入该种产品成本，因而都是直接计入费用。在用同一种材料同时生产几种产品的联产品生产单位中，直接生产费用也需要经过分配才能直接计入某种产品成本；而间接生产费用则需要先归集，再采用一定的标准分配计入某种产品成本，因而是间接计入费用。

1.2 正确划分各种费用界限

为了加强对各种费用的控制，保证产品成本客观、准确，正确计算损益，企业必须划分以下几个方面的费用界限：

1）正确划分支出应否计入产品成本和期间费用的界限

这一划分的重点在于“应否计入”。企业用于产品生产和销售、用于组织和管理生产经营活动、用于筹集生产经营资金的各种费用，应计入产品成本和期间费用，包括产品生产过程中实际消耗的原材料、燃料、动力、周转材料等；生产过程中应付职工的各种报酬；生产车间管理人员工资、办公费、生产用固定资产折旧、无形资产摊销、租赁费等各种间接费用；生产过程中发生的停工损失、废品损失；销售部门为销售产品而发生的各种销售费用，管理部门为组织和管理生产经营活动而发生的各种管理费用，以及财务部门为筹集生产经营资金而发生的各种财务费用等。

企业的下列支出不得列入产品成本和期间费用：为购置和建造固定资产、无形资产的支出；对外投资的支出；利润分配的支出；被没收的财物损失；支付的滞纳金、罚款、违约金、赔偿金以及企业赞助、捐赠支出、固定资产盘亏和清理损失、非正常原因的停工损失和自然灾害损失；国家规定不得列入成本、费用的其他支出。

2）正确划分应计入产品成本和期间费用的界限

这一划分的重点在于"应计入哪里"。企业发生的生产经营支出，一部分计入产品成本，另一部分计入期间费用。在制造业企业中，生产一定种类和数量的产品而发生的直接费用和间接费用应计入产品成本，并要在收入实现后转化为费用，计入企业的损益；为销售产品而发生的产品销售费用、为管理和组织企业生产经营活动而发生的管理费用，以及为筹集生产经营资金而发生的财务费用等，与产品生产无直接、间接关系，作为期间费用直接计入当期损益。因此，为了正确计算产品成本和期间费用，正确计算各月损益，必须正确划分应计入产品成本和期间费用的界限。

3）正确划分各个会计期间产品成本和期间费用的界限

这一划分的重点在于"应计入的期间"。企业在生产经营过程中发生的产品成本和期间费用，必须按照权责发生制的要求来区分其归属期间。凡是应由本期负担的产品成本和期间费用，应全部计入本期的产品成本和期间费用；凡是不应由本期负担的产品成本和期间费用，则应计入其他期间的产品成本和期间费用。因此，为了按月分析和考核产品成本和期间费用，正确计算各月损益，必须在各个月份之间正确划分应计入产品成本和期间费用的界限。

4）正确划分各种产品生产成本的界限

这一划分的重点在于"应计入哪一种产品成本"。凡属于某种产品单独发生的能够直接计入该种产品的费用，均应直接计入该种产品成本；凡属于应由几种产品共同承担的不能直接计入某种产品的费用，则应选择合理的分配方法，分配计入这几种产品的成本。企业应该防止在盈利产品与亏损产品之间、可比产品和不可比产品之间任意转移生产费用，借以掩盖成本超支或以盈补亏的错误做法发生。如果企业生产的产品不止一种，那么，为了正确计算各种产品的成本，正确分析和考核各种产品成本计划或定额成本的执行情况，必须将应计入本月产品成本的生产费用在各种产品之间进行正确划分。

5）正确划分完工产品成本和在产品成本的费用界限

这一划分的重点在于"完工产品成本与在产品成本的分配"。期末，如果某种产品全部完工，其各项成本之和就是该产品的完工成本；如果某种产品全部没完工，其各项成本之和就是该产品的期末未完工成本；如果某种产品部分完工、部分未完工，就需要采用适当的分配方法在完工产品和在产品之间进行分配，计算完工产品成本和月末在产品成本。期初在产品成本、本期投入产品成本、完工产品成本和期末在产品成本四者之间的关系如下式所示：

期初在产品成本+本期投入产品成本=完工产品成本+期末在产品成本

上述五个方面成本费用界限的划分过程，就是产品成本的计算和各项期间费用的归集过程。

特别提示

成本费用界限的划分应当贯彻受益原则，即何者受益何者负担费用、何时受益何时负担费用，负担费用的多少应与受益程度的大小成正比。

1.3 正确确定财产物资的计价和价值结转方法

制造业企业的生产经营过程，同时也是各种劳动的耗费过程。在各种劳动的耗费中，财产物资的耗费（生产资料价值的转移）占有相当大的比重。因此，这些财产物资的计价和结转方法是否恰当，会对产品成本计算的正确性产生重要影响。

1）直接消耗物资的计价与价值结转

直接消耗的物资主要是企业在生产经营过程中消耗的原材料、辅助材料、燃料、周转材料等。针对这些物资，可以采用实际成本计价，也可以采用计划成本计价。采用实际成本计价时，对消耗物资的价值应当采用先进先出法、加权平均法、个别计价法等进行计量和确认，并将确认的物资消耗价值结转计入当期的成本费用。采用计划成本计价时，对消耗物资的价值先按事先确定的计划成本计入当期的成本费用，月末再确认消耗物资应负担的材料成本差异，据以将计入当期成本费用的消耗物资计划成本调整为实际成本。

2）间接消耗物资的计价与价值结转

间接消耗的物资主要是为企业生产经营服务的劳动资料及其他长期资产，如固定资产、无形资产等。对间接消耗物资的计价，包括初始价值计价及摊销价值计价。初始价值计价通常以历史成本计价，即按取得这些物资所发生的实际支出作为入账价值；摊销价值计价则依据国家有关规定，结合企业实际情况确定计价方法，如平均年限法、工作量法等。

特别提示

无论是直接消耗物资还是间接消耗物资，都必须正确确定计价方法和价值结转方法。国家有统一规定的，应采用国家统一规定的方法。各种方法一经确定，应保持相对稳定，不能随意改变，以保证成本信息的可比性。

1.4 做好成本核算的各项基础工作

为了确保成本费用核算的正确性，以便加强成本费用的管理，提供真实可靠的成本会计信息，必须做好成本核算的基础工作。

1）建立健全定额管理制度

制造业企业制定的定额主要有：资金管理定额、费用开支定额、生产工时定额、材料单耗定额、产品产量定额等。这些定额，既是编制成本计划、分析和考核成本水平的依据，也是审核和控制成本的标准，而且在计算产品成本时，往往采用产品的原材料和工时的定额消耗量或定额费用作为分配实际费用的标准。因此，为了加强生产管理和成本管理，企业必须建立和健全定额管理制度，凡是能够制定定额的各种耗费，都应该制定先进、合理、切实可行的消耗定额，并随着生产的发展、技术的进步、劳动生产率的提高，不断修订消耗定额，以充分发挥其应有的作用。

2）建立健全计量收发盘点制度

成本核算是以价值形式来核算企业生产经营管理中的各项费用，但价值核算是以实物计量为基础。凡是材料物资的收发、领退，在产品、半成品的内部转移以及产成品的入库等，均应严格计量和验收。库存的各种材料物资、车间的在产品和产成品，均应按规定进行盘点。只有这样，才能保证账实相符，保证计算的正确性。

3）建立健全原始记录审核制度

成本核算的原始记录包括：材料物资的购进、验收、领用、消耗记录，半成品的转移、盘点记录，产成品的质量检验、入库记录，燃料、动力费用的发生与分配记录，人工费用的发生与分配记录，辅助生产费用的发生与分配记录，制造费用的发生与分配记录，工时消耗记录等。所有这些记录都需要确定责任人员、明确岗位职责，规范保管、审核和传递的程序与时限，保证其真实、可靠、正确、及时。

4）建立健全内部结算制度

为了分清企业内部各单位的经济责任，便于分析和考核企业内部各单位成本计划的完成情况和管理业绩，并加速和简化核算工作，企业应对原材料、半成品、厂内各车间相互提供的劳务（如修理、运输等）制定厂内计划价格，作为企业内部结算和考核的依据。厂内计划价格应当符合实际，并保持相对稳定。各项原材料的耗用、半成品的转移，以及各车间与部门之间相互提供的劳务等，首先都要按计划价格计算，月末计算产品实际成本时，再在计划价格的基础上，采用适当的方法计算各产品应负担的价格差异，将产品的计划成本调整为实际成本。这样，既可以加速和简化核算工作，又可以分清内部各单位的经济责任。

1.5　坚持产品成本核算与管理相结合的原则

产品成本核算是加强企业管理，特别是加强产品成本管理的重要手段。因此，成本核算应该从满足企业管理的要求出发，做到产品成本核算与加强企业管理相结合，并为企业管理和企业决策提供服务。产品成本核算不仅要提供事后的成本信息，而且要以国家有关的法规、制度和企业成本计划、相应的消耗定额为依据，对成本进行事前、事中的审核和控制，并及时进行信息反馈。对于成本的发生情况以及成本脱离定额（或计划）的差异，要进行日常的计算和分析，并及时进行反馈；对于定额或计划不符合实际情况的，要按规定程序予以修订。同时，在成本计算过程中，既要防止片面追求简化，以致不能为管理提供所需资料的做法，也要防止为算而算，搞烦琐哲学，脱离管理实际需要的做法。成本核算应该做到：分清主次，区别对待，主要从细，简而有理，细而有用，算为管用，管算结合。

任务二　了解成本核算一般程序

成本核算的一般程序是指对企业生产经营过程中发生的各项费用，按照成本核算的要求，逐步进行归集和分配，最终计算出各种产品的成本和各项期间费用的基本过程。产品成本核算的过程，就是对生产过程的成本和期间费用进行计算并归集分配的过程。企业产品成本核算的一般程序如下：

微课

成本核算的一般程序和主要账户

2.1　确定成本计算对象

不同性质的企业，其成本计算对象不同。制造业企业的成本计算对象可以是某种产品、某一生产步骤，也可以是某类产品或某批产品。至于选用什么作为成本计算对象，则取决于企业的生产特点和管理要求。不论成本计算对象如何确定，最终都要达到计算各种产品生产成本的基本要求，即能够分成本项目确定某种产品的单位成本和总成本。

2.2 确定成本项目

企业计入产品成本的费用，按其用途不同又可进一步分为若干项目，这些项目构成产品成本，会计上称为成本项目。制造业企业一般设置直接材料、燃料和动力、直接人工和制造费用等成本项目。

（1）直接材料，是指构成产品实体的原材料以及有助于产品形成的主要材料和辅助材料。

（2）燃料和动力，是指直接用于产品生产的燃料和动力。

（3）直接人工，是指直接从事产品生产的工人的职工薪酬。

（4）制造费用，是指企业为生产产品和提供劳务而发生的各项间接费用，包括企业生产部门（如生产车间）发生的水电费、固定资产折旧、无形资产摊销、管理人员的职工薪酬、劳动保护费、国家规定的有关环保费用、季节性和修理期间的停工损失等。

不同的制造业企业，可以根据其生产特点和管理要求对上述成本项目做出适当调整。**对于管理上需要单独反映、控制和考核的费用，以及成本中所占比重较大的费用，应当专设成本项目；否则，为了简化核算，不必专设成本项目。**例如，如果废品损失在产品成本中所占比重较大，管理上需要对其进行重点控制和考核，则应单设“废品损失”成本项目。又如，如果工艺上耗用的燃料和动力不多，为了简化核算，可以将燃料费用并入“直接材料”成本项目，将动力费用并入“制造费用”成本项目。

2.3 确定成本计算期

当企业按产品品种、产品生产步骤、产品生产类别作为成本计算对象时，产品成本的计算期通常与会计期间相同，即按月计算产品成本。当企业按产品生产批别作为成本计算对象时，产品成本的计算期则与该批产品的生产周期相一致，即按产品的生产周期计算产品成本。

2.4 审核生产费用

对发生的生产费用进行审查和核实，确认是否客观真实、合理合法、正确无误，应否计入产品成本，把住关口，以保证产品成本计算的真实性、正确性。

2.5 归集分配生产费用

将应计入本期产品成本的费用在各种产品之间进行归集和分配。归集和分配的原则为：为产品生产而直接发生的生产费用直接作为产品成本的构成内容，如直接材料、直接人工直接计入该产品成本；为多种产品生产服务而发生的间接费用，如车间管理人员工资及共用的水费、电费等可先按发生地点和用途进行归集汇总，再分配计入各受益产品。

2.6 计算完工产品与月末在产品成本

对既有完工产品又有月末在产品的产品，应将计入各种产品成本的费用在完工产品和在产品之间采用适当的方法进行划分，求得完工产品和月末在产品的成本。

任务三 设置成本核算主要账户

产品成本核算的过程为：设置有关的成本核算账户，进行基本生产成本的归集与分配，辅助生产成本的归集与分配，制造费用的归集与分配，废品损失的归集与分配，产成品成本的计算与入库，以及管理费用、销售费用、财务费用的归集与结转等。在这一过程中，应设置“生产成本”“制造费用”“废品损失”“库存商品”“销售费用”“管理费用”“财务费用”等账户。

3.1 “生产成本”账户

为了核算产品成本，应设置“生产成本”账户。**“生产成本”账户核算制造业企业生产各种产品（包括产成品、自制半成品以及提供劳务等）、自制材料、自制工具、自制设备等所发生的各项生产费用。**为了分别核算基本生产成本和辅助生产成本，还应在“生产成本”账户下分别设置“基本生产成本”和“辅助生产成本”两个二级账户。企业根据需要，也可以将“生产成本”账户分设为“基本生产成本”和“辅助生产成本”两个一级账户。

1）“基本生产成本”二级账户

基本生产是指为完成企业主要生产目的而进行的产品生产。为了归集基本生产所发生的各种生产费用，计算基本生产产品成本，应设置“基本生产成本”二级账户。基本生产所发生的各种生产费用，记入该账户的借方；完工入库的产品成本，记入该账户的贷方；该账户的余额，就是基本生产在产品的成本，即基本生产在产品占用的资金。“基本生产成本”二级账户应按产品品种或产品批别、生产步骤等成本计算对象分设基本生产成本明细账，账内按产品成本项目分设专栏，登记该产品各成本项目的月初在产品成本、本月发生成本、本月完工产品成本和月末在产品成本。

2）“辅助生产成本”二级账户

辅助生产是指为基本生产服务而进行的产品生产和劳务供应。辅助生产所提供的产品和劳务，有时也对外销售，但这并不是其主要目的。为了归集辅助生产所发生的各种生产费用，计算辅助生产所提供的产品和劳务的成本，应设置“辅助生产成本”二级账户。该账户借方登记为进行辅助生产而发生的各种费用；贷方登记完工入库产品的成本或分配转出的劳务成本；该账户的余额，就是辅助生产在产品的成本，即辅助生产在产品占用的资金。“辅助生产成本”二级账户应按辅助生产车间和生产的产品、劳务分设明细分类账，账内按辅助生产的成本项目或费用项目分设专栏进行明细登记。

3.2 “制造费用”账户

为了核算企业为生产产品和提供劳务而发生的各项制造费用，应设置“制造费用”账户。该账户借方登记实际发生的制造费用；贷方登记分配转出的制造费用；除季节性生产企业外，该账户月末应无余额。“制造费用”账户应按车间、部门设置明细分类账，账内按费用项目设立专栏进行明细登记。

3.3 “废品损失”账户

需要单独设置废品损失的企业，应设置“废品损失”账户。该账户借方登记不可修复废品的生产成本和可修复废品的修复费用；贷方登记废品残料的入库价值、责任人赔偿的金额以及结转至“生产成本”账户的废品净损失。在单独核算废品损失的情况下，在“生产成本”明细账中应增设“废品损失”成本项目。

3.4 “库存商品”账户

为了反映库存产成品的增减变动情况，应设置“库存商品”账户。该账户借方登记已经完工验收入库的各种产品的实际成本；贷方登记已经出售的各种产品的实际成本；月末，借方余额表示库存产成品的成本。“库存商品”账户应按产成品的品种、规格或类别设置明细分类账。

3.5 “销售费用”账户

为了核算企业在产品销售过程中发生的各项费用，以及为销售本企业产品而专设的销售机构的各项经费，应设置“销售费用”账户。该账户借方登记实际发生的各项产品销售费用；贷方登记期末转入“本年利润”账户的产品销售费用；期末结转后，该账户应无余额。“销售费用”账户的明细分类账，应按费用项目设置专栏进行明细登记。

3.6 “管理费用”账户

为了核算企业行政管理部门为组织和管理企业生产所发生的各项费用，应设置“管理费用”账户。该账户借方登记发生的各项管理费用；贷方登记期末转入“本年利润”账户的管理费用；期末结转后，该账户应无余额。“管理费用”账户的明细分类账，应按费用项目设置专栏进行明细登记。

3.7 “财务费用”账户

为了核算企业为筹集生产经营所需资金而发生的各项费用，应设置“财务费用”账户。该账户借方登记发生的各项财务费用；贷方登记应冲减财务费用的利息收入、汇兑收益以及期末转入“本年利润”账户的财务费用；期末结转后，该账户应无余额。“财务费用”账户的明细分类账，应按费用项目设置专栏进行明细登记。

项目概要

本项目围绕产品成本核算要求，对成本费用进行合理分类、正确划分各种费用界限、正确确定财产物资的计价和价值结转方法、做好成本核算的各项基础工作以及坚持产品成本核算与管理相结合的原则，在此基础上熟悉成本核算的一般程序，对主要账户进行设置。

职业能力训练

一、单项选择题

职业能力训练

单项选择题

1.下列各项中，属于产品成本项目的是（　　）。

A.材料费　　B.折旧费

C.管理费用　　D.废品损失

2.下列各项中，属于费用要素的是（　　）。

A.直接人工　　B.管理费用　　C.利息支出　　D.制造费用

3.“直接人工”成本项目是指（　　）。

A.全体职工的工资及福利费　　B.销售机构人员的工资及福利费

C.管理人员的工资及福利费　　D.直接参与产品生产的工人工资及福利费等

4.下列会计科目中，年末余额不转入“本年利润”科目的是（　　）。

A.“销售费用”　　B.“管理费用”　　C.“财务费用”　　D.“制造费用”

5.下列各项中，不直接在“生产成本——基本生产成本”科目中核算的内容是（　　）。

A.生产工人的薪酬　　B.直接用于产品生产的材料

C.车间管理人员的薪酬　　D.直接用于产品生产的燃料和动力

二、多项选择题

职业能力训练

多项选择题

1.下列各项中，属于费用要素的有（　　）。

A.材料费　　B.折旧费

C.修理费　　D.职工薪酬

2.下列各项中，属于产品成本项目的有（　　）。

A.直接材料　　B.直接人工

C.制造费用　　D.燃料及动力

3.下列各项中，不能计入产品成本的费用有（　　）。

A.车间设备的折旧费　　B.已按规定缴纳的房产税

C.车间的劳动保护费　　D.按规定支付的金融机构的手续费

4.下列各项中，属于期间费用的有（　　）。

A.销售费用　　B.管理费用　　C.财务费用　　D.制造费用

5.制造费用包括企业内部生产单位的（　　）。

A.设计制图费及实验检验费　　B.劳动保护费及保险费

C.固定资产折旧费　　D.季节性或修理期间的停工损失

6.下列各项中，属于“废品损失”科目借方核算的内容有（　　）。

A.不可修复废品的生产成本　　B.可修复废品的修复费用

C.废品残料回收的价值　　D.废品净损失的结转

7.产品成本按其与生产工艺的关系，可以分为（　　）。

A.直接生产费用　　B.直接计入费用

C.间接生产费用　　D.间接计入费用

8.产品成本按其计入的方式，可以分为（　　）。

A.直接生产费用　　B.直接计入费用

C.间接生产费用　　D.间接计入费用

9.做好成本核算的各项基础工作，包括（　　）。

A.建立健全定额管理制度　　B.建立健全内部结算制度

C.建立健全原始记录审核制度　　D.建立健全计量收发盘点制度

三、判断题

职业能力训练

判断题

1.企业在某一会计期间实际发生的费用总和，不一定等于该会计期间产品成本的总和。（　　）

2.固定资产折旧费全部计入产品的成本。（　　）

3. 制造费用和废品损失属于产品成本项目。（　）

4. 期间费用按经济用途可分为销售费用、管理费用和财务费用。（　）

5. 直接生产费用都是直接计入费用，间接生产费用都是间接计入费用。（　）

四、技能训练题

职业能力训练

技能训练题

【目的】练习费用要素和产品成本项目的计算。

【资料】光彩公司2025年3月为进行甲、乙产品的生产而发生下列业务：耗用主要材料480 000元、辅助材料20 000元，其中，生产甲产品耗用主要材料220 000元、辅助材料10 000元，生产乙产品耗用主要材料200 000元、辅助材料8 000元，基本生产车间一般消耗主要材料60 000元、辅助材料2 000元；支付职工薪酬360 000元，其中，生产甲产品支付职工薪酬110 000元，生产乙产品支付职工薪酬90 000元，支付车间管理人员职工薪酬60 000元，支付厂部管理人员职工薪酬100 000元；除此之外，发生车间设备折旧费5 000元、车间厂房租赁费8 000元、厂部办公用房折旧费55 000元。

【要求】(1) 计算费用要素：材料费、折旧费、职工薪酬、其他支出的金额。

(2) 计算产品成本项目：直接材料、直接人工、制造费用的金额。

(3) 计算期间费用：管理费用的金额。

项目三　归集与分配要素费用

学习目标

素养目标

1. 树立成本标准意识，培养精益管理技能；
2. 树立成本节约意识，培养艰苦奋斗精神。

知识目标

1. 了解各要素费用归集与分配的关系；
2. 熟悉各要素费用分配的方法。

能力目标

1. 能正确编制各要素费用分配表；
2. 能正确编制各要素费用分配的会计分录。

思维导图

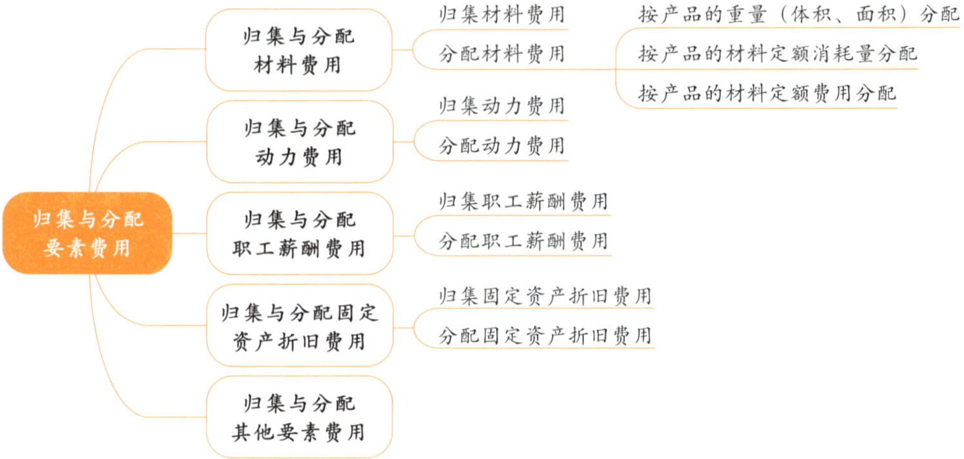

课前导入

小米科技有限责任公司（以下简称“小米”）是一家专注于智能硬件和电子产品研发的全球化移动互联网企业。小米从进入市场开始，便确定了成本领先战略，并且将节流作为压缩成本的主要方式。一方面，小米让顾客参与开发过程，减少公司研发团队的测试成本；另一方面，小米与不同的生产供应商保持合作，选择符合产品质量要求并且报价较低的上游企业，降低采购成本。通过基于内部价值链的战略成本管理，小米在智能手机、互联网服务等多个领域展现出了强劲的市场竞争力和影响力。成本会计的主要任务是围绕企业“人财物”消耗进行科学核算，要树立成本标准意识和成本节约意识，帮助企业在激烈的市场环境中保持竞争力。

要素费用的归集和分配，就是将材料费、燃料费、动力费、职工薪酬、折旧费、修理费、利息支出及其他的如差旅费、办公费、租赁费、保险费和诉讼费等费用，按其用途和发生地点，归集和分配给有关的产品、有关的期间费用，计算出各种产品的制造成本和各项期间费用。下面分别对各要素费用的归集与分配的方法进行阐述。

任务一 归集与分配材料费用

材料是生产过程中的劳动对象。材料费用包括企业在生产经营过程中实际消耗的各种原料及主要材料、辅助材料、半成品、修理用备件配件、燃料、包装物和低值易耗品等费用。

微课

材料费用的归集与分配

1.1 归集材料费用

发生材料消耗时，一是记录材料消耗的数量，二是确定材料消耗的价格。材料消耗的数量可以通过领料单或限额领料单加以记录，材料消耗的单价应分别按实际成本法和计划成本法确定。在实际成本法下，由于分批分次购入材料的单价不同，发出时需要采用先进先出法、加权平均法或个别计价法。在计划成本法下，材料的收发存均采用计划价格，实际成本与计划成本之间的差异在“材料成本差异”账户中归集，月末计算材料成本差异率，将发出材料的计划成本调整为实际成本。

1.2 分配材料费用

直接用于生产产品、构成产品实体的材料，在产品成本中一般占有较大的比重，按照重要性原则，规定有单独的成本项目，通常按照产品品种（或成本计算对象）分别领用。对于不能按照产品品种（或成本计算对象）分别领用，而是几种产品共同耗用的材料，应当采用既合理又简便的分配方法，在各种产品之间进行分配后，记入各种产品成本的“直接材料”成本项目。材料费用的分配标准有很多，可以按照产品的重量、体积、面积、材料定额消耗量、材料定额费用进行分配。

在进行材料费用分配的账务处理时，直接用于产品生产的，应在“生产成本——基本生产成本”账户下专设“直接材料”成本项目单独登记，并记入其借方；用于基本生产车间一般耗用的材料费用，则应记入“制造费用”账户及所属的“材料费”明细账借方；直接用于辅助生产的材料费用，则应记入“生产成本——辅助生产成本”账户及所属的产品或劳务的“直接材料”明细账借方；用于全厂组织和管理生产经营活动的材料费用，则应记入“管理费用”账户及所属的“材料费”明细账借方；用于销售部门的材料费用，则应记入“销售费用”账户及所属的“材料费”明细账借方，同时贷记“原材料”账户及所属的“××材料”明细账。

1）按产品的重量（体积、面积）分配

这种分配方法是以产品的重量（体积、面积）为分配标准进行分配，适用于耗用材料费用的多少与产品的重量（体积、面积）大小有一定关系的产品。其计算公式如下：

$$\text{材料费用分配率}=\frac{\text{产品耗用的材料费用}}{\text{全部产品的重量(体积、面积)}}$$

【例 3-1】晋阳公司 2025 年 3 月生产甲、乙、丙三种产品的产量分别为 25 件、20 件、15 件，每件重量分别为 2 000 千克、1 500 千克、1 000 千克，共同耗用 H 材料 1 900 000 元。要求按各种产品的重量分配计算甲、乙、丙三种产品应负担的材料费用。

其计算过程如下：

甲产品总重量=25×2 000=50 000（千克）

乙产品总重量=20×1 500=30 000（千克）

丙产品总重量=15×1 000=15 000（千克）

$$材料费用分配率=\frac{1\,900\,000}{50\,000+30\,000+15\,000}=20（元/千克）$$

甲产品应分配的材料费用=50 000×20=1 000 000（元）

乙产品应分配的材料费用=30 000×20=600 000（元）

丙产品应分配的材料费用=15 000×20=300 000（元）

根据上述计算分配结果，编制“材料费用分配表”，见表 3-1。

表 3-1 材料费用分配表

编制单位：晋阳公司　　2025年3月　　金额单位：元

产品名称	产量（件）	单件重量（千克）	产品重量（千克）	分配率	应分配费用
甲产品	25	2 000	50 000		1 000 000
乙产品	20	1 500	30 000		600 000
丙产品	15	1 000	15 000		300 000
合　计			95 000	20	1 900 000

根据“材料费用分配表”及材料的领料单，编制会计分录如下：

借：生产成本——基本生产成本——甲产品（直接材料）　1 000 000
　　　　　　　　　　　　　　——乙产品（直接材料）　600 000
　　　　　　　　　　　　　　——丙产品（直接材料）　300 000
　贷：原材料——H 材料　　1 900 000

2）按产品的材料定额消耗量分配

这种分配方法是材料费用按照产品材料定额消耗量进行分配，适用于材料定额消耗量比较准确的情况。其有两种分配方法：一是根据产品的材料定额消耗量直接计算分配实际材料费用；二是先按照产品的材料定额消耗量计算分配材料实际消耗量，再根据材料实际消耗量乘以材料单价计算各种产品应分配的实际材料费用。

根据产品的材料定额消耗量直接计算分配实际材料费用，其计算程序为：第一，计算各种产品的材料定额消耗量；第二，计算各种产品的材料定额消耗量应分配的材料费用（材料实际费用分配率）；第三，计算各种产品应分配的材料实际费用。其计算公式如下：

（1）计算各种产品的材料定额消耗量

某种产品材料定额消耗量=该种产品实际产量×单位产品材料定额消耗量

（2）计算材料实际费用分配率

$$材料实际费用分配率=\frac{材料实际费用总额}{各种产品材料定额消耗量之和}$$

（3）计算各种产品应分配的材料实际费用

某种产品应分配的材料实际费用=该种产品材料定额消耗量×材料实际费用分配率

【例 3-2】开源公司生产甲、乙两种产品，2025 年 3 月产量分别为甲产品 500 件、乙产品 400 件，共同耗用 M 材料 80 000 千克，该材料每千克 6 元，共计 480 000 元。甲产品材料消耗定额为 60 千克，乙产品材料消耗定额为 50 千克。要求按各种产品的材料定额消耗量分配计算甲、乙两种产品实际耗用的材料费用。

其计算过程如下：

（1）甲产品材料定额消耗量=500×60=30 000（千克）

乙产品材料定额消耗量=400×50=20 000（千克）

（2）$材料实际费用分配率=\frac{80\,000\times 6}{30\,000+20\,000}=9.6$（元/千克）

（3）甲产品应分配的材料费用=30 000×9.6=288 000（元）

乙产品应分配的材料费用=20 000×9.6=192 000（元）

根据上述计算分配结果，编制“材料费用分配表”，见表 3-2。

表 3-2 材料费用分配表

编制单位：开源公司　　2025年3月　　金额单位：元

产品名称	产量（件）	单位消耗定额（千克）	定额消耗量（千克）	分配率	应分配费用
甲产品	500	60	30 000		288 000
乙产品	400	50	20 000		192 000
合　计			50 000	9.6	480 000

根据“材料费用分配表”及材料的领料单，编制会计分录如下：

借：生产成本——基本生产成本——甲产品（直接材料）　288 000
　　　　　　　　　　　　　——乙产品（直接材料）　192 000
　贷：原材料——M 材料　480 000

先按照产品的材料定额消耗量计算分配材料实际消耗量，再根据材料实际消耗量乘以材料单价计算各种产品应分配的实际材料费用。其计算程序为：第一，计算各种产品的材料定额消耗量；第二，计算各种产品的材料定额消耗量应分配的材料实际消耗量（材料实际消耗量分配率）；第三，计算各种产品应分配的材料实际消耗量；第四，计算各种产品应分配的材料实际费用。其计算公式如下：

（1）计算各种产品的材料定额消耗量

某种产品材料定额消耗量=该种产品实际产量×单位产品材料定额消耗量

（2）计算材料实际消耗量分配率

$$材料实际消耗量分配率=\frac{材料实际消耗总量}{各种产品材料定额消耗量之和}$$

（3）计算各种产品应分配的材料实际消耗量

某种产品应分配的材料实际消耗量=该种产品材料定额消耗量×材料实际消耗量分配率

（4）计算各种产品应分配的材料实际费用

某种产品应分配的材料实际费用=该种产品应分配的材料实际消耗量×材料单价

仍以【例3-2】资料为例，其计算过程如下：

（1）甲产品材料定额消耗量=500×60=30 000（千克）

乙产品材料定额消耗量=400×50=20 000（千克）

（2）材料实际消耗量分配率 $= \dfrac{80\,000}{30\,000+20\,000} = 1.6$

（3）甲产品应分配的材料实际消耗量=30 000×1.6=48 000（千克）

乙产品应分配的材料实际消耗量=20 000×1.6=32 000（千克）

（4）甲产品应分配的材料费用=48 000×6=288 000（元）

乙产品应分配的材料费用=32 000×6=192 000（元）

3）按产品的材料定额费用分配

这种分配方法是材料费用按照产品材料定额费用进行分配，适用于材料定额费用比较准确的情况。在生产多种产品或多种产品共同耗用多种材料费用的情况下，也可以采用按材料定额费用分配材料费用的方法。其计算程序为：第一，计算各种产品的材料定额费用；第二，计算各种产品的材料定额费用应分配的材料实际费用（材料实际费用分配率）；第三，计算各种产品应分配的材料实际费用。其计算公式如下：

（1）计算各种产品的材料定额费用

某种产品材料定额费用=该种产品实际产量×单位产品材料定额费用

单位产品材料定额费用=单位产品材料定额消耗量×材料单价

（2）计算材料实际费用分配率

$$材料实际费用分配率 = \frac{各种材料实际费用总额}{各种产品材料定额费用之和}$$

（3）计算各种产品应分配的材料实际费用

某种产品应分配的材料实际费用=该种产品材料定额费用之和×材料实际费用分配率

【例3-3】飞翔公司生产甲、乙两种产品，2025年3月产量分别为150件、120件，共同领用材料费用376 200元，其中，领用A材料费用217 800元，领用B材料费用158 400元。每件甲产品消耗A材料定额6千克、消耗B材料定额8千克，每件乙产品消耗A材料定额9千克、消耗B材料定额5千克。A材料每千克100元，B材料每千克80元。要求根据甲、乙产品消耗的材料费用定额分配其应负担的实际材料费用。

其计算过程如下：

（1）甲产品消耗A材料定额费用=150×6×100=90 000（元）

甲产品消耗B材料定额费用=150×8×80=96 000（元）

甲产品消耗A、B材料定额费用总额=90 000+96 000=186 000（元）

（2）乙产品消耗A材料定额费用=120×9×100=108 000（元）

乙产品消耗B材料定额费用=120×5×80=48 000（元）

乙产品消耗A、B材料定额费用总额=108 000+48 000=156 000（元）

（3）材料实际费用分配率 $= \frac{376\ 200}{186\ 000 + 156\ 000} = 1.1$

甲产品应分配的材料费用=186 000×1.1=204 600（元）

乙产品应分配的材料费用=156 000×1.1=171 600（元）

根据上述计算分配结果，编制“材料费用分配表”，见表3-3。

表 3-3 材料费用分配表

编制单位：飞翔公司　　2025年3月　　金额单位：元

产品名称	产量（件）	原材料							分配率	应分配费用
		A材料			B材料			定额费用合计		
		单件产品定额消耗量（千克）	单价	定额费用	单件产品定额消耗量（千克）	单价	定额费用			
甲产品	150	6	100	90 000	8	80	96 000	186 000		204 600
乙产品	120	9		108 000	5		48 000	156 000		171 600
合　计								342 000	1.1	376 200

根据“材料费用分配表”及材料的领料单，编制会计分录如下：

借：生产成本——基本生产成本——甲产品（直接材料）　204 600
　　　　　　　　　　　　　——乙产品（直接材料）　171 600
　贷：原材料——A材料　217 800
　　　　　　——B材料　158 400

课堂讨论

有人说“只有基本生产产品会领用材料”，对吗？

提示：在实际工作中，不仅仅是基本生产产品会领用材料，车间管理、辅助生产、厂部管理、销售部门也会领用材料，但只要涉及材料费用的分配，都是通过编制“材料费用分配表”进行的。

【例3-4】新伟公司根据2025年3月发生的材料费用，编制“材料费用分配表”，见表3-4。

根据“材料费用分配表”及材料的领料单，编制会计分录如下：

借：生产成本——基本生产成本——甲产品（直接材料）　836 000
　　　　　　　　　　　　　——乙产品（直接材料）　724 000
　　　　　　——辅助生产成本——供电车间（材料费）　45 000
　　　　　　　　　　　　　——供水车间（材料费）　65 000
　　制造费用——材料费　20 000
　　管理费用——材料费　20 000
　　销售费用——材料费　18 000
　贷：原材料——A材料　935 000
　　　　　　——B材料　793 000

表 3-4 材料费用分配表

编制单位：新伟公司 2025年3月 金额单位：元

应借科目			直接计入金额	分配计入金额		材料费用实际金额		
				定额消耗量（千克）	分配金额（分配率76元/千克）	A材料	B材料	合计
生产成本	基本生产成本	甲产品	608 000	3 000	228 000	434 000	402 000	836 000
		乙产品	572 000	2 000	152 000	424 000	300 000	724 000
		小计	1 180 000	5 000	380 000	858 000	702 000	1 560 000
	辅助生产成本	供电车间	45 000			20 000	25 000	45 000
		供水车间	65 000			30 000	35 000	65 000
		小计	110 000			50 000	60 000	110 000
制造费用			20 000			8 000	12 000	20 000
管理费用			20 000			11 000	9 000	20 000
销售费用			18 000			8 000	10 000	18 000
合　计			1 348 000		380 000	935 000	793 000	1 728 000

周转材料中的包装物、低值易耗品的会计处理，与一般意义上的材料会计处理，既有相同之处，又有不同之处。如果采用一次摊销法，则其会计处理同于材料会计处理；如果采用五五摊销法，则其会计处理不同于材料会计处理。

课堂讨论

有人说“燃料也属于材料，应与材料的核算方法一样”，对吗？

提示：燃料实际上也属于材料，如果燃料费用在产品成本中所占的比重较大，可以与动力费用一起专设“燃料及动力”成本项目，还应增设燃料相关账户，以便单独核算燃料的增减变动和结存以及燃料费用的分配情况。

党的二十大报告强调，生态文明建设的重要性，企业需要在成本控制中注重环保和可持续发展，实现经济效益和社会效益的双赢。

任务二 归集与分配动力费用

动力主要是指企业生产经营过程中所耗用的电力、热力等。外购动力实际上也相当于外购材料，只是没有实物存在、不需要办理入库，根据各部门的使用情况直接计入相关成本费用。一般情况下，企业外购动力没有特殊要求，则将外购动力直接接入各产品生产车间及企业管理部门、销售部门，根据仪表上记录的耗用数分配动力费用；在特殊情况下，企业对外购动力有

微课

动力费用的归集与分配

特殊要求，则将外购动力先接入动力车间（辅助生产车间），经动力车间转换后，再接入各产品生产车间及企业管理部门、销售部门。

2.1 归集动力费用

外购动力费用发生时，要做好外购动力的原始记录，包括外来账单（外来发票）、内部动力消耗的仪表记录等，需要制定好分配标准。

2.2 分配动力费用

外购动力有的直接用于产品生产，如生产工艺用电力；有的间接用于产品生产，如生产单位（车间或分厂）照明用电力；有的用于经营管理，如企业行政管理部门、销售部门照明用电力和取暖用电力等。在有计量仪器记录的情况下，直接根据仪器所示的耗用数以及动力单价计算。各车间、部门的动力用电和照明用电一般都分别装有电表，外购电力费用在各车间、部门可按用电度数分配。在没有计量仪器的情况下，要按照一定的标准（生产工时、机器工时、定额耗用量等）在各种产品之间进行分配。车间的动力用电，一般不按产品分别安装电表，因而车间动力用电费用在各种产品之间分配，分配方法可以选择按产品的生产工时、机器工时、定额耗电量等。外购动力费用的分配，通过编制“外购动力费用分配表”进行。

在进行外购动力费用分配的账务处理时，直接用于产品生产，设有“燃料及动力”成本项目的动力费用，应单独记入“生产成本——基本生产成本”账户及所属有关产品的成本项目（燃料及动力）借方；用于基本生产但未专设成本项目的动力费用及用于车间组织和管理生产经营活动的动力费用，则应分具体内容记入“制造费用”账户及所属有关的明细账（水费或电费或水电费等）借方；直接用于辅助生产的动力费用，记入“生产成本——辅助生产成本”账户及所属有关产品或劳务的明细账（燃料及动力）借方；用于全厂组织和管理生产经营活动的动力费用，则应记入“管理费用”账户及所属有关的明细账（水费或电费或水电费等）借方；用于销售部门的动力费用，则应记入“销售费用”账户及所属有关的明细账（水费或电费或水电费等）借方，同时，应借记“应交税费——应交增值税（进项税额）”账户，贷记“应付账款”账户。由于外购动力的付款期与成本费用的核算期不一致，往往是本月的成本费用，到下月才支付，所以，计入当月成本费用的外购动力费用由于没有支付，不应该贷记“银行存款”账户，而应该贷记“应付账款”账户。

【例 3-5】金鑫公司 2025 年 3 月耗用外购电力 760 000 度，每度电 0.56 元，发生电费 425 600 元（不含增值税，增值税税率为 13%）。月末，查明各车间、部门耗电度数为：基本生产车间直接用于产品生产耗电 630 000 度，没有分产品安装电表，规定按生产工时分配电费，甲产品生产工时为 6 500 小时，乙产品生产工时为 3 500 小时；车间照明用电 40 000 度；辅助生产车间耗电 20 000 度；企业行政管理部门耗电 70 000 度。该企业设有“燃料及动力”成本项目，甲、乙产品动力费用分配计算如下：

$$\text{动力费用分配率}=\frac{352\ 800}{6\ 500+3\ 500}=35.28\text{（元/小时）}$$

甲产品应分配的动力费=6 500×35.28=229 320（元）

乙产品应分配的动力费=3 500×35.28=123 480（元）

根据上述计算结果，编制“外购动力费用分配表”，见表 3-5。

表 3-5　　外购动力费用分配表

编制单位：金鑫公司　　2025年3月　　金额单位：元

应借科目			成本或费用项目	动力费分配		电费分配	
				生产工时（小时）	分配金额（分配率35.28元/小时）	用电度数（度）	分配金额（分配率0.56元/度）
生产成本	基本生产成本	甲产品	燃料及动力	6 500	229 320		
		乙产品	燃料及动力	3 500	123 480		
		小计		10 000	352 800	630 000	352 800
	辅助生产成本	供水车间	电费			20 000	11 200
制造费用			电费			40 000	22 400
管理费用			电费			70 000	39 200
合　计						760 000	425 600

根据“外购动力费用分配表”及增值税专用发票，编制会计分录如下：

借：生产成本——基本生产成本——甲产品（燃料及动力）　229 320
　　　　　　　　　　　　——乙产品（燃料及动力）　123 480
　　　　　　——辅助生产成本——供水车间（电费）　11 200
　　制造费用——电费　22 400
　　管理费用——电费　39 200
　　应交税费——应交增值税（进项税额）　55 328
　贷：应付账款——××供电公司　480 928

任务三　归集与分配职工薪酬费用

微课

职工薪酬费用的归集与分配

职工薪酬是指企业为获得职工提供的服务或解除劳动关系而给予的各种形式的报酬或补偿。职工薪酬包括短期薪酬、离职后福利、辞退福利和其他长期职工福利。

短期薪酬是指企业在职工提供相关服务的年度报告期间结束后12个月内需要全部予以支付的职工薪酬，因解除与职工的劳动关系给予的补偿除外。短期薪酬具体包括：职工工资、奖金、津贴和补贴，职工福利费，医疗保险费、工伤保险费和生育保险费等社会保险费，住房公积金，工会经费和职工教育经费，短期带薪缺勤，短期利润分享计划，非货币性福利以及其他短期薪酬。

离职后福利是指企业为获得职工提供的服务而在职工退休或与企业解除劳动关系后，提供的各种形式的报酬和福利，短期薪酬和辞退福利除外。

辞退福利是指企业在职工劳动合同到期之前解除与职工的劳动关系，或者为鼓励职工自愿接受裁减而给予职工的补偿。

其他长期职工福利是指除短期薪酬、离职后福利、辞退福利之外所有的职工薪酬，包括长期带薪缺勤、长期残疾福利、长期利润分享计划等。

3.1 归集职工薪酬费用

发生职工薪酬时，一是做好原始记录，二是正确计算每位职工的应付工资、奖金等。

1）应付职工薪酬的原始记录

企业职工薪酬的原始记录一般有“考勤记录”和“产量记录”等。“考勤记录”用于登记职工出勤和缺勤情况，为计时工资计算提供依据；“产量记录”是登记工人或生产小组在出勤时间内完成产品的数量、质量和耗用工时的原始记录，是计件工资计算的依据，同时也是统计产量和工时的依据。

2）应付职工薪酬的计算

应付职工薪酬的计算方法一般有两种：计时工资和计件工资。计时工资是指按工资标准和职工工作时间支付的劳动报酬。计件工资是指按工人生产的产品数量、质量和单件工资标准计算的劳动报酬。

（1）计时工资

在实行计时工资制的企业，职工的计时工资一般采用月薪制，即工资标准是按月计算的。在月薪制下，不论大月小月、休假日与节假日多少，各月的标准工资是相同的，职工只要出全勤，就可以得到固定的月标准工资。但由于每个职工每月出勤、缺勤情况不同，因此还需要将月标准工资折算成日工资率，以便于计算职工有缺勤时的应扣工资。

由于各月日历数不尽相同，在实际工作中，为了简化日工资率的计算工作，日工资率一般按以下两种方法计算：

方法一：按日历天数计算。为了简化计算，全年总天数按国家统计口径360天计算，除以12后，则日历天数为30天。日工资率的计算公式如下：

$$日工资率=\frac{月标准工资}{30}$$

按30天计算日标准工资时，由于没有扣除休假日，因此休假日也含有工资。如果连续缺勤期间含有休假日，那么，休假日也应按缺勤计算，扣发工资。

计算出日工资率后，要据以计算缺勤应扣工资。缺勤应扣工资分为事假、旷工应扣工资和病假应扣工资两种，其计算公式如下：

$$事假、旷工应扣工资=日标准工资\times事假、旷工天数$$

$$病假应扣工资=日标准工资\times病假天数\times病假扣款率$$

将职工的月标准工资扣除缺勤应扣工资，即为职工应得的计时工资。

方法二：按法定工作日计算。全年365天，共52周，每周法定休息2天，全年休息日104天，法定节假日11天，除去115天休假日，年法定工作日为250天，除以12后，则月法定工作日为20.83天。日工资率的计算公式如下：

$$日工资率=\frac{月标准工资}{20.83}$$

按20.83天计算日工资率时，由于标准工资是按法定工作日计算的，因此休假日不计算工资。如果连续缺勤期间含有休假日，那么，休假日不按缺勤计算，不扣发工资。

【例3-6】职工王杰月标准工资为3 000元，2025年3月的考勤记录反映事假1天，病假2天，病假应扣工资率为20%。该月日历天数为31天，病事假均不涉及休假日。

❶按日历天数计算该职工的计时工资如下：

王杰日标准工资=3 000÷30=100（元/天）

王杰应得计时工资=3 000-（1×100+2×100×20%）=2 860（元）

❷按法定工作日计算该职工的计时工资如下：

王杰日标准工资=3 000÷20.83=144（元/天）

王杰应得计时工资=3 000-（1×144+2×144×20%）=2 798.40（元）

（2）计件工资

计件工资按支付对象的不同，可以分为个人计件工资和集体计件工资两种。

个人计件工资是以个人为计算单位的计件工资形式。凡是能够个人单独操作，并能够准确计算个人产品数量和质量的工种，一般实行个人计件工资形式。其计算公式如下：

$$应付计件工资=\sum 合格产品产量\times 产品单件工资$$

集体计件工资的计算方法与个人计件工资的计算方法相同，但集体计件工资还要在集体内部各工人之间按照贡献的大小进行分配，大多以每人的工资标准和工作日数（或工作时间）的乘积为比例进行分配。

个人计件工资适用于个人能够单独操作且能够制定个人劳动定额的工种；集体计件工资适用于工艺过程要求集体完成，不能直接计算个人完成合格产品数量的工种。

特别提示

职工福利费、职工教育经费、工会经费、医疗保险费、住房公积金等项目，应按企业工资总额以及国家规定的相应计提比例进行计算。

3.2 分配职工薪酬费用

直接进行产品生产的生产工人工资，应记入“生产成本——基本生产成本”账户及所属明细账的“直接人工”成本项目。其中，生产工人的计件工资属于直接计入费用，根据工资结算凭证（产量记录），直接记入某种产品成本的“直接人工”成本项目。生产工人的计时工资一般属于间接计入费用，但当只生产一种产品时，属于直接计入费用，可以直接记入该种产品成本的“直接人工”成本项目；而当生产多种产品时，则属于间接计入费用，应按照产品的生产工时等分配标准分配后，再记入各种产品成本明细账的“直接人工”成本项目。按生产工时（实际或定额）比例分配的计算公式如下：

$$工资费用分配率=\frac{某车间生产工人计时工资总额}{该车间各种产品生产工时（实际或定额）总数}$$

$$某种产品应分配计时工资=该种产品生产工时\times 工资费用分配率$$

【例 3-7】向阳公司2025年3月生产甲、乙两种产品，生产工人计件工资分别为甲产品180 000元、乙产品160 000元；甲产品、乙产品计时工资共计1 760 000元，甲产品、乙产品生产工时分别为5 600小时、3 200小时。按生产工人工时比例分配计算如下：

$$工资费用分配率 = \frac{1\ 760\ 000}{5\ 600 + 3\ 200} = 200（元/小时）$$

甲产品应分配的计时工资费用=5 600×200=1 120 000（元）

乙产品应分配的计时工资费用=3 200×200=640 000（元）

工资费用分配是通过编制“工资费用分配表”进行的，“工资费用分配表”是编制记账凭证和登记有关总账与明细账的依据。向阳公司编制“工资费用分配表”，见表3-6。

表 3-6　工资费用分配表

编制单位：向阳公司　　2025年3月　　金额单位：元

应借科目			成本或费用项目	直接计入	分配计入			合计
					生产工时（小时）	分配率	分配金额	
生产成本	基本生产成本	甲产品	直接人工	180 000	5 600		1 120 000	1 300 000
		乙产品	直接人工	160 000	3 200		640 000	800 000
		小计		340 000	8 800	200	1 760 000	2 100 000
	辅助生产成本	供电车间	职工薪酬	40 000				40 000
		供水车间	职工薪酬	20 000				20 000
		小计		60 000				60 000
制造费用			职工薪酬	80 000				80 000
销售费用			职工薪酬	50 000				50 000
管理费用			职工薪酬	120 000				120 000
合　计				650 000	8 800		1 760 000	2 410 000

根据“工资费用分配表”，编制会计分录如下：

借：生产成本——基本生产成本——甲产品（直接人工）　1 300 000
　　　　　　　　　　　　　——乙产品（直接人工）　800 000
　　　　　——辅助生产成本——供电车间（职工薪酬）　40 000
　　　　　　　　　　　　　——供水车间（职工薪酬）　20 000
　　制造费用——职工薪酬　80 000
　　管理费用——职工薪酬　120 000
　　销售费用——职工薪酬　50 000
　贷：应付职工薪酬——工资　2 410 000

特别提示

对于工资以外的职工薪酬项目，如果政府有明确规定计提基础和计提比例的，应按规定标准计提，如企业为职工计提的社会保险费（医疗保险费、工伤保险费、生育保险费）、离职福利（养老保险费、失业保险费）、住房公积金、工会经费等。对于政府（或企业年金计划）没有明确规定计提基础和计提比例的职工薪酬项目，如职工福利费等，企业应当根据实际发生额比照工资费用分配记入相关成本费用科目。这些工资以外的职工薪酬项目，应在“应付职工薪酬”一级科目下设置相应明细科目予以反映。

【例 3-8】智汇公司根据当地政府的规定，分别按照职工工资总额的 8%、20%、2%、5% 计提医疗保险费、养老保险费、失业保险费和住房公积金，同时，智汇公司于 2025 年 3 月实际发生职工工资总额 10% 的福利费。该公司工资以外的职工薪酬项目的分配，见表 3-7。

表 3-7 工资以外的职工薪酬费用分配表

编制单位：智汇公司 2025年3月 金额单位：元

应借科目			成本或费用项目	工资	职工薪酬项目					合计
					医疗保险费（8%）	养老保险费（20%）	失业保险费（2%）	住房公积金（5%）	职工福利费（10%）	
生产成本	基本生产成本	甲产品	直接人工	1 300 000	104 000	260 000	26 000	65 000	130 000	585 000
		乙产品	直接人工	800 000	64 000	160 000	16 000	40 000	80 000	360 000
		小计		2 100 000	168 000	420 000	42 000	105 000	210 000	945 000
	辅助生产成本	供电车间	职工薪酬	40 000	3 200	8 000	800	2 000	4 000	18 000
		供水车间	职工薪酬	20 000	1 600	4 000	400	1 000	2 000	9 000
		小计		60 000	4 800	12 000	1 200	3 000	6 000	27 000
制造费用			职工薪酬	80 000	6 400	16 000	1 600	4 000	8 000	36 000
销售费用			职工薪酬	50 000	4 000	10 000	1 000	2 500	5 000	22 500
管理费用			职工薪酬	120 000	9 600	24 000	2 400	6 000	12 000	54 000
合计				2 410 000	192 800	482 000	48 200	120 500	241 000	1 084 500

根据“工资以外的职工薪酬费用分配表”，编制会计分录如下：

借：生产成本——基本生产成本——甲产品（直接人工） 585 000
　　　　　　　　　　　　　——乙产品（直接人工） 360 000
　　　　　——辅助生产成本——供电车间（职工薪酬） 18 000
　　　　　　　　　　　　　——供水车间（职工薪酬） 9 000
　　制造费用——职工薪酬 36 000
　　管理费用——职工薪酬 54 000
　　销售费用——职工薪酬 22 500

贷：应付职工薪酬——职工福利	241 000
——住房公积金	120 500
——社会保险费（医疗保险费）	192 800
——离职福利（养老保险费）	482 000
——离职福利（失业保险费）	48 200

党的二十大报告提出，坚持以人民为中心的发展思想，这与企业注重员工福利和社会责任的理念相一致。企业需要在追求经济效益的同时，关注员工的福利和社会的发展。

任务四　归集与分配固定资产折旧费用

微课

固定资产折旧费用的归集与分配

固定资产在长期使用过程中保持实物形态不变，但其价值随着固定资产的损耗而逐渐减少，这部分由于损耗而减少的价值就是固定资产折旧，应以折旧费用计入产品成本和费用。折旧费用也是产品成本的组成部分，按照固定资产的使用车间、部门进行汇总，然后与生产单位（车间或分厂）、部门的其他费用一同分配计入产品成本和期间费用。生产某种产品往往需要使用多种机器设备，而某种机器设备也可能生产多种产品。因此，机器设备的折旧费用虽然是直接用于产品生产的费用，但没有专门为其设立成本项目，而是将其与生产车间的其他固定资产（车间用厂房等）折旧费用一同记入“制造费用”账户。企业行政管理部门和其他经营业务部门的固定资产折旧费用，则分别记入“管理费用”“销售费用”等账户。对于固定资产折旧，应单独设置“累计折旧”账户登记固定资产折旧的增减变动及结存情况。

4.1　归集固定资产折旧费用

企业根据确定的折旧计算方法和折旧范围提取折旧。一般来说，除了已提足折旧继续使用的固定资产和单独计价入账的土地以外，其他的固定资产都要计提折旧。

企业的固定资产是多种多样的，不同的固定资产需要分别采用使用年限法、工作量法、双倍余额递减法、年数总和法计算折旧。按照相关规定，有些固定资产是按单台计提的，有些固定资产是按类别计提的。

4.2　分配固定资产折旧费用

企业也可以采用简化的方式，在上月固定资产折旧额的基础上，经过调整上月增、减固定资产应提折旧额来计提当月固定资产折旧。不论固定资产如何计提折旧，月末都应按不同的车间、部门进行汇总，归集各车间、部门本月的折旧费用总额。企业车间（部门）每月计提的折旧额，可按下列公式计算：

$$\begin{matrix}\text{某车间(部门)}\\\text{本月折旧额}\end{matrix}=\begin{matrix}\text{该车间(部门)}\\\text{上月折旧额}\end{matrix}+\begin{matrix}\text{该车间(部门)上月增加}\\\text{固定资产应提折旧额}\end{matrix}-\begin{matrix}\text{该车间(部门)上月减少}\\\text{固定资产应提折旧额}\end{matrix}$$

折旧费用的分配是通过编制“折旧费用分配表”进行的，并据此编制会计分录。

【例3-9】智汇公司2025年3月编制“折旧费用分配表”，见表3-8。

表3-8 折旧费用分配表

编制单位：智汇公司 2025年3月 金额单位：元

应借科目	车间或部门	上月固定资产折旧额	上月增加固定资产应提折旧额	上月减少固定资产应提折旧额	本月固定资产折旧额
制造费用	基本生产车间	180 000	12 000	2 000	190 000
生产成本——辅助生产成本	机修车间	23 000	6 500	1 500	28 000
	供水车间	20 000	8 000	6 000	22 000
管理费用	行政管理部门	65 000		3 000	62 000
销售费用	专设销售机构	12 000	1 000		13 000
合计		300 000	27 500	12 500	315 000

根据“折旧费用分配表”，编制会计分录如下：

借：制造费用——折旧费 190 000
　　生产成本——辅助生产成本——机修车间（折旧费） 28 000
　　　　　　　　　　　　　——供水车间（折旧费） 22 000
　　管理费用——折旧费 62 000
　　销售费用——折旧费 13 000
　贷：累计折旧 315 000

任务五 归集与分配其他要素费用

其他要素费用支出是指除了前面所述各要素以外的其他费用支出，包括修理费、利息、办公费、差旅费、租赁费、劳动保护费、试验检验费、业务招待费等。这些费用有的是产品成本的组成部分，有的则是期间费用等的组成部分。即使是计入产品成本的各项其他费用，也没有专设成本项目，因此，当其他费用发生时，按照费用的用途进行归类，分别记入“制造费用”“管理费用”“财务费用”“销售费用”等账户的借方，记入“银行存款”等账户的贷方。

特别提示

❶车间用固定资产的修理费，记入“管理费用”账户；❷利息是指记入“财务费用”账户的利息费用，是筹集生产经营资金发生或用于非生产经营但非资本化的利息支出。

【例3-10】智汇公司2025年3月以银行存款支付办公费125 000元，其中，基本生产车间20 000元，辅助生产供水车间3 000元，辅助生产机修车间2 000元，企业行政管理部门70 000元，销售部门30 000元。根据上述资料，编制会计分录如下：

借：制造费用——基本生产车间（办公费）　20 000
　生产成本——辅助生产成本——供水车间（办公费）　3 000
　　　　　　　　　　　　——机修车间（办公费）　2 000
　管理费用——办公费　70 000
　销售费用——办公费　30 000
贷：银行存款　125 000

项目概要

本项目主要讲解了材料费、燃料费、动力费、职工薪酬、折旧费、修理费、利息支出及其他如差旅费、办公费、租赁费、保险费和诉讼费等要素费用的归集与分配方法，以及对应的会计处理。

职业能力训练

一、单项选择题

职业能力训练
单项选择题

1.直接用于产品生产的外购电力费用，应计入（　　）。

A.制造费用　　B.基本生产成本

C.管理费用　　D.辅助生产成本

2.用于基本生产车间的照明用电，应计入（　　）。

A.制造费用　　B.基本生产成本

C.管理费用　　D.辅助生产成本

3.下列应记入“制造费用”账户的职工薪酬是（　　）。

A.企业行政管理人员的薪酬　　B.企业生产产品人员的薪酬

C.企业在建工程人员的薪酬　　D.企业基本车间管理人员的薪酬

4.基本生产车间计提的折旧费，应借记（　　）账户。

A.“生产成本——基本生产成本”　　B.“管理费用”

C.“制造费用”　　D.“销售费用”

5.下列计入产品成本的支出中，应单独设立成本项目的是（　　）。

A.办公费　　B.折旧费

C.材料费　　D.修理费

二、多项选择题

职业能力训练
多项选择题

1.下列可以作为材料费用分配标准的有（　　）。

A.产品的重量　　B.产品的体积

C.材料定额消耗量　　D.材料定额费用

2.在材料消耗定额比较准确的情况下，可以作为材料费用分配标准的有（　　）。

A.产品的产量　　B.材料定额消耗量

C.产品的体积　　D.材料定额费用

3.目前，企业日工资率的两种计算方法为（　　）。

A. $日工资率=\frac{月标准工资}{30}$　　B. $日工资率=\frac{月标准工资}{20.83}$

C. $日工资率=\frac{月标准工资}{20.92}$　　D. $日工资率=\frac{月标准工资}{20.42}$

4. 对于企业的工资以外的职工薪酬项目，如果政府有明确规定计提基础和计提比例的，应按规定标准计提，如（　　）。

A. 医疗保险费　　B. 工伤保险费

C. 职工福利费　　D. 生育保险费

三、判断题

职业能力训练

判断题

1. 周转材料中的包装物、低值易耗品的会计处理，与一般意义上的材料会计处理完全相同。（　　）

2. 燃料实际上也属于材料，如果燃料费用在产品成本中所占的比重较大，则可以与动力费用一起专设"燃料及动力"成本项目。（　　）

3. 多种产品耗用的材料费用，按材料的定额消耗量分配与按材料的定额费用分配的结果是一致的。（　　）

4. 按30天计算日标准工资时，如果连续缺勤期间含有休假日，那么，休假日也应按缺勤计算并扣发工资。（　　）

5. 车间的动力用电，一般不按产品分别安装电表，可以选择按产品的生产工时、机器工时、定额耗电量等分配发生的动力用电费用。（　　）

四、技能训练题

技能训练一

职业能力训练

技能训练题

【目的】练习按材料体积分配原材料费用的方法。

【资料】某企业2025年3月生产甲、乙、丙三种产品的产量分别为50件、40件、30件，每件体积分别为4立方米、2立方米、1立方米，共同耗用W材料3 000千克，每千克310元，共计930 000元。

【要求】按各种产品的体积分配应负担的W材料费用，并编制会计分录。

技能训练二

【目的】练习按材料定额消耗量分配材料费用的方法。

【资料】某企业2025年3月生产A、B两种产品，领用M材料4 400千克，每千克90元，共计396 000元。本月投产A产品150件，单件产品M材料消耗定额为20千克；B产品100件，单件产品M材料消耗定额为15千克。

【要求】按材料定额消耗量计算分配A、B产品耗用M材料的实际费用，并编制会计分录。

技能训练三

【目的】练习按材料定额消耗费用分配材料费用的方法。

【资料】某企业2025年3月生产甲、乙两种产品，本月投产甲产品240件、乙产品200件，共同领用材料费用1 205 820元，其中，领用A材料费用657 020元，领用B材料费用548 800元。每件甲产品消耗A材料定额5千克、消耗B材料定额8千克，每件乙产品消耗A材料定额15千克、消耗B材料定额12千克。A材料每千克150元，B材料每千克120元。

【要求】按材料定额消耗费用计算分配甲、乙产品实际耗用的A、B材料费用，并编制会计分录。

技能训练四

【目的】练习动力费用的分配方法。

【资料】某企业2025年3月耗电120 000度，每度电费0.6元，应付电力费72 000元，增值税进项税额9 360元，价税款均未支付。该企业基本生产车间耗电110 000度，其中，车间照明用电2 000度，企业行政管理部门耗电7 000度，企业销售部门耗电3 000度。企业基本生产车间生产A、B两种产品，A产品生产工时36 000小时，B产品生产工时24 000小时。

【要求】按所耗电力的度数分配电力费用，其中的A、B产品按生产工时分配电费，并编制会计分录。(假定该企业单设“燃料及动力”成本项目)

技能训练五

【目的】练习职工薪酬的归集与分配方法。

【资料】某企业2025年3月生产甲、乙两种产品，根据工资结算汇总表，生产工人的计件工资分别为甲产品16 000元、乙产品22 000元；生产工人的计时工资总额为100 000元，其中，甲产品生产工时为2 000小时，乙产品生产工时为3 000小时；车间管理人员工资为5 880元；行政管理人员工资为44 420元；销售部门人员工资为10 000元。

【要求】按生产工人工时计算分配甲、乙产品应负担的计时工资，并编制工资费用分配的会计分录。

技能训练六

【目的】练习固定资产折旧费用的分配方法。

【资料】某企业2025年3月的“固定资产折旧费用分配表”，见表3-9。

表3-9 固定资产折旧费用分配表 单位：元

应借科目	上月折旧额	上月增加固定资产		上月减少固定资产		本月折旧额
		原值	折旧额	原值	折旧额	
制造费用——基本生产车间	120 000	420 000	10 500	—	—	
辅助生产成本——机修车间	26 000	360 000	3 000	300 000	4 000	
管理费用	36 500	—	—	—	—	
销售费用	22 000	—	—	—	—	
合　计						

【要求】在“固定资产折旧费用分配表”的空白处填上有关数字，并编制折旧费用分配的会计分录。

项目四　归集与分配辅助生产费用

学习目标

素养目标

1. 树立成本领先意识，培养创新思维理念；
2. 树立成本风险意识，培养防范识别能力。

知识目标

1. 了解辅助生产费用的概念；
2. 熟悉辅助生产费用归集、分配的方法；
3. 理解各种分配方法的优缺点及适用范围。

能力目标

1. 能对辅助生产费用进行正确的归集；
2. 能根据辅助生产费用发生的情况选择不同的方法进行合理分配。

思维导图

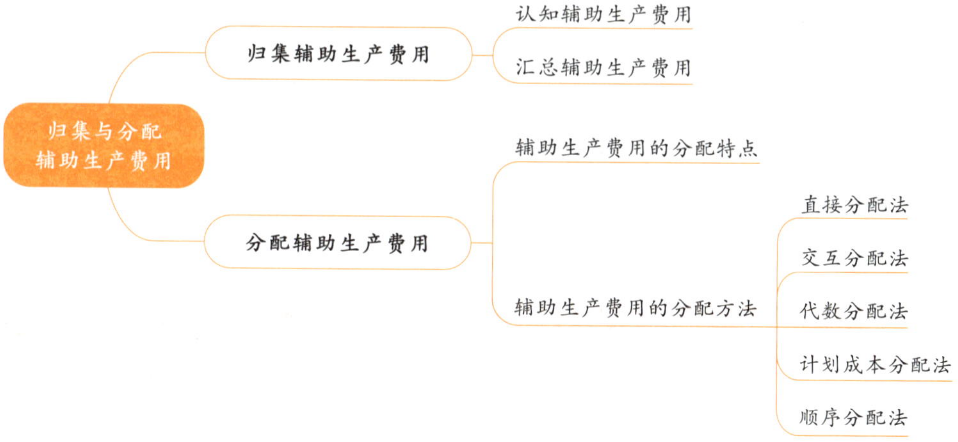

课前导入

随着新能源革命的浪潮席卷全球，比亚迪股份有限公司（以下简称“比亚迪”）凭借其前瞻性的技术创新和坚定的绿色发展战略，正逐渐成为行业的领军者。作为一家高新技术企业，比亚迪业务涵盖了电子、汽车、新能源和轨道交通等多个领域，并在我国香港和深圳两地上市。比亚迪研制电动汽车和电池时，设有基本生产车间负责车辆组装和电池生产，设有辅助生产车间进行原材料加工和部件制造。这些由辅助生产车间提供的产品，可以为本企业生产所用，也可以外销。科学开展辅助生产车间的成本核算，既事关生产车间局部，也影响企业全局。

任务一 归集辅助生产费用

1.1 认知辅助生产费用

微课

辅助生产费用的归集

辅助生产是指为基本生产车间、行政管理部门等提供服务而进行的产品生产或劳务供应等生产活动。辅助生产包括产品性的辅助生产和劳务性的辅助生产两种类型。产品性的辅助生产提供的产品主要包括工具、模具、修理用备件等；劳务性的辅助生产提供的劳务主要包括供电、供水、供气、机修等。

辅助生产费用是指辅助生产车间为生产产品或提供劳务而发生的原材料费用、动力费用、工资及福利费，以及辅助生产车间的制造费用。辅助生产成本是指为生产和提供一定种类和一定数量的产品或劳务所耗费的辅助生产费用之和，这就构成了该种产品或劳务的辅助生产成本。

辅助生产费用的内容有：(1) 该辅助生产车间自身发生的各项费用，如耗用的各项要素费用、分摊的跨期费用等；(2) 从其他辅助生产车间划分进来的费用。

1.2 汇总辅助生产费用

辅助生产费用的归集是通过生产成本总账及辅助生产成本二级账进行的，一般按车间及产品和劳务设立明细账。当辅助生产发生各项费用时，记入“生产成本——辅助生产成本”账户及其明细账。辅助生产发生的制造费用，可以采用两种处理方式：一种是单独核算；另一种是不单独核算。采用单独核算方式的企业，先通过“制造费用——辅助生产车间”账户进行单独归集，再转入“生产成本——辅助生产成本”账户；采用不单独核算方式的企业，可不单独设置“制造费用——辅助生产车间”账户，而直接记入“生产成本——辅助生产成本”账户。前者适用于辅助生产车间规模较大，制造费用较多，对外销售产品或提供劳务的情况；后者适用于辅助生产车间规模较小，制造费用较少，不对外销售产品或提供劳务的情况。

任务二 分配辅助生产费用

2.1 辅助生产费用的分配特点

辅助生产费用的分配就是将归集的各辅助生产成本在其受益对象之间采用适当的分配方法进行分配，即按照一定的标准和方法，将辅助生产费用分配到各受益单位或产品中的过程。由于辅助生产有产品性和劳务性两种类型，其分配转出的程序和方法也各不相同。

(1) 如果生产的是工具、模具或修理用备件等产品性的辅助生产，当产品完工时，应从“生产成本——辅助生产成本”账户的贷方转入“周转材料”“原材料”等账户的借方。

(2) 如果提供的是水、电、气、运输、修理等劳务性的辅助生产，应将归集的费用按照适当的方法在各受益单位之间进行分配，从“生产成本——辅助生产成本”账户的贷方转入“生产成本——基本生产成本”“制造费用”“管理费用”“销售费用”

“在建工程”等账户的借方。

2.2 辅助生产费用的分配方法

辅助生产费用的分配方法有很多，通常采用直接分配法、交互分配法、代数分配法、计划成本分配法和顺序分配法等。

1）直接分配法

微课

辅助生产费用的分配：直接分配法

直接分配法就是将各辅助生产车间发生的费用，按受益的对象直接分配给辅助生产车间以外的各受益单位，而不考虑各辅助生产车间之间相互提供劳务或产品的情况，即费用分配只对外分配，不对内分配。其计算公式如下：

$$\text{某辅助生产车间费用分配率}=\frac{\text{该辅助生产车间待分配费用总额}}{\text{该辅助生产车间对外提供的产品或劳务总量}}$$

各受益单位应分配的费用=各受益单位的受益数量×某辅助生产车间费用分配率

【例 4-1】某企业有供水和供电两个辅助生产车间，主要为本企业基本生产车间和行政管理部门等部门服务。2025 年 3 月发生的辅助生产费用为：供水车间 6 000 元，供电车间 35 200 元。该企业辅助生产车间供应劳务量，见表 4-1。

表 4-1 辅助生产车间供应劳务量汇总表

2025年3月

受益部门		受益数量	
		供水车间（吨）	供电车间（度）
辅助生产车间	供水车间		4 000
	供电车间	1 000	
基本生产车间	A 产品		20 000
	B 产品		17 000
基本生产车间一般耗用		1 500	2 000
行政管理部门		500	1 000
合 计		3 000	44 000

要求：采用直接分配法对辅助生产费用进行分配，并编制相应的会计分录。（假定该企业单独设立“燃料及动力”成本项目）

（1）确定两个辅助生产车间对外分配的劳务量：

供水车间对外提供的劳务量=3 000−1 000=2 000（吨）

供电车间对外提供的劳务量=44 000−4 000=40 000（度）

（2）确定两个辅助生产车间的费用分配率：

供水车间费用分配率 = 6 000 ÷ 2 000 = 3（元/吨）

供电车间费用分配率 = 35 200 ÷ 40 000 = 0.88（元/度）

（3）计算各受益对象的分配额：

基本生产车间A产品应负担的供电费用=20 000×0.88=17 600（元）

基本生产车间B产品应负担的供电费用=17 000×0.88=14 960（元）

基本生产车间一般耗用的供水费用=1 500×3=4 500（元）

基本生产车间一般耗用的供电费用=2 000×0.88=1 760（元）

行政管理部门耗用的供水费用=500×3=1 500（元）

行政管理部门耗用的供电费用=1 000×0.88=880（元）

根据上述计算结果及表4-1中的资料，采用直接分配法编制辅助生产费用分配表，见表4-2。

表 4-2 辅助生产费用分配表（直接分配法）

2025年3月 金额单位：元

项目		供水车间		供电车间		合计
		受益数量（吨）	分配金额	受益数量（度）	分配金额	
待分配辅助生产费用			6 000		35 200	41 200
辅助生产车间对外劳务量		2 000		40 000		—
辅助生产费用分配率			3		0.88	—
辅助生产车间	供水车间			4 000	—	—
	供电车间	1 000	—			—
基本生产车间	A产品			20 000	17 600	17 600
	B产品			17 000	14 960	14 960
基本生产车间一般耗用		1 500	4 500	2 000	1 760	6 260
行政管理部门		500	1 500	1 000	880	2 380
合计		3 000	6 000	44 000	35 200	41 200

根据表4-2中的资料，编制会计分录如下：

（1）借：制造费用——基本生产车间（水费） 4 500
管理费用——水费 1 500
贷：生产成本——辅助生产成本——供水车间 6 000

（2）借：生产成本——基本生产成本——A产品（燃料及动力） 17 600
——B产品（燃料及动力） 14 960
制造费用——基本生产车间（电费） 1 760
管理费用——电费 880
贷：生产成本——辅助生产成本——供电车间 35 200

采用直接分配法分配辅助生产费用时，只对辅助生产车间以外的受益单位分配，因此计算工作简单。但是，由于分配时没有考虑辅助生产车间之间相互提供劳务的情况，费用分配的金额不够全面，计算结果也不够客观，当辅助生产车间之间相互提供的产品或劳务量较大时，其分配结果肯定不是十分准确的。因此，这种方法适合于辅助生产车间之间相互提供劳务较少的企业。

2）交互分配法

交互分配法是指在分配辅助生产费用时，将各辅助生产车间发生的费用先在受益的各辅助生产车间之间进行交互分配（又称对内分配），再将各辅助生产车间交互分配后的实际生产费用分配给辅助生产车间以外的受益对象（又称对外分配），即费用分两次分配，先对内分配（交互分配），后对外分配。

交互分配法的操作步骤及基本公式如下：

微课

辅助生产费用的分配：交互分配法

（1）对内分配（交互分配）：

$$\text{某辅助生产车间费用交互分配率}=\frac{\text{该辅助生产车间待分配费用总额}}{\text{该辅助生产车间提供的劳务总量}}$$

$$\begin{matrix}\text{某辅助生产车间分配}\\\text{转入的辅助生产费用}\end{matrix}=\begin{matrix}\text{该辅助生产车间耗用}\\\text{其他辅助生产车间的劳务量}\end{matrix}\times\begin{matrix}\text{相对应的其他辅助}\\\text{生产车间的交互分配率}\end{matrix}$$

$$\begin{matrix}\text{某辅助生产车间分配}\\\text{转出的辅助生产费用}\end{matrix}=\begin{matrix}\text{其他辅助生产车间耗用}\\\text{该辅助生产车间的劳务量}\end{matrix}\times\begin{matrix}\text{该辅助生产车间}\\\text{的交互分配率}\end{matrix}$$

（2）对外分配：

$$\begin{matrix}\text{某辅助生产车间}\\\text{对外费用分配额}\end{matrix}\left(\begin{matrix}\text{计算交互分配}\\\text{后的实际费用}\end{matrix}\right)=\begin{matrix}\text{该辅助生产车间}\\\text{待分配费用总额}\end{matrix}+\begin{matrix}\text{交互分配}\\\text{转入费用}\end{matrix}-\begin{matrix}\text{交互分配}\\\text{转出费用}\end{matrix}$$

$$\text{某辅助生产车间对外费用分配率}=\frac{\text{该辅助生产车间对外费用分配额}}{\text{该辅助生产车间对外提供的劳务总量}}$$

$$\begin{matrix}\text{某辅助生产车间以外的}\\\text{各受益单位应分担的辅助生产费用}\end{matrix}=\begin{matrix}\text{该受益单位}\\\text{耗用的劳务量}\end{matrix}\times\begin{matrix}\text{该辅助生产车间}\\\text{对外费用分配率}\end{matrix}$$

【例4-2】某企业有供水和供电两个辅助生产车间，主要为本企业基本生产车间和行政管理部门等部门服务。2025年3月发生的辅助生产费用为：供水车间6 000元，供电车间35 200元。该企业辅助生产车间供应劳务量，见表4-1。

要求：采用交互分配法对辅助生产费用进行分配，并编制相应的会计分录。

第一步，对内分配（交互分配）：

（1）供水车间费用交互分配率=6 000÷3 000=2（元/吨）

供电车间费用交互分配率=35 200÷44 000=0.80（元/度）

（2）供水车间应分配转入的费用（供电车间分配转出的费用）=4 000×0.80=3 200（元）

（3）供电车间应分配转入的费用（供水车间分配转出的费用）=1 000×2=2 000（元）

第二步，对外分配：

（1）供水车间交互分配后的实际费用=6 000+3 200−2 000=7 200（元）

供电车间交互分配后的实际费用=35 200+2 000−3 200=34 000（元）

（2）供水车间对外费用分配率 $=\frac{7\,200}{3\,000-1\,000}=3.60$（元/吨）

供电车间对外费用分配率 $=\frac{34\,000}{44\,000-4\,000}=0.85$（元/度）

（3）基本生产车间A产品负担的供电费用=20 000×0.85=17 000（元）

基本生产车间B产品负担的供电费用=17 000×0.85=14 450（元）

基本生产车间一般耗用的供水费用=1 500×3.60=5 400（元）

基本生产车间一般耗用的供电费用=2 000×0.85=1 700（元）

行政管理部门耗用的供水费用=500×3.60=1 800（元）

行政管理部门耗用的供电费用=1 000×0.85=850（元）

根据上述计算结果及表4-1中的资料，采用交互分配法编制辅助生产费用分配表，见表4-3。

表 4-3　　辅助生产费用分配表（交互分配法）

2025年3月　　金额单位：元

项目		供水车间			供电车间			合计
		受益数量（吨）	分配率	分配金额	受益数量（度）	分配率	分配金额	
待分配辅助生产费用		3 000	2	6 000	44 000	0.80	35 200	41 200
交互分配	供水车间	—	—	—	4 000	0.80	3 200	3 200
	供电车间	1 000	2	2 000	—	—	—	2 000
对外分配费用		2 000	3.60	7 200	40 000	0.85	34 000	41 200
对外分配	基本生产车间A产品	—	—	—	20 000	0.85	17 000	17 000
	基本生产车间B产品	—	—	—	17 000	0.85	14 450	14 450
	基本生产车间一般耗用	1 500	3.60	5 400	2 000	0.85	1 700	7 100
	行政管理部门	500	3.60	1 800	1 000	0.85	850	2 650

根据表4-3中的资料，编制会计分录如下：

（1）交互分配：

①借：生产成本——辅助生产成本——供电车间（水费）　　2 000
　　贷：生产成本——辅助生产成本——供水车间　　2 000
②借：生产成本——辅助生产成本——供水车间（电费）　　3 200
　　贷：生产成本——辅助生产成本——供电车间　　3 200

（2）对外分配：

①借：制造费用——基本生产车间（水费）　　5 400
　　　管理费用——水费　　1 800
　　贷：生产成本——辅助生产成本——供水车间　　7 200
②借：生产成本——基本生产成本——A产品（燃料及动力）　　17 000
　　　　　　　　　　　　　　　　——B产品（燃料及动力）　　14 450
　　　制造费用——基本生产车间（电费）　　1 700
　　　管理费用——电费　　850
　　贷：生产成本——辅助生产成本——供电车间　　34 000

采用交互分配法分配辅助生产费用，由于先要对各辅助生产车间之间相互提供的劳务进行交互分配，因此分配结果比较准确、客观，但辅助生产费用要经过两次分配，当辅助生产车间较多时，增加了计算的工作量。因此，这种方法一般适合于各辅助生产车间之间相互提供劳务较多的企业。

3）代数分配法

代数分配法是根据解联立方程的原理，计算辅助生产劳务或产品的单位成本，然后根据各受益单位耗用的数量和单位成本分配辅助生产费用。

微课

辅助生产费用的分配：代数分配法

【例 4-3】某企业有供水和供电两个辅助生产车间，主要为本企业基本生产车间和行政管理部门等部门服务。2025 年 3 月发生的辅助生产费用为：供水车间 6 000 元，供电车间 35 200 元。该企业辅助生产车间供应劳务量，见表 4-1。

要求：采用代数分配法对辅助生产费用进行分配，并编制相应的会计分录。

假设供水车间每吨水的成本为 x，供电车间每度电的成本为 y，则设联立方程如下：

$$\begin{cases} 6\,000 + 4\,000y = 3\,000x \\ 35\,200 + 1\,000x = 44\,000y \end{cases}$$

解得：

$$\begin{cases} x = 3.1625 \\ y = 0.871875 \end{cases}$$

根据上述计算结果及表 4-1 中的资料，采用代数分配法编制辅助生产费用分配表，见表 4-4。

表 4-4 辅助生产费用分配表（代数分配法）

2025年3月 金额单位：元

项目		供水车间		供电车间		合计
		受益数量（吨）	分配金额	受益数量（度）	分配金额	
待分配辅助生产费用			6 000		35 200	41 200
提供劳务总量		3 000		44 000		—
费用分配率			3.1625		0.871875	—
辅助生产车间	供水车间			4 000	3 487.50	3 487.50
	供电车间	1 000	3 162.50			3 162.50
基本生产车间 A 产品				20 000	17 437.50	17 437.50
基本生产车间 B 产品				17 000	14 821.88	14 821.88
基本生产车间一般耗用		1 500	4 743.75	2 000	1 743.75	6 487.50
行政管理部门		500	1 581.25	1 000	871.87	2 453.12
合计		3 000	9 487.50	44 000	38 362.50	47 850

根据表 4-4 中的资料，编制会计分录如下：

(1) 借：生产成本——辅助生产成本——供电车间（水费）	3 162.50	
制造费用——基本生产车间（水费）	4 743.75	
管理费用——水费	1 581.25	
贷：生产成本——辅助生产成本——供水车间		9 487.50
(2) 借：生产成本——辅助生产成本——供水车间（电费）	3 487.50	
——基本生产成本——A 产品（燃料及动力）	17 437.50	
——B 产品（燃料及动力）	14 821.88	
制造费用——基本生产车间（电费）	1 743.75	
管理费用——电费	871.87	
贷：生产成本——辅助生产成本——供电车间		38 362.50

采用代数分配法分配辅助生产费用，分配结果最准确，但在辅助生产车间较多的情况下，未知数较多，计算工作比较复杂。因而，这种分配方法适合于计算工作已经实现电算化的企业。

课堂讨论

有人说，“代数分配法中辅助生产车间之间相互提供的劳务也进行了交互分配”。这种说法对吗？

提示： 代数分配法的实质还是交互分配法，只是交互分配法的交互分配率不准确，代数分配法的交互分配率（此分配率同时也是对外分配率）非常准确。

4）计划成本分配法

微课

辅助生产费用的分配：计划成本分配法

计划成本分配法是指在分配辅助生产车间所归集的费用时，首先根据事先确定的计划单位成本和其他辅助车间、部门实际耗用的劳务量在各受益单位之间分配，然后将按计划成本分配的辅助生产费用与实际的辅助生产费用之间的差额在辅助生产车间以外的各受益部门进行分配。

特别提示

在实际工作中，有时为了简化计算工作，一般将按计划成本分配的辅助生产费用与实际的辅助生产费用之间的差额，全部记入“管理费用”账户。

其具体公式如下：

$$\text{某辅助生产车间已分配的计划总成本} = \text{该辅助生产车间提供的劳务总量} \times \text{计划单位成本}$$

$$\text{某辅助生产车间实际总成本} = \text{该辅助生产车间直接发生的费用} + \text{其他辅助车间转入的计划成本}$$

$$\text{某辅助生产车间费用差异} = \text{该辅助生产车间实际总成本} - \text{该辅助生产车间已分配的计划总成本}$$

【例 4-4】承【例 4-1】相关资料，假定供水车间的计划单位成本为 3 元/吨，供电车间的计划单位成本为 0.85 元/度。

要求：采用计划成本分配法对辅助生产费用进行分配，并编制相应的会计分录。

采用计划成本分配法编制辅助生产费用分配表，见表 4-5。

表 4-5 辅助生产费用分配表（计划成本分配法）

2025年3月 金额单位：元

项目		供水车间		供电车间		合计
		受益数量（吨）	分配金额	受益数量（度）	分配金额	
待分配辅助生产费用			6 000		35 200	41 200
提供劳务总量		3 000		44 000		—
计划单位成本			3		0.85	—
辅助生产车间	供水车间			4 000	3 400	3 400
	供电车间	1 000	3 000			3 000
基本生产车间A产品				20 000	17 000	17 000
基本生产车间B产品				17 000	14 450	14 450
基本生产车间一般耗用		1 500	4 500	2 000	1 700	6 200
行政管理部门		500	1 500	1 000	850	2 350
按计划成本分配金额合计			9 000		37 400	46 400
辅助生产实际成本			9 400		38 200	47 600
辅助生产成本差异			+400		+800	+1 200

其中：

供水车间按计划成本分配金额合计=3 000+4 500+1 500=9 000（元）

供水车间实际成本=6 000+3 400=9 400（元）

供水车间辅助生产成本差异=9 400−9 000=400（元）

供电车间按计划成本分配金额合计=3 400+17 000+14 450+1 700+850=37 400（元）

供电车间实际成本=35 200+3 000=38 200（元）

供电车间辅助生产成本差异=38 200−37 400=800（元）

根据表4-5中的资料，编制会计分录如下：

（1）按计划成本分配：

①借：生产成本——辅助生产成本——供电车间（水费） 3 000
　　制造费用——基本生产车间（水费） 4 500
　　管理费用——水费 1 500
　贷：生产成本——辅助生产成本——供水车间 9 000

②借：生产成本——辅助生产成本——供水车间（电费） 3 400
　　　　　——基本生产成本——A产品（燃料及动力） 17 000
　　　　　　　　　　　　——B产品（燃料及动力） 14 450
　　制造费用——基本生产车间（电费） 1 700
　　管理费用——电费 850
　贷：生产成本——辅助生产成本——供电车间 37 400

（2）结转辅助生产成本差异：

①借：管理费用——水费	400
贷：生产成本——辅助生产成本——供水车间	400
②借：管理费用——电费	800
贷：生产成本——辅助生产成本——供电车间	800

采用计划成本分配法，由于辅助生产车间的产品或劳务的计划单位成本有现成的资料，从而简化和加速了分配的计算工作；通过成本差异分析，还能反映和考核辅助生产费用计划的执行情况，便于考核和分析各受益单位的经济责任。但是，采用该种分配方法，辅助生产产品或劳务的计划单位成本必须较为准确，否则会影响计算的准确性。

特别提示

采用计划成本分配法分配辅助生产费用，辅助生产车间之间相互提供的产品与劳务也进行了交互分配。

5）顺序分配法

顺序分配法是将辅助生产车间按照受益多少的顺序排列，受益少的排在前，先分配费用，受益多的排在后，后分配费用。在分配时，排在前面的辅助生产车间将费用分配给排在后面的辅助生产车间和其他受益部门，排在后面的辅助生产车间将其已归集的费用加上前面辅助生产车间分配转入的费用再分配给其后面的辅助生产车间和其他受益部门，排在后面的辅助生产车间发生的费用不再对排在其前面的辅助生产车间进行分配。

微课

辅助生产费用的分配：顺序分配法

按照辅助生产车间受益额的大小排序，受益少的在前，受益多的在后。

其具体公式如下：

$$\text{某辅助生产车间待分配的费用}=\text{该辅助生产车间发生的费用}+\text{前面辅助生产车间分配转入的费用}$$

$$\text{该辅助生产车间费用分配率}=\frac{\text{该辅助生产车间待分配的费用}}{\text{该辅助生产车间提供的劳务总量}-\text{前面辅助生产车间耗用的劳务量}}$$

$$\text{某受益部门应承担的辅助生产费用}=\text{该部门受益的劳务量}\times\text{该辅助生产车间费用分配率}$$

【例4-5】某企业有供水和供电两个辅助生产车间，主要为本企业基本生产车间和行政管理部门等部门服务。2025年3月发生的辅助生产费用为：供水车间6 000元，供电车间35 200元。该企业辅助生产车间供应劳务量，见表4-1。

要求：采用顺序分配法对辅助生产费用进行分配，并编制相应的会计分录。

$$\text{供水车间的受益金额}=\frac{35\ 200}{44\ 000}\times 4\ 000=3\ 200\text{（元）}$$

$$\text{供电车间的受益金额}=\frac{6\ 000}{3\ 000}\times 1\ 000=2\ 000\text{（元）}$$

可见，供电车间受益少，应排在前面，先分配；供水车间受益多，应排在后面，后分配。排在前面的供电车间要将费用分配给排在后面的供水车间和其他受益部门；排在后面的供水车间不再将费用分配给排在前面的供电车间，而只分配给其他受益部门。

采用顺序分配法编制辅助生产费用分配表，见表4-6。

表4-6 辅助生产费用分配表（顺序分配法）

2025年3月 金额单位：元

项目		供电车间（先分配）		供水车间（后分配）		合计
		受益数量（度）	分配金额	受益数量（吨）	分配金额	
待分配费用	发生费用	44 000	35 200	3 000	6 000	41 200
	分配转入				3 200	3 200
	小计		35 200		9 200	44 400
待分配劳务量		44 000		2 000 （3 000−1 000）		—
费用分配率			0.80		4.60	—
辅助生产车间	供水车间	4 000	3 200			3 200
	供电车间					—
基本生产车间A产品		20 000	16 000			16 000
基本生产车间B产品		17 000	13 600			13 600
基本生产车间一般耗用		2 000	1 600	1 500	6 900	8 500
行政管理部门		1 000	800	500	2 300	3 100
合计		44 000	35 200	2 000	9 200	44 400

根据表4-6中的资料，编制会计分录如下：

（1）分配供电费用：

借：生产成本——基本生产成本——A产品（燃料及动力） 16 000
　　　　　　　　　　　　　　——B产品（燃料及动力） 13 600
　　　　　——辅助生产成本——供水车间（电费） 3 200
　　制造费用——基本生产车间（电费） 1 600
　　管理费用——电费 800
　贷：生产成本——辅助生产成本——供电车间 35 200

（2）分配供水费用：

借：制造费用——基本生产车间（水费） 6 900
　　管理费用——水费 2 300
　贷：生产成本——辅助生产成本——供水车间 9 200

采用顺序分配法分配辅助生产费用，各辅助生产车间不需要进行交互分配，只对排在其后面的辅助生产车间和其他受益部门进行一次分配，因此计算比较简单，但分配结果没有交互分配法准确。因此，这种分配方法一般适合于辅助生产车间较多、辅助生产车间之间相互提供劳务金额相差较大、辅助生产车间之间受益程度有明显顺序的企业。

经验总结

辅助生产费用有五种分配方法，其中的交互分配法、代数分配法、计划成本分配法都对辅助生产车间之间相互提供的产品与劳务进行了交互分配。

项目概要

本项目主要实践了辅助生产费用的归集与分配，重点操作了辅助生产费用的分配方法，包括直接分配法、交互分配法、代数分配法、计划成本分配法和顺序分配法。辅助生产车间主要是为企业生产产品的基本生产车间提供劳务或产品，因此，辅助生产车间发生的费用大部分应通过“辅助生产成本”账户进行归集，并分配计入劳务或产品的生产成本；有时，先记入“制造费用”账户，通过分配再计入劳务或产品的生产成本。

职业能力训练

一、单项选择题

职业能力训练

单项选择题

1.将辅助生产车间发生的各项费用直接分配给辅助生产车间以外的受益单位，这种分配方法是（　　）。

A.计划成本分配法　　B.直接分配法

C.顺序分配法　　D.代数分配法

2.在采用交互分配法分配辅助生产费用的情况下，各辅助生产车间交互分配后的实际费用等于（　　）。

A.交互分配前的费用

B.交互分配前的费用加上交互分配转出的费用

C.交互分配前的费用减去交互分配转出的费用

D.交互分配前的费用加上交互分配转入的费用，再减去交互分配转出的费用

3.辅助生产费用的分配，首先在辅助生产车间之间进行交互分配，然后对辅助生产车间以外的受益单位进行直接分配，这种分配方法是（　　）。

A.直接分配法　　B.代数分配法

C.交互分配法　　D.计划成本分配法

4.在辅助生产劳务或产品的计划单位成本比较准确的情况下，辅助生产费用的分配可以采用（　　）。

A.计划成本分配法　　B.直接分配法

C.代数分配法　　D.顺序分配法

5.采用计划成本分配法分配辅助生产费用，辅助生产的实际成本是（　　）。

A. 按计划成本分配前的实际费用

B. 按计划成本分配前的实际费用加上按计划成本分配转入的费用

C. 按计划成本分配前的实际费用减去按计划成本分配转出的费用

D. 按计划成本分配前的实际费用加上按计划成本分配转入的费用，再减去按计划成本分配转出的费用

6. 辅助生产车间完工的模具入库时，应借记的账户是（　　）。

A. “基本生产成本”　　B. “辅助生产成本”

C. “原材料”　　D. “低值易耗品”

7. 辅助生产车间完工的修理用备件入库时，应借记的账户是（　　）。

A. “基本生产成本”　　B. “辅助生产成本”

C. “原材料”　　D. “低值易耗品”

8. 辅助生产费用采用交互分配法进行分配，下列说法正确的是（　　）。

A. 准确性高，计算工作量大　　B. 分配结果不正确，计算工作简单

C. 计算工作简单，分配工作正确　　D. 计算工作简单，费用只分配一次

9. 辅助生产车间发生的制造费用，（　　）。

A. 必须通过“制造费用”总账账户核算

B. 不必通过“制造费用”总账账户核算

C. 根据具体情况，可以记入“制造费用”总账账户，也可以直接记入“辅助生产成本”账户

D. 首先记入“辅助生产成本”账户

10. 辅助生产车间交互分配后的实际费用，应再在（　　）之间进行分配。

A. 各基本生产车间　　B. 各受益单位

C. 辅助生产车间以外的受益单位　　D. 各辅助生产车间

二、多项选择题

职业能力训练

多项选择题

1. 分配或结转辅助生产费用可能涉及的账户有（　　）。

A. “基本生产成本”　　B. “低值易耗品”

C. “制造费用”　　D. “管理费用”

2. 企业进行辅助生产费用分配时，可能借记的账户有（　　）。

A. “基本生产成本”　　B. “辅助生产成本”

C. “制造费用”　　D. “在建工程”

3. 下列属于辅助生产费用分配方法的有（　　）。

A. 直接分配法　　B. 交互分配法

C. 约当产量法　　D. 代数分配法

4. 采用代数分配法分配辅助生产费用，（　　）。

A. 能够提供正确的分配计算结果　　B. 能够简化费用的分配计算工作

C. 便于分析和考核各受益单位的成本　　D. 适用于实行电算化的企业

5. 某企业采用代数分配法分配辅助生产费用，某月供电车间的待分配费用为12 500元，供电总量为30 000度，其中供水车间耗用5 000度；供水车间的待分配费用

为8 000元，供水总量为10 000吨，其中供电车间耗用1 000吨。根据上述资料，应设立的方程式有（　　）。

A.12 500+5 000x=30 000y　　B.8 000+5 000x=10 000y

C.12 500+1 000y=30 000x　　D.8 000+1 000y=10 000x

6.辅助生产车间发生固定资产折旧费，可能借记的账户有（　　）。

A.“制造费用”　　B.“辅助生产成本”

C.“基本生产成本”　　D.“管理费用”

7.辅助生产车间不设置“制造费用”账户核算，是因为（　　）。

A.辅助生产车间数量较少　　B.制造费用较少

C.辅助生产车间不对外提供产品　　D.辅助生产车间规模较小

三、判断题

职业能力训练

判断题

1.在计划成本分配法下，为了简化分配工作，将辅助生产成本差异全部调整计入制造费用。（　　）

2.辅助生产费用的交互分配法，只进行辅助生产车间之间的交互分配，而不进行对外分配。（　　）

3.辅助生产费用的直接分配法，对所有的受益部门按受益数量进行费用分配。（　　）

4.采用交互分配法分配辅助生产费用，对外分配时的劳务数量是交互分配前的数量加上交互分配转入的数量，再减去交互分配转出的数量。（　　）

5.在计划成本分配法下，辅助生产车间的实际费用是指其直接发生的费用加上按计划成本分配转入的费用。（　　）

6.在企业只有一个辅助生产车间的情况下，才能采用辅助生产费用的直接分配法。（　　）

四、技能训练题

技能训练一

职业能力训练

技能训练题

【目的】练习辅助生产费用的归集和分配。

【资料】海东企业辅助生产车间的制造费用不通过“制造费用”账户核算。该企业有供电、供水两个辅助生产车间，费用分配情况如下：供电车间为A、B、C三种产品直接提供生产用电力，为车间、厂部提供照明用电，产品共同耗用的电费按生产工时比例分配；供水车间为车间、部门提供供水劳务，费用按所提供的劳务量直接分配。

（1）2025年3月辅助生产车间发生的各项费用如下：

①分配原材料费用，其中供电车间负担12 000元、供水车间负担14 000元。

②分配工资费用，其中供电车间负担1 500元、供水车间负担2 500元。

③计提职工福利费，其中供电车间负担200元、供水车间负担350元。

④以银行存款支付办公费，其中供电车间负担600元、供水车间负担1 850元。

⑤以银行存款支付劳动保护费，其中供电车间负担1 500元、供水车间负担1 000元。

⑥以银行存款支付运输费，其中供电车间负担400元、供水车间负担200元。

⑦计提折旧费，其中供电车间负担3 000元、供水车间负担2 500元。

⑧以银行存款支付修理费，其中供电车间负担3 000元、供水车间负担2 500元。

（2）2025年3月辅助生产车间对生产车间、管理部门和产品提供的生产工时及劳务量，见表4-7。

表4-7　辅助生产车间供应劳务量汇总表

辅助生产车间名称	使用车间、部门、产品及耗用量						
	计量单位	生产产品耗用			车间、部门一般耗用		
		A产品	B产品	C产品	第一生产车间	第二生产车间	管理部门
供电车间	生产工时（小时）	25 000	30 000	15 000			
	数量（度）	10 000			2 000	2 500	5 500
供水车间	数量（吨）				7 000	3 500	1 500

【要求】根据资料（1）编制会计分录，并登记辅助生产成本明细账（见表4-8和表4-9）；根据资料（2）采用直接分配法（见表4-10）计算各产品、各部门应负担的辅助生产费用，并根据计算结果编制会计分录。

表4-8　辅助生产成本明细账（一）

车间名称：供电车间

年		凭证字号	摘要	费用项目							
月	日			材料费	工资及福利费	办公费	劳动保护费	运输费	折旧费	修理费	合计

表 4-9　　辅助生产成本明细账（二）

车间名称：供水车间

年		凭证字号	摘 要	费用项目							
月	日			材料费	工资及福利费	办公费	劳动保护费	运输费	折旧费	修理费	合 计

表 4-10　　辅助生产费用分配表

（直接分配法）

计量单位：度、吨

金额单位：元

辅助生产车间名称			供电车间	供水车间	合 计
待分配费用					
供应劳务量					
分配率					
产品耗用	A产品	耗用数量			
		分配金额			
	B产品	耗用数量			
		分配金额			
	C产品	耗用数量			
		分配金额			
一般耗用	一车间	耗用数量			
		分配金额			
	二车间	耗用数量			
		分配金额			
管理部门		耗用数量			
		分配金额			
合 计					

技能训练二

【目的】练习辅助生产费用的分配。

【资料】海东企业有供电、供水两个辅助生产车间，2025 年 3 月有关资料，见表 4-11。

表 4-11 辅助生产车间发生的费用和提供的劳务量

项　目		供电车间	供水车间
待分配费用		150 000 元	21 000 元
供应劳务量		800 000 度	12 500 吨
计划单位成本		0.20 元	1.80 元
耗用劳务量	供电车间		1 500 吨
	供水车间	10 000 度	
	第一基本生产车间	550 000 度	6 000 吨
	第二基本生产车间	210 000 度	4 000 吨
	管理部门	30 000 度	1 000 吨

【要求】(1) 根据上述资料，分别采用直接分配法、交互分配法、代数分配法和计划成本分配法，对辅助生产费用进行分配（见表 4-12 至表 4-15）；(2) 根据以上四种分配方法的计算结果，分别编制相应的会计分录。

表 4-12 辅助生产费用分配表 计量单位：度、吨

（直接分配法） 金额单位：元

辅助生产车间名称			供电车间	供水车间	合　计
待分配费用					
供应劳务量					
分配率					
基本生产车间	一车间	耗用数量			
		分配金额			
	二车间	耗用数量			
		分配金额			
管理部门		耗用数量			
		分配金额			
合　计					

表 4-13 **辅助生产费用分配表**

（交互分配法）

计量单位：度、吨
金额单位：元

项目			交互分配			对外分配		
辅助生产车间名称			供电车间	供水车间	合计	供电车间	供水车间	合计
待分配费用								
供应劳务量								
单位成本（分配率）								
辅助生产车间	供电	耗用数量						
		分配金额						
	供水	耗用数量						
		分配金额						
基本生产车间	一车间	耗用数量						
		分配金额						
	二车间	耗用数量						
		分配金额						
管理部门		耗用数量						
		分配金额						
合计								

表 4-14 **辅助生产费用分配表**

（代数分配法）

计量单位：度、吨
金额单位：元

辅助生产车间名称			供电车间	供水车间	合计
待分配费用					
供应劳务量					
分配率					
辅助生产车间	供电	耗用数量			
		分配金额			
	供水	耗用数量			
		分配金额			
基本生产车间	一车间	耗用数量			
		分配金额			
	二车间	耗用数量			
		分配金额			
管理部门		耗用数量			
		分配金额			
辅助生产成本分配金额合计					
辅助生产成本借方合计					
辅助生产成本尾差					

表 4-15 辅助生产费用分配表

（计划成本分配法）

计量单位：度、吨

金额单位：元

<table>
<tr><th colspan="3">辅助生产车间名称</th><th>供电车间</th><th>供水车间</th><th>合 计</th></tr>
<tr><td colspan="3">待分配费用</td><td></td><td></td><td></td></tr>
<tr><td colspan="3">供应劳务量</td><td></td><td></td><td></td></tr>
<tr><td colspan="3">计划单位成本</td><td></td><td></td><td></td></tr>
<tr><td rowspan="4">辅助生产车间</td><td rowspan="2">供电</td><td>耗用数量</td><td></td><td></td><td></td></tr>
<tr><td>分配金额</td><td></td><td></td><td></td></tr>
<tr><td rowspan="2">供水</td><td>耗用数量</td><td></td><td></td><td></td></tr>
<tr><td>分配金额</td><td></td><td></td><td></td></tr>
<tr><td rowspan="4">基本生产车间</td><td rowspan="2">一车间</td><td>耗用数量</td><td></td><td></td><td></td></tr>
<tr><td>分配金额</td><td></td><td></td><td></td></tr>
<tr><td rowspan="2">二车间</td><td>耗用数量</td><td></td><td></td><td></td></tr>
<tr><td>分配金额</td><td></td><td></td><td></td></tr>
<tr><td colspan="2" rowspan="2">管理部门</td><td>耗用数量</td><td></td><td></td><td></td></tr>
<tr><td>分配金额</td><td></td><td></td><td></td></tr>
<tr><td colspan="3">按计划成本分配金额合计</td><td></td><td></td><td></td></tr>
<tr><td colspan="3">辅助生产实际成本</td><td></td><td></td><td></td></tr>
<tr><td colspan="3">辅助生产成本差异</td><td></td><td></td><td></td></tr>
</table>

项目五　归集与分配制造费用

学习目标

素养目标

1. 树立成本效益意识，培养结果导向思维；
2. 树立成本优化意识，培养资源运用能力。

知识目标

1. 熟悉制造费用的内容；
2. 熟悉各种制造费用分配方法和适用范围。

能力目标

1. 能正确归集和分配制造费用；
2. 能正确编制制造费用分配的会计分录。

思维导图

课前导入

恒盛能源股份有限公司是一家专注于热电联产领域的企业，公司以煤炭和生物质材料作为燃料，承担供热范围内园区工业用户的蒸汽供应，并将所生产的电力出售给国家电网。公司按照“以热定电”的原则进行生产，根据热量需求调整电力生产，以优化资源利用率；同时，公司通过科技手段赋能智慧生产，提高生产效率和安全性，在淡季时，利用这些技术优化生产流程，降低制造费用。从会计实务的角度来看，“制造费用”相当于核算生产部门“期间费用”的账户。作为成本构成的重要组成部分，科学核算“制造费用”对于企业来说意义重大。

任务一　归集制造费用

企业在产品生产过程中，除了产品直接耗用各种材料费用、发生人工费用和其他费用外，还会发生各种制造费用等。为此，就要正确核算制造费用，这对正确计算产品的制造成本非常有必要。

1.1 认知制造费用

微课

制造费用的归集

制造费用是指企业为组织、管理产品的生产（或提供劳务）而发生的，应该计入产品成本，但不能直接归属到所生产产品的各项生产费用中的耗费。它是除了直接材料和直接工资成本以外的其他间接制造成本，具体包括以下内容：

1）直接用于产品生产未单设成本项目的耗费

这类制造费用虽然直接用于产品生产，但管理上不要求或核算上不便于单独核算，因而是未专设成本项目的耗费。如专门用于产品生产的机器设备折旧费、保险费、租赁费等；生产用低值易耗品的摊销；产品的图纸设计费和试验检验费；未单独设置“燃料及动力”成本项目的产品生产用动力费等。

2）间接用于产品生产的耗费

制造费用中有一大部分是经常发生的、间接用于产品生产的耗费。如生产车间生产用房屋建筑物的折旧费、修理费、租赁费和保险费；车间的机物料消耗；车间的照明费、取暖费、降温费、通风除尘费、运输费；车间的劳动保护费以及季节性停工和修理停工期间的停工损失等。

3）生产部门为组织和管理生产而发生的耗费

这是企业生产部门为组织和管理生产活动而发生的费用，虽然其具有管理的性质，但是在生产部门很难与制造费用严格区分，就将其作为制造费用核算。如生产车间管理人员职工薪酬；生产车间管理用房屋建筑物和设备的折旧费、修理费、保险费、租赁费；车间管理用具的摊销费用；车间管理部门发生的照明费、取暖费、差旅费、办公费等。

制造费用的内容比较复杂，且项目繁多，为了统一核算管理，企业一般根据实际情况将性质相同的耗费合并设立相应的制造费用项目，用以反映制造费用的构成内容。制造费用的明细项目一般包括：机物料消耗、职工薪酬、折旧费、租赁费、保险费、低值易耗品摊销、水电费（或水费和电费分开）、办公费、差旅费、运输费、取暖费、劳动保护费、设计制图费、试验检验费、在产品损耗、季节性和修理期间的停工损失等。为了使各期成本、费用资料可比，制造费用项目一经确定，不应随意变更。

1.2 汇总制造费用

制造费用应该按照管理要求分别设立若干费用项目进行计划和核算，以归类反映各项费用的计划执行情况。制造费用项目有的可以按照费用的经济用途设立，如用于车间办公方面的各项支出，设立“办公费”项目；有的可以按照费用的经济内容设立，如整个车间的机器设备和房屋建筑物等固定资产的折旧，设立“折旧费”项目。

制造费用的核算是通过“制造费用”账户进行归集和分配的。该账户应按车间（基本生产车间、辅助生产车间）设置明细账，账内按照费用项目设置专栏或专行，分别反映各个车间各项制造费用的发生情况和分配转出情况。基本生产车间和辅助生产车间发生的直接用于生产但没有专设成本项目的各种材料成本以及用于组织和管理生产活动的各种材料成本，一般应借记“制造费用”账户及其明细账（基本生产车间或辅助生产车间）的相关成本项目，贷记“原材料”等账户；基本生产车间和辅助生产车间管理人员的工资、福利费等职工薪酬，应记入“制造费用”账户及所属明细账的借方，同时贷记“应付职工薪酬”账户。月末，应按照一定的方法将通过“制造费用”

账户归集的制造费用从贷方分配转入有关成本计算对象。

任务二 分配制造费用

为了正确计算产品的生产成本，必须合理地分配制造费用。基本生产车间的制造费用是产品生产成本的组成部分，在只生产一种产品的车间，制造费用可以直接计入该产品的生产成本；在生产多种产品的车间，制造费用则应采用既合理又简便的分配方法，分配计入各种产品的生产成本。辅助生产车间核算制造费用时，原理与其相同。

微课

制造费用的分配

制造费用分配的方法有很多，通常采用生产工人工时比例法、生产工人工资比例法、机器工时比例法和年度计划分配率分配法等。企业具体选用哪种分配方法，由企业自行决定。分配方法一经确定，不得随意变更；如需变更，应当在会计报表附注中予以披露。

特别提示

企业应当根据制造费用的性质，合理选择分配方法。也就是说，企业所选择的制造费用分配方法，必须与制造费用的发生具有高度的相关性，并且使分配到每种产品上的制造费用金额基本合理，同时还应适当考虑计算的简便性。

2.1 生产工人工时比例法

生产工人工时比例法是按照生产各种产品所耗用的生产工人实际工时的比例分配制造费用的一种方法。其计算公式为：

$$制造费用分配率=\frac{待分配制造费用总额}{该车间各种产品实际生产工人工时总数}$$

$$某产品应负担的制造费用=该产品耗用的生产工人工时数\times 制造费用分配率$$

【例 5-1】假设甲公司 2025 年 3 月基本生产车间同时生产 A、B 两种产品，本月发生制造费用 54 000 元。生产产品耗用工时 6 000 小时，其中，A 产品生产工时为 2 400 小时，B 产品生产工时为 3 600 小时。

要求：采用生产工人工时比例法计算 A、B 两种产品应承担的制造费用，并编制相应的会计分录。

$$制造费用分配率=\frac{54\ 000}{2\ 400+3\ 600}=9（元/小时）$$

A 产品应负担的制造费用=2 400×9=21 600（元）

B 产品应负担的制造费用=3 600×9=32 400（元）

按生产工人工时比例法编制制造费用分配表，见表 5-1。

表 5-1 制造费用分配表（生产工人工时比例法）

车间名称：基本生产车间 2025年3月 金额单位：元

借记科目		生产工时（小时）	分配率	分配金额
生产成本——基本生产成本	A 产品	2 400	9	21 600
	B 产品	3 600	9	32 400
合 计		6 000		54 000

根据表5-1中的资料，编制会计分录如下：

借：生产成本——基本生产成本——A产品（制造费用） 21 600
——B产品（制造费用） 32 400
贷：制造费用——基本生产车间 54 000

按生产工人工时比例法分配制造费用是一种常用的分配方法，其能将劳动生产率的高低与产品负担费用的多少联系起来，分配结果比较合理。采用这一方法，各种产品工艺过程的机械化程度应该相差不多，否则，机械化程度较高的产品，由于耗用工时较少而少负担制造费用，但制造费用中如折旧费、修理费等与机械使用相关，这样就会影响分配结果的合理性。

如果产品的工时定额比较准确，制造费用也可以采用生产成本工时定额的比例进行分配。

2.2 生产工人工资比例法

生产工人工资比例法是按照计入各种产品成本的生产工人实际工资的比例分配制造费用的一种方法。其计算公式为：

$$\text{制造费用分配率}=\frac{\text{该车间制造费用总额}}{\text{该车间生产工人工资总额}}$$

$$\text{某产品应负担的制造费用}=\text{该产品的生产工人工资额}\times\text{制造费用分配率}$$

【例5-2】假设甲公司2025年3月基本生产车间同时生产A、B两种产品，本月发生制造费用54 000元。各种产品生产工人工资总额为36 000元，其中，A产品生产工人工资16 000元，B产品生产工人工资20 000元。

要求：采用生产工人工资比例法计算A、B两种产品应承担的制造费用，并编制相应的会计分录。

$$\text{制造费用分配率}=\frac{54\,000}{16\,000+20\,000}=1.5$$

A产品应负担的制造费用=16 000×1.5=24 000（元）

B产品应负担的制造费用=20 000×1.5=30 000（元）

按生产工人工资比例法编制制造费用分配表，见表5-2。

表5-2 制造费用分配表（生产工人工资比例法）

车间名称：基本生产车间 2025年3月 金额单位：元

借记科目		生产工人工资	分配率	分配金额
生产成本——基本生产成本	A产品	16 000	1.5	24 000
	B产品	20 000	1.5	30 000
合　计		36 000		54 000

根据表5-2中的资料，编制会计分录如下：

借：生产成本——基本生产成本——A产品（制造费用） 24 000
——B产品（制造费用） 30 000
贷：制造费用——基本生产车间 54 000

由于工资费用分配表中有现成的生产工人工资的相关资料，所以，该种分配方法非常简便。使用这一方法，使机械化程度较低的产品所用的工资费用多，分配的制造费用也多；反之，使机械化程度较高的产品所用的工资费用少，分配的制造费用也少，这样就会出现不合理的情况。这种方法适用于各种产品生产机械化程度大致相同的情况。

2.3 机器工时比例法

机器工时比例法是按照各种产品生产时所耗用的机器设备运转时间的比例作为分配标准分配制造费用的一种方法。其计算公式为：

$$制造费用分配率=\frac{该车间制造费用总额}{该车间各种产品耗用机器工时总数}$$

某产品应负担的制造费用=该产品耗用的机器工时数×制造费用分配率

【例5-3】假设甲公司2025年3月基本生产车间同时生产A、B两种产品，本月发生制造费用54 000元。耗用机器工时8 000小时，其中，A产品生产工时为3 000小时，B产品生产工时为5 000小时。

要求：采用机器工时比例法计算A、B两种产品应承担的制造费用，并编制相应的会计分录。

$$制造费用分配率=\frac{54\ 000}{3\ 000+5\ 000}=6.75（元/小时）$$

A产品应负担的制造费用=3 000×6.75=20 250（元）

B产品应负担的制造费用=5 000×6.75=33 750（元）

按机器工时比例法编制制造费用分配表，见表5-3。

表5-3 制造费用分配表（机器工时比例法）

车间名称：基本生产车间 2025年3月 金额单位：元

借记科目		机器工时（小时）	分配率	分配金额
生产成本——基本生产成本	A产品	3 000	6.75	20 250
	B产品	5 000	6.75	33 750
合计		8 000		54 000

根据表5-3中的资料，编制会计分录如下：

借：生产成本——基本生产成本——A产品（制造费用） 20 250
　　　　　　　　　　　　——B产品（制造费用） 33 750
　贷：制造费用——基本生产车间 54 000

这种方法适用于机械化程度较高的车间。在这类车间，制造费用中与机器设备使用有关的费用如折旧费、修理费等所占比重较大，而这些费用与机器设备运转时间有着密切的联系。采用机器工时比例法，必须取得各种产品所耗用机器工时的原始记录，才能正确分配制造费用。

2.4 年度计划分配率分配法

年度计划分配率分配法是按照年度开始前确定的全年适用的计划分配率分配制造费用的一种方法。采用这种分配方法，不论各月实际发生的制造费用是多少，每月各种产品成本中的制造费用都按年度计划确定的计划分配率来分配。“制造费用”账户的余额到年末再进行调整。但是，年度内如果发现全年制造费用的实际数和产品的实际产量与计划数产生较大的差异，应当及时调整计划分配率。其计算公式为：

$$年度计划分配率=\frac{年度制造费用计划总额}{\sum 各种产品计划产量\times 该产品单位定额工时}$$

某产品某月应分配的制造费用=该产品实际产量×该产品单位定额工时×年度计划分配率

课堂讨论

有人说“‘制造费用’账户有的月末会有余额”，对吗？

提示：采用年度计划分配率分配法时，“制造费用”账户一般有月末余额。如果是借方余额，表示实际发生的制造费用大于按计划分配的费用；如果是贷方余额，表示实际发生的制造费用小于按计划分配的费用。

“制造费用”账户如有年末余额，就是全年制造费用的实际发生额与计划分配额的差额，一般应在年末调整计入12月份的产品成本。实际发生额大于计划分配额，借记“生产成本——基本生产成本”账户，贷记“制造费用”账户；实际发生额小于计划分配额，则用红字冲减。其计算公式为：

$$制造费用年末差异分配率=\frac{制造费用全年实际发生额-年度制造费用计划总额}{年度制造费用计划总额}$$

某产品应负担的差异=该产品按计划分配率分配的制造费用×制造费用年末差异分配率

【例5-4】假设甲公司2025年全年制造费用计划为100 000元，全年计划生产A产品160台，单位定额工时为50小时；全年计划生产B产品200台，单位定额工时为60小时。3月A产品实际产量15台，B产品实际产量20台，本月实际发生的制造费用为9 000元。

要求：采用年度计划分配率分配法计算A、B两种产品3月应分配的制造费用，并编制相应的会计分录。

$$年度计划分配率=\frac{100\ 000}{160\times 50+200\times 60}=5（元/小时）$$

A产品3月应分配的制造费用=15×50×5=3 750（元）

B产品3月应分配的制造费用=20×60×5=6 000（元）

按年度计划分配率分配法编制制造费用分配表，见表5-4。

表5-4 制造费用分配表（年度计划分配率分配法）

2025年3月　　金额单位：元

借记科目		实际产量（台）	单位定额工时（小时）	工时总数（小时）	分配率	分配金额
生产成本——基本生产成本	A产品	15	50	750	5	3 750
	B产品	20	60	1 200	5	6 000
合　计				1 950		9 750

根据表5-4中的资料，编制会计分录如下：

借：生产成本——基本生产成本——A产品（制造费用）　3 750
　　　　　　　　　　　　　　——B产品（制造费用）　6 000
　贷：制造费用　9 750

从上述计算结果可以看出，本月分配转出的制造费用为9 750元，而实际发生的制造费用为9 000元，3月出现差异750元，该差异为节约差异，表现为“制造费用”账户的贷方余额，本月不分配，应在年末调整计入12月的产品成本。年末调整以后，“制造费用”总账及明细账均无余额。

【例5–5】假设甲公司2025年全年实际发生的制造费用为105 000元，全年已按计划分配率分配转出的制造费用为100 000元，其中，A产品35 000元，B产品65 000元。

要求：按照分配比例进行调整，并编制相应的会计分录。

$$\text{制造费用年末差异分配率} = \frac{105\,000 - 100\,000}{35\,000 + 65\,000} = 0.05$$

A产品应负担的差异=35 000×0.05=1 750（元）

B产品应负担的差异=65 000×0.05=3 250（元）

编制会计分录如下：

借：生产成本——基本生产成本——A产品（制造费用）	1 750	
——B产品（制造费用）	3 250	
贷：制造费用		5 000

采用计划分配率分配制造费用，核算工作比较简便，特别适用于季节性生产企业，可以使企业旺季与淡季的制造费用比较均衡地计入产品生产成本。但是，采用这种分配方法，要求企业具有比较准确的定额标准和较高的计划管理水平，企业制定的计划成本应尽可能接近实际，否则会影响产品成本计算的准确性。

经验总结

不论采用哪一种制造费用分配方法，都应根据分配计算的结果，编制制造费用分配表，并据以进行制造费用的总分类核算和明细分类核算。制造费用的分配，除了采用年度计划分配率分配法的企业外，“制造费用”账户月末均无余额。

项目概要

本项目主要实践了制造费用的归集与分配，通过“制造费用”账户的借方进行归集，通过“制造费用”账户的贷方进行分配。“制造费用”账户一般按生产车间设置明细账，账内按费用项目设置专栏进行明细核算。制造费用的分配方法有很多，常用的方法有以下四种：（1）生产工人工时比例法；（2）生产工人工资比例法；（3）机器工时比例法；（4）年度计划分配率分配法。

职业能力训练

一、单项选择题

职业能力训练

单项选择题

1. 产品生产车间管理人员的工资，应借记的账户是（　　）。

A.“基本生产成本”　　B.“制造费用”

C.“管理费用”　　D.“应付职工薪酬”

2. 基本生产车间计提固定资产折旧，应记入的账户是（　　）。

A.“基本生产成本”　　B.“制造费用”

C.“管理费用” D.“销售费用”

3.机器工时比例法适用于（ ）。

A.季节性生产的车间 B.制造费用较多的车间

C.机械化程度大致相同的各种产品 D.机械化程度较高的车间

4.除了按年度计划分配率分配制造费用外，“制造费用”账户月末（ ）。

A.没有余额 B.一定有借方余额

C.一定有贷方余额 D.有借方或贷方余额

5.按年度计划分配率分配制造费用的方法适用于（ ）。

A.制造费用数额较大的企业 B.季节性生产的企业

C.基本生产车间规模较小的企业 D.制造费用数额较小的企业

二、多项选择题

职业能力训练 多项选择题

1.下列应记入“制造费用”账户的有（ ）。

A.生产车间工人工资 B.劳动保护费

C.厂部管理人员工资 D.生产车间固定资产折旧费

2.对制造费用进行分配，可采用的方法有（ ）。

A.生产工人工时比例法 B.约当产量法

C.年度计划分配率分配法 D.机器工时比例法

3.按年度计划分配率分配法分配制造费用，“制造费用”账户月末（ ）。

A.无余额 B.可能有借方余额

C.可能有贷方余额 D.可能无余额

4.制造费用的分配方法有（ ）。

A.生产工人工时比例法 B.机器工时比例法

C.直接分配法 D.生产工人工资比例法

5.下列项目中，属于制造费用所属项目的有（ ）。

A.生产车间的保险费 B.厂部办公楼折旧

C.在产品正常短缺 D.车间负担的低值易耗品摊销

三、判断题

职业能力训练 判断题

1.制造费用是为组织和管理生产而发生的各种直接费用。（ ）

2.辅助生产车间发生的制造费用，可以不通过“制造费用”账户核算。（ ）

3.如果生产工人的工资费用按生产工时比例分配计入各种产品成本，那么，制造费用按生产工人工资比例法进行分配的结果与按生产工人工时比例法进行分配的结果相一致。（ ）

4.“制造费用”账户月末肯定没有余额。（ ）

5.若生产车间只生产一种产品，则该车间发生的制造费用无须列入“制造费用”账户核算。（ ）

6.按机器工时比例法分配制造费用，适用于机械化程度较高的车间。（ ）

7.年度计划分配率分配法平时工作量较少，但年末工作量较大。（ ）

8.采用年度计划分配率分配法分配制造费用，在平时，“制造费用”账户肯定有

余额。 （ ）

四、技能训练题

技能训练一

职业能力训练

技能训练题

【目的】练习制造费用按生产工人工时比例法和机器工时比例法分配。

【资料】海东企业基本生产第一车间生产甲、乙、丙三种产品，2025年3月该车间发生制造费用26 400元。甲、乙、丙三种产品所耗用的生产工人实际生产工时和机器工时，见表5-5。

表5-5 基本生产第一车间生产工人工时和机器工时 计量单位：小时

产品品种	生产工人工时	机器工时
甲产品	3 400	2 100
乙产品	2 700	2 400
丙产品	1 900	3 000
合 计	8 000	7 500

【要求】(1) 分别采用生产工人工时比例法和机器工时比例法分配制造费用，并填列制造费用分配表（见表5-6和表5-7）；

(2) 根据生产工人工时比例法的分配结果，编制相应的会计分录。

表5-6 制造费用分配表（生产工人工时比例法）

车间名称： 年 月 金额单位：元

借记科目	生产工时（小时）	分配率	分配金额
合 计			

表5-7 制造费用分配表（机器工时比例法）

车间名称： 年 月 金额单位：元

借记科目	机器工时（小时）	分配率	分配金额
合 计			

技能训练二

【目的】练习制造费用按年度计划分配率分配法分配。

【资料】海东企业第三车间属于季节性生产部门，假设2025年全年制造费用计划为156 000元，全年各产品的计划产量为甲产品2 500件、乙产品900件，单件产品的工时定额为甲产品3小时、乙产品5小时。

（1）该车间2025年3月的实际产量为甲产品150件、乙产品100件，该月的实际制造费用为14 300元。截至2025年2月28日，“制造费用”账户无余额。

（2）年末，该车间全年制造费用实际发生额为157 000元，全年计划累计分配额为160 000元，其中，甲产品已分配100 000元，乙产品已分配60 000元。

【要求】（1）计算制造费用年度计划分配率；

（2）计算3月甲、乙两种产品应负担的制造费用，编制相应的会计分录，并登记制造费用明细账（见表5-8）；

（3）分摊制造费用全年实际发生额与计划累计分配额的差额，并编制年末调整差额的会计分录。

表5-8 制造费用明细账

车间名称：

年		摘　要	借　方	贷　方	借或贷	余　额
月	日					

项目六　归集与分配废品损失和停工损失

学习目标

素养目标

1. 树立责任成本意识，培养关注细节品质；
2. 树立质量成本意识，培养精益求精态度。

知识目标

1. 了解废品损失的含义、种类；
2. 理解废品损失和停工损失的发生和处理过程。

能力目标

1. 能正确进行废品损失的归集和核算；
2. 能正确编制归集和分配不可修复废品的生产成本、可修复废品的修复费用、停工损失的会计分录。

思维导图

- 归集与分配废品损失和停工损失
  - 归集与分配废品损失
    - 归集与分配不可修复废品损失
    - 归集与分配可修复废品损失
  - 归集与分配停工损失
    - 认知停工损失及其原因
    - 核算停工损失

课前导入

中航工业哈尔滨东安发动机（集团）有限公司是中国航空工业集团公司的子公司。公司成立以来，创造了包括第一台涡轮轴航空发动机、第一台涡轮螺旋桨航空发动机在内的八个“新中国第一”产品。面对市场的激烈竞争，公司高度重视成本管理，制订并实施了《提高铸件质量 降低废品损失工作方案》，组建跨部门的提质降废项目团队，以产品质量的稳步提高做好“加”法，通过降低废品损失做好“减”法。2024年，公司深入落实成本工程部署，大力推动成本工程向各业务领域纵深拓展，在提升装配质量、增强产品防护、推进自动化装配三个方面持续发力，念好降本增效“三字诀”，打造价值创造新引擎，推进成本工程走深走实。

任务一　归集与分配废品损失

废品是指不符合规定的技术标准，不能按照原定用途使用，或者需要加工修理后才能使用的在产品、半成品或产成品，包括生产过程中发现的废品和入库后发现的废品。**废品按其报损程度和修复价值，可分为可修复废品和不可修复废品。**可修复废品是指技术上、工艺上可以修复，而且所花费的修复费用经济上合算的废品。不可修复废品是指技术上、工艺上不可修复，或者虽可修复但所花费的修复费用经济上不合算的废品。

废品损失是指生产过程中发现的或入库后发现的各种废品形成的报废损失和修复费用，一般包括可修复废品的修复费用和不可修复废品的生产成本扣除回收的废品残料价值及应收赔款后的净损失。

可修复废品的修复费用是指可修复废品在返修过程中所发生的修理费用（耗用的材料、人工等）。不可修复废品的报废损失是指不可修复废品生产成本扣除回收残料价值和赔款后的净损失。

特别提示

下列情况不应作为废品损失处理：经质量检验部门鉴定，不需要返修、可以降价出售的不合格品；产成品入库后，由于保管不善等原因而损坏变质的产品；实行包退、包修、包换“三包”的企业，在产品出售后发现的废品，均不包含在废品损失之内。

单独核算废品损失的企业，应设置“废品损失”账户，并在成本项目中增设“废品损失”成本项目。废品损失的归集和分配，应根据废品损失计算表和分配表等有关凭证，通过“废品损失”账户进行核算。该账户应按车间设置明细账，账内按产品品种和成本项目登记废品损失的详细资料。“废品损失”账户的借方归集不可修复废品的生产成本和可修复废品的修复费用。不可修复废品的生产成本，应根据不可修复废品损失计算表，借记“废品损失”账户，贷记“生产成本——基本生产成本”账户；可修复废品的修复费用，应根据各种费用分配表所列废品损失数额，借记“废品损失”账户，贷记“原材料”“应付职工薪酬”“生产成本——辅助生产成本”“制造费用”等账户。“废品损失”账户的贷方登记废品残料回收的价值、应收赔款和应由本月生产的同种合格产品成本负担的废品损失，即从“废品损失”账户的贷方转出，分别借记“原材料”“其他应收款”“生产成本——基本生产成本”等账户。经过上述的归集和分配，“废品损失”账户月末无余额。通常情况下，期末在产品不负担废品损失，废品损失全部由本期完工产品负担。

1.1　归集与分配不可修复废品损失

为了归集和分配不可修复废品损失，必须首先计算废品成本。废品成本是指产品从投产开始，截至报废所耗费的一切费用，扣除废品的残值和应收赔款后的净损失。由于不可修复废品的成本与合格产品的成本是归集在一起同时发生的，因此需要将废品和合格品归集在一起的总成本，采用一定的方法在废品与合格品之间进行分配。**其一般分配方法有两种：一是按废品实际成本计算；二是按废品定额成本计算。**

微课

废品损失的归集与分配：不可修复废品

1）按废品实际成本计算

采用这一方法，就是在废品报废时将废品和合格品实际发生的全部费用，采用一定的分配方法在合格品与废品之间进行分配，计算出废品的实际成本，从“生产成本——基本生产成本”账户的贷方转入“废品损失”账户的借方。其分配公式为：

$$直接材料费用分配率=\frac{直接材料费用总额}{合格品产量+废品约当产量}$$

废品应负担的材料费用=废品约当产量×直接材料费用分配率

$$直接人工(制造费用)分配率=\frac{直接人工(制造费用)总额}{合格品生产工时+废品生产工时}$$

废品应负担的直接人工（制造费用）=废品生产工时×直接人工（制造费用）分配率

【例 6-1】甲公司 2025 年 3 月基本生产车间生产 A 产品 10 000 件，经检验，合格品 9 500 件，生产过程中发现不可修复废品 500 件。本月 A 产品的生产费用为：直接材料 200 000 元，直接人工 150 000 元，制造费用 90 000 元，废品回收残值 5 000 元，过失人赔偿 3 000 元。原材料系一次性投入，合格品与废品总共耗用工时 600 小时，其中，废品耗用 20 小时，合格品耗用 580 小时。

要求：根据以上资料编制废品损失计算表，并编制相应的会计分录。

$$直接材料费用分配率=\frac{200\ 000}{9\ 500+500}=20（元/件）$$

废品应负担的材料费用=500×20=10 000（元）

$$直接人工分配率=\frac{150\ 000}{580+20}=250（元/小时）$$

废品应负担的直接人工=20×250=5 000（元）

$$制造费用分配率=\frac{90\ 000}{580+20}=150（元/小时）$$

废品应负担的制造费用=20×150=3 000（元）

按实际成本计算编制不可修复废品损失计算表，见表 6-1。

表 6-1　　不可修复废品损失计算表（按实际成本计算）

产品名称：A 产品

生产车间：基本生产车间　　2025年3月　　金额单位：元

项　目	数量（件）	直接材料	生产工时（小时）	直接人工	制造费用	合　计
费用总额	10 000	200 000	600	150 000	90 000	440 000
分配率		20		250	150	
废品成本	500	10 000	20	5 000	3 000	18 000
减：残值		5 000				5 000
赔款				3 000		3 000
废品损失		5 000		2 000	3 000	10 000

根据表 6-1 中的资料及有关凭证，编制会计分录如下：

（1）结转不可修复废品成本：

借：废品损失——A 产品　　18 000
　贷：生产成本——基本生产成本——A 产品（直接材料）　　10 000
　　　　　　　　　　　　　　——A 产品（直接人工）　　5 000
　　　　　　　　　　　　　　——A 产品（制造费用）　　3 000

（2）回收废品残值入库：

借：原材料　　5 000
　贷：废品损失——A产品　　5 000

（3）应收过失人赔款：

借：其他应收款——××　　3 000
　贷：废品损失——A产品　　3 000

（4）将废品净损失转入合格品成本：

借：生产成本——基本生产成本——A产品（废品损失）　　10 000
　贷：废品损失——A产品　　10 000

完工以后发现的废品，其单位废品负担的各项生产费用应与该单位合格品完全相同，可按合格品产量和废品数量的比例分配各项生产费用，计算废品的实际成本。

经验总结

不可修复废品损失按实际成本计算，其结果较为准确，但工作量较大，并且只能在月末生产费用算出后进行，不便于及时控制废品损失。

2）按废品定额成本计算

在各种消耗定额和费用定额比较健全的企业，也可以按废品所耗定额成本计算不可修复废品的生产成本。按废品的实际数量和事先确定的各项消耗定额、费用定额计算废品的定额成本，再从废品定额成本中扣除废品残值和过失人赔款，计算废品的净损失。其特点是不考虑废品的实际成本，而将废品的实际成本和定额成本的差额全部由合格品承担。

【例6-2】甲公司2025年3月基本生产车间生产A产品2 000件，验收入库时发现不可修复废品100件。每件A产品的费用定额为：直接材料500元，直接人工200元，制造费用100元，回收废品残值5 000元，过失人赔偿10 000元。按定额成本计算废品净损失。

要求：根据以上资料编制废品损失计算表，并编制相应的会计分录。

按定额成本计算编制不可修复废品损失计算表，见表6-2。

表6-2　不可修复废品损失计算表（按定额成本计算）

产品名称：A产品

生产车间：基本生产车间　　2025年3月　　金额单位：元

项　目	废品量（件）	直接材料	直接人工	制造费用	合　计
单位费用定额	100	500	200	100	800
废品定额成本		50 000	20 000	10 000	80 000
减：残值		5 000			5 000
赔款			10 000		10 000
废品损失		45 000	10 000	10 000	65 000

根据表 6-2 中的资料及有关凭证，编制会计分录如下：

（1）结转不可修复废品成本：

借：废品损失——A 产品	80 000	
贷：生产成本——基本生产成本——A 产品（直接材料）		50 000
——A 产品（直接人工）		20 000
——A 产品（制造费用）		10 000

（2）回收废品残值入库：

借：原材料	5 000	
贷：废品损失——A 产品		5 000

（3）应收过失人赔款：

借：其他应收款——××	10 000	
贷：废品损失——A 产品		10 000

（4）将废品净损失转入合格品成本：

借：生产成本——基本生产成本——A 产品（废品损失）	65 000	
贷：废品损失——A 产品		65 000

按废品所耗定额费用计算废品损失，核算工作比较简便、及时，有利于控制废品损失，但必须具备比较准确的消耗定额和费用定额资料，否则会影响成本计算的正确性。

微课

废品损失的归集与分配：可修复废品

1.2 归集与分配可修复废品损失

可修复废品损失是指废品在修复过程中所发生的各项修复费用，包括废品修复过程中领用的材料费、发生的人工费以及制造费用等，若有废品残值收入和过失人赔款，应从废品损失中扣除。

特别提示

可修复废品返修以前发生的生产费用，不必从“生产成本——基本生产成本”账户及有关的成本明细账中转出，这是因为其不属于废品损失。修复以后的产品成本，应由修复以前的生产成本和修复过程中发生的修复费用构成。

可修复废品返修时发生的修复费用，应根据原材料、直接人工、辅助生产费用和制造费用等分配表，记入“废品损失”账户的借方，以及有关账户的贷方。但需要注意的是，只要在本月修复，所发生的修复费用均作为本月废品损失进行核算。如有残值和应收赔款，应根据废料交库凭证及其他有关结算凭证，从“废品损失”账户的贷方转入“原材料”“其他应收款”等账户的借方；将废品净损失（修复费用减去残值和赔款）从“废品损失”账户的贷方转入“生产成本——基本生产成本”账户的借方及有关成本明细账的“废品损失”成本项目。

课堂讨论

有人说，可修复废品的修复费用也可以不记入“废品损失”账户。这种说法对吗？

提示：不单独核算废品损失的企业，不设置“废品损失”账户及“废品损失”成本项目。修复费用的归集和残值与赔款的回收，均直接通过“生产成本——基本生产成本”账户处理。

任务二 归集与分配停工损失

2.1 认知停工损失及其原因

微课

停工损失的归集与分配

停工损失是指企业各生产车间、班组等部门由于停电、待料、机器修理、灾害、事故、计划减产等原因停工，在停工期间发生的各种费用，包括停工期间支付的职工薪酬、耗用的燃料和动力费以及这些停工部门发生的制造费用等。由过失人或责任单位、保险公司负担的赔款，应从停工损失中扣减。

企业发生停工的原因有很多，如电力中断、原材料供应不足、机器设备发生故障或进行大修理、发生非常灾害以及产品滞销、计划减产等，这些都可能引起停工。另外，有些企业的生产带有明显的季节性，也会引起季节性停工。停工时间有长有短，范围有大有小：停工时间长的可能在1个月以上，短的可能有几个小时、几天；停工范围可能仅有几台设备、某个班组、某条生产线，也可能是整个车间或全厂。企业不是所有的停工都要计算停工损失，一般情况下，为了简化会计核算手续，停工损失的计算范围和时间，可由企业或企业与其主管部门确定一个界限，超过某一界限，就要计算停工损失。由于自然灾害等引起的非正常停工损失以及因设备故障、计划减产等原因造成主要车间连续停工1个月以上或全厂连续停产10天以上的停工损失，记入“营业外支出”账户；由于供货方违约导致停工待料或过失人、保险公司赔偿的停工损失，转入“其他应收款”账户；其他停工损失，如停电、短时机械故障、固定资产修理期间的停工损失，应记入产品成本的“生产成本——基本生产成本”账户及其所属明细账的“停工损失”成本项目；季节性生产企业的季节性停工，是生产经营过程中的正常现象，停工期间发生的各项费用不属于停工损失，应记入“制造费用”账户。

特别提示

为了简化计算，生产单位不满1个工作日的停工，可以不计算停工损失。

2.2 核算停工损失

企业为了单独核算停工损失，可以增设“停工损失”账户，并在“生产成本——基本生产成本”明细账中增设“停工损失”成本项目。停工损失的归集与分配，是通过设置“停工损失”账户进行的，该账户应按车间和成本项目进行明细核算。根据停工报告单和各种费用分配表、分配汇总表等有关凭证，将停工期内发生的、应列作停工损失的费用记入“停工损失”账户的借方进行归集，借记“停工损失”账户，贷记“原材料”“应付职工薪酬”“制造费用”等账户。分配停工损失时，由于停工的原因不同，停工损失的账务处理也不同。因自然灾害等原因引起的非正常停工损失，应记入“营业外支出”账户；因产品滞销、原材料短缺、设备故障等与生产经营活动有关的原因造成的非正常停工损失，一般由当月完工产品成本负担，应记入“生产成本——基本生产成本——××产品”账户，当月自制半成品和在产品不负担停工损失，如果车间本月没有生产产品，则停工损失应由下月生产的完工产品成本负担；因季节性生产和大修理等原因造成的正常停工损失，应记入“制造费用”账户。此外，若有过失人或保险公司赔偿的停工损失，应记入“其他应收款——××”账户。结转后，“停工损失”账户无余额。

【例 6-3】甲公司 2025 年 3 月由于机器设备故障停工 2 天，停工期间造成的停工损失为 30 000 元，其中，应负担的材料损失 10 000 元，应负担的工人薪酬损失 12 000 元，应负担的制造费用损失 8 000 元。经查明原因，此次设备故障是由某职工违规操作造成的，按规定应由该职工赔偿 2 000 元。

根据上述资料，编制会计分录如下：

（1）归集发生的停工损失：

借：停工损失	30 000	
贷：原材料		10 000
应付职工薪酬		12 000
制造费用		8 000

（2）应收过失人赔款：

借：其他应收款——××	2 000	
贷：停工损失		2 000

（3）结转停工净损失：

借：生产成本——基本生产成本——××产品（停工损失）	28 000	
贷：停工损失		28 000

经验总结

不单独核算停工损失的企业，不设置“停工损失”账户及“停工损失”成本项目。停工期间发生的属于停工损失的各项费用，直接记入“制造费用”“其他应收款”“营业外支出”等账户。

党的十九大以来，我国坚持以建设现代化经济体系为目标，坚持质量第一、效益优先的理念，以供给侧结构性改革为主线，将“降成本”作为一项常抓不懈的工作。从企业角度看，“降成本”必须是在符合“质量第一”前提下的成本管理，提高质量就是降低质量成本。

项目概要

本项目主要实践了管理上要求单独反映和控制生产损失的制造业企业中的废品损失和停工损失归集与分配的核算。如果企业的生产损失经常发生，在产品成本中所占的比重较大，对产品成本的影响也较大，则生产损失就需要单独进行核算，即单独归集生产损失，计算发生的生产损失数额，通过设置“废品损失”和“停工损失”成本项目在产品成本组成中单独列示。

职业能力训练

一、单项选择题

职业能力训练

单项选择题

1. 下列各项中，不属于废品损失的是（　　）。

A. 可以降价出售的不合格产品的降价损失

B. 可修复废品的修复费用

C. 不可修复废品的生产成本扣除回收残料价值以后的损失

D. 生产过程中发现的和入库后发现的不可修复废品的生产成本

2. 生产过程中发现的或入库后发现的各种产品的废品损失，应为（　　）。

A. 不可修复废品的报废损失　　B. 废品过失人员的赔偿款

C. 实行“三包”的损失　　D. 管理不善而损坏变质的损失

3. 下列关于停工损失的说法中，不正确的是（　　）。

A. 停工损失中的原材料、水电费、人工费等，一般可根据有关原始凭证确认后直接计入停工损失

B. 停工不满1个工作日的，一般不计算停工损失

C. 由于自然灾害等引起的非正常停工损失，计入营业外支出

D. 应取得赔偿的停工损失，计入管理费用

4. 不可修复废品是指（　　）。

A. 技术上不可修复的废品

B. 修复费用过大的废品

C. 虽然技术上可修复但所花费的修复费用经济上不合算的废品

D. A和C

二、多项选择题

职业能力训练

多项选择题

1. “废品损失”账户借方登记的内容有（　　）。

A. 不可修复废品的实际成本　　B. 不可修复废品回收的残料价值

C. 可修复废品的修复费用　　D. 可修复废品返修前的实际成本

2. 结转废品净损失应编制的会计分录有（　　）。

A. 借记“制造费用”　　B. 借记“基本生产成本”

C. 贷记“废品损失”　　D. 贷记“基本生产成本”

3. 可修复废品应具备的条件有（　　）。

A. 只要能修复就行　　B. 技术上可以修复

C. 经济上合算　　D. 不必考虑修复费用的多少

4. 下列不应作为废品损失处理的有（　　）。

A. 不需返修而降价出售的不合格品

B. 产成品入库后，由于保管不善等原因而损坏变质的损失

C. 实行“三包”（包退、包修、包换）的企业，在产品出售后发现的废品，由于退回废品而支付的运杂费

D. 实行“三包”（包退、包修、包换）的企业，在产品出售后发现的废品所发生的一切损失

三、技能训练题

职业能力训练

技能训练题

技能训练一

【目的】练习不可修复废品损失的核算。

【资料】海东企业2025年3月生产车间生产甲产品，本月完工240件，经检验发现其中5件为不可修复废品。甲产品生产成本明细账中所列示的合格品和废品的生产费用为：直接材料60 000元，直接人工24 000元，制造费用14 700元，合计98 700元。甲产品耗用工时为：合格品5 910小时，废品90小时，合计6 000小时。原材料系生产开始时一次性投入，废品回收的残料计价为320元，责任人的赔偿款为150元。

【要求】（1）根据以上资料，编制废品损失计算表（见表6-3）。

表6-3　废品损失计算表

产品名称：

车间名称：　　　　年　月　　　　金额单位：元

项　目	数量（件）	直接材料	生产工时（小时）	直接人工	制造费用	合　计
合格品和废品生产费用						
费用分配率						
废品生产成本						
减：废品残值						
应收赔偿款						
废品损失						

（2）根据废品损失计算表，编制相关的会计分录。

技能训练二

【目的】练习不可修复废品损失的核算。

【资料】海东企业2025年3月生产车间在生产乙产品的过程中，产生不可修复废品12件，按其所耗定额费用计算废品的生产成本。直接材料费用定额为35元，已完成的定额工时共计56小时，每小时的费用定额为直接人工2.5元、制造费用3元，废品残料回收价值为140元。

【要求】（1）根据以上资料，编制废品损失计算表（见表6-4）。

表6-4　废品损失计算表

产品名称：　　　　废品数量：件

车间名称：　　　　年　月　　　　金额单位：元

项　目	直接材料	定额工时（小时）	直接人工	制造费用	合　计
单位产品费用定额					
废品定额成本					
减：废品残值					
废品损失					

（2）根据废品损失计算表，编制相关的会计分录。

技能训练三

【目的】练习可修复废品修复费用的核算。

【资料】海东企业2025年3月生产车间在生产丙产品的过程中，产生10件可修复废品。在返修过程中发生材料费用230元，耗用工时40小时，单位小时工资率为3元，单位小时费用率为2元。

【要求】（1）计算该废品的修复费用；

（2）编制相关的会计分录。

技能训练四

【目的】练习停工损失的核算。

【资料】海东企业2025年3月生产车间因故障停工1周，停工期间发生如下费用：生产工人工资3 000元，计提福利费420元，制造费用1 600元。经查明原因，停工系某职工违规操作造成，应由其赔偿1 000元，其余由该车间生产的甲、乙两种产品按生产工时比例分配负担。甲产品的生产工时为18 000小时，乙产品的生产工时为12 000小时。

【要求】（1）计算该车间的停工净损失；

（2）在甲、乙两种产品之间分配停工净损失；

（3）编制相关的会计分录。

项目七　核算在产品和完工产品成本

学习目标

素养目标

1. 树立成本管控意识，培养数据驱动思维；
2. 树立成本目标意识，培养高效节约能力。

知识目标

1. 了解在产品与完工产品的区别；
2. 熟悉生产费用在完工产品和在产品之间分配的各种方法及适用条件。

能力目标

1. 能正确核算月末在产品；
2. 能根据企业生产情况选择合适的分配方法。

思维导图

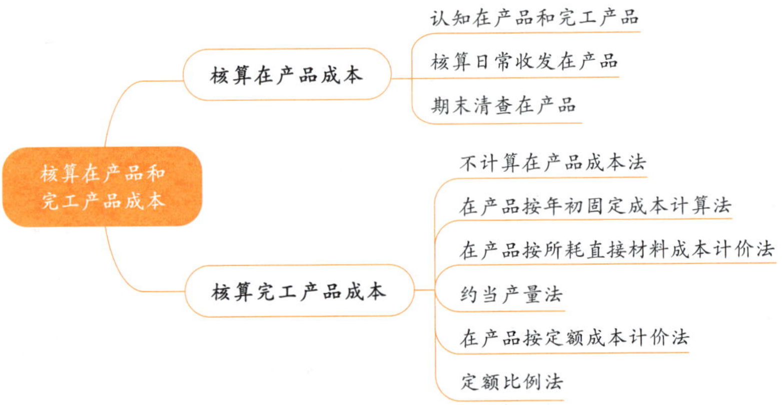

课前导入

在《论语·先进》中有这样一段记录：

子贡问："师与商也孰贤？"【师（即子张）和商（即子夏）谁更优秀？】

子曰："师也过，商也不及。"【子张有点过，子夏有点不够】

曰："然则师愈与？"【那是不是说子张好一点？】

子曰："过犹不及。"【太过和不够都不好】

企业在面对"生产费用在完工产品和在产品之间分配"这一问题时，要根据生产的现实状况，选择最适宜的分配方法。成本会计不能为了简化流程而牺牲工作质量。同样，也不能为了追求极致精确而造成人财物的浪费。过犹不及，成本核算的灵魂应该是平衡好精确与效率的关系。

任务一　核算在产品成本

1.1　认知在产品和完工产品

在产品也称在制品，是指企业已投入生产，但尚未最后完工，不能作为商品销售的产品。企业的在产品有广义和狭义之分。广义的在产品，就整个企业而言，是指产品生产从投料开始，到最终制成产成品交付验收入库前的所有未完工的产品，包括：❶正在加工或装配中的在产品；❷已经完成一个或几个生产步骤但还须继续加工的半成品；❸尚未验收入库的产成品和等待返修的废品。**但其不包括准备对外销售的自制半成品和不可修复废品。**准备对外销售的自制半成品，属于产成品。不可修复废品应及时报废，也不应包括在产成品中。狭义的在产品是就某一车间或某一生产步骤而言的，仅指本车间或本步骤正在加工或装配中的零件、部件和半成品，以及正处于修复过程中的废品，不包括本车间或本步骤已经完工的产成品。

完工产品也称产成品，是指在本企业中已完成全部生产过程，按规定标准检验合格，办理入库手续后可供销售的产品。这是狭义的完工产品。而在成本会计中还有广义的完工产品，它不仅包括产成品，还包括已在某一生产步骤完工，继续交由下一步骤加工或交给半成品库的半成品。

微课

在产品和完工产品

本项目涉及的完工产品和在产品均指狭义的概念。

企业在期末时应将归集在基本生产成本明细账中的生产费用在完工产品和月末在产品之间进行分配，计算出完工产品成本和期末在产品成本。由于本期期末在产品成本就是下期期初在产品成本，因此，本期生产费用、期初在产品成本、期末在产品成本与本期完工产品成本之间的关系可以表示为：

期初在产品成本+本期生产费用=本期完工产品成本+期末在产品成本

上述公式可以转化为：

本期完工产品成本=期初在产品成本+本期生产费用−期末在产品成本

由此可以看出，只要确定出期末在产品成本，再从期初在产品成本和本期发生的生产费用的合计值中减去期末在产品成本，即可计算出本期完工产品成本。

1.2　核算日常收发在产品

在产品数量的确认是正确计算在产品成本的基础。在产品的数量核算应与其他物资的数量核算一样，一方面要做好在产品收发结存的日常核算工作；另一方面要做好在产品的定期清查工作。这样，既可以从账面上随时了解、掌握在产品的动态，又可以定期查清在产品的实存数量。这不仅对于正确计算产品成本、加强生产资金的管理、检查在产品是否账实相符、保护企业财产的安全和完整等有着重要的意义，而且对于掌握生产进度、加强企业管理也具有重要作用。

为了反映在产品的账面数量，企业应设置“在产品收发结存账”，也称“在产品台账”。在产品台账应分生产分厂、车间，按产品的品种和在产品的名称设置，以反映各生产单位的收、发、结存状况；也可根据生产工艺特点和管理的需要，按生产加工步骤来组织在产品的数量核算。在产品台账的一般格式见表7-1。

表 7-1　　在产品台账

生产车间：　　产品名称：　　单位：

年		摘要	投入生产		完工转出			结存数量			备注
月	日		凭证号	数量	凭证号	合格品	废品	已完工	未完工	废品	

在产品台账可由车间核算人员或企业生产调度部门专人依据有关的领料凭证、在产品内部转移凭证和产品入库单等原始凭证逐笔登记。

1.3　期末清查在产品

在产品属于存货，是流动性比较强的资产，企业为了保证在产品的安全和完整，必须定期和不定期地做好在产品的清查工作，以保证账实相符。

在产品的清查一般于月末结账前进行，并采用实地盘点法。根据盘点的结果，应填制“在产品盘点表”，并与“在产品收发结存账”进行核对。如有不符，还应填制“在产品盘盈/盘亏报告表”，并说明在产品的账面数、实存数、盘盈盘亏数，以及盈亏的原因和处理意见等。对于报废和毁损的在产品，还要登记残值。财会部门应认真审核，并按规定程序报请有关部门审批后，进行在产品盘盈、盘亏和毁损的账务处理。

经验总结

在产品的盘盈、盘亏和毁损，应通过“待处理财产损溢”账户核算。盘亏或毁损在产品的价值登记在该账户的借方，盘盈在产品的价值登记在该账户的贷方。在产品的盘盈、盘亏和毁损应查明原因，在期末结账前处理完毕，处理后“待处理财产损溢”账户应无余额。

1）在产品盘盈的核算

企业在清查中发现在产品盘盈时，按定额成本或计划成本，借记“生产成本——基本生产成本”账户，贷记“待处理财产损溢——待处理流动资产损溢”账户；按规定核销时，则借记“待处理财产损溢——待处理流动资产损溢”账户，贷记“制造费用”账户，以冲减制造费用。

【例 7-1】某企业在财产清查中，发现 A 在产品盘盈 10 件，据调查属收发计量错误，A 在产品实际平均单位成本为 30 元/件。

根据上述资料，编制会计分录如下：

（1）审批前：

借：生产成本——基本生产成本——A 产品　　300
　贷：待处理财产损溢——待处理流动资产损溢　　300

（2）审批后：

借：待处理财产损溢——待处理流动资产损溢　　300
　贷：制造费用　　300

2）在产品盘亏和毁损的核算

在产品发生盘亏或毁损时，借记“待处理财产损溢——待处理流动资产损溢”账户，贷记“生产成本——基本生产成本”账户，以冲减在产品的账面价值。根据毁损的在产品残值，应借记“原材料”账户，贷记“待处理财产损溢——待处理流动资产损溢”账户，以冲减其损失。对于由保险公司、过失人赔偿的部分，借记“银行存款”或“其他应收款”账户，贷记“待处理财产损溢——待处理流动资产损溢”账户，以冲减其损失。按规定核销在产品的盘亏或毁损损失时，按实际损失扣除残值和赔款后计算的净损失，根据盘亏、毁损的原因不同，将损失从“待处理财产损溢——待处理流动资产损溢”账户的贷方转出，借记“制造费用”或“营业外支出”账户。其中，由于车间管理不善造成的损失，转入“制造费用”账户；由于意外灾害造成的非常损失，转入“营业外支出”账户。

【例 7-2】某企业在财产清查中，发现B在产品盘亏80件，单位定额成本为30元，应由过失人王某赔偿400元；C在产品毁损50件，单位定额成本为20元，残料入库作价100元，C在产品的毁损是由自然灾害造成的，应由保险公司赔偿700元（款项尚未收到），其余损失计入营业外支出。上述清查结果都已经获得批准。

根据上述资料，编制会计分录如下：

（1）B在产品盘亏的核算：

①盘亏时：

借：待处理财产损溢——待处理流动资产损溢	2 400	
贷：生产成本——基本生产成本——B产品		2 400

②批准后转账：

借：其他应收款——王某	400	
制造费用	2 000	
贷：待处理财产损溢——待处理流动资产损溢		2 400

（2）C在产品毁损的核算：

①毁损时：

借：待处理财产损溢——待处理流动资产损溢	1 000	
贷：生产成本——基本生产成本——C产品		1 000

②批准后转账：

借：原材料	100	
其他应收款——保险公司	700	
营业外支出	200	
贷：待处理财产损溢——待处理流动资产损溢		1 000

特别提示

若在产品发生非常损失（不含自然灾害损失），则该部分在产品应负担的增值税进项税额应从“应交税费——应交增值税（进项税额转出）”账户的贷方转入“待处理财产损溢——待处理流动资产损溢”账户的借方。

任务二 核算完工产品成本

为了正确计算完工产品和月末在产品成本，企业应根据生产经营特点，并充分考虑在产品数量的多少、各月末在产品数量变化的幅度、各项费用在成本项目中所占的比重、消耗定额的准确性以及定额管理的基础好坏等具体条件，选择合理的分配方法，将生产费用在完工产品和月末在产品之间进行分配。常用的分配方法有：不计算在产品成本法、在产品按年初固定成本计算法、在产品按所耗直接材料成本计价法、约当产量法、在产品按定额成本计价法、定额比例法等。

2.1 不计算在产品成本法

微课

不计算在产品成本法

不计算在产品成本法，也称在产品忽略不计法，是指月末将归集在基本生产成本明细账中的生产费用全部由完工产品承担，而月末在产品成本以零计算的方法。对一些企业而言，月末虽有在产品，但由于在产品数量少，且各月变化不大，在产品成本计算与否，对完工产品成本影响不大，为了简化核算，可以不计算在产品成本。如果不计算在产品成本，则本月完工产品的总成本等于该产品本月生产成本明细账中归集的全部生产费用。其用公式表示为：

本月完工产品成本=本月发生的生产费用

【例 7-3】甲公司 2025 年 3 月生产 A 产品，投产 1 000 件，月末完工 990 件，在产品 10 件，由于 A 产品月末在产品数量很少，分配生产费用时采用不计算在产品成本法。本月 A 产品投入的直接材料为 59 400 元，直接人工为 29 700 元，制造费用为 9 900 元。A 产品完工总成本和单位成本的计算见表 7-2。

表 7-2　　产品成本计算单

产品名称：A 产品　　2025年3月　　金额单位：元

项　目	直接材料	直接人工	制造费用	合　计
本月发生的生产费用	59 400	29 700	9 900	99 000
生产费用合计	59 400	29 700	9 900	99 000
完工产品成本（990 件）	59 400	29 700	9 900	99 000
单位成本	60	30	10	100
月末在产品成本	0	0	0	0

依据表 7-2 编制转账凭证，会计分录如下：

借：库存商品——A 产品　　99 000

　贷：生产成本——基本生产成本——A 产品　　99 000

这种方法的基本特点是：基本生产成本明细账中归集的生产费用全部由本月完工

产品负担，月末在产品不负担。这种方法适用于各月末在产品数量很小的产品。

2.2　在产品按年初固定成本计算法

微课

在产品按年初固定成本计算法

在产品按年初固定成本计算法，是指年内各月末不具体计算当月在产品的实际成本，而是固定地以年初数作为当月月末在产品的实际成本，并在此基础上推算出当月完工产品成本。其用公式表示为：

本月完工产品成本=本月发生的生产费用

月末在产品成本=月初在产品成本

为了避免在产品以固定不变的成本计价延续时间太长，使在产品成本与实际在产品成本出入过大而影响产品成本计算的准确性，在12月时，应根据实际盘点的在产品数量，重新调整确定在产品成本。在次年的1—11月，不论在产品数量是否发生变化，各月末在产品成本都固定地以上年12月月末的在产品成本作为各月的在产品成本。

【例7-4】甲公司2025年3月生产B产品，月初在产品91件，本月投产999件，月末完工1 000件，月末在产品90件。由于B产品月初、月末在产品数量变化不大，分配生产费用时采用年初固定数计算在产品成本。基本生产成本明细账中B产品月初在产品成本为：直接材料5 000元，直接人工1 500元，制造费用500元。本月B产品投入的生产成本为：直接材料55 000元，直接人工28 500元，制造费用9 500元。B产品完工总成本和单位成本的计算见表7-3。

表7-3　产品成本计算单

产品名称：B产品　　　　2025年3月　　　　金额单位：元

项　目	直接材料	直接人工	制造费用	合　计
月初在产品成本	5 000	1 500	500	7 000
本月发生的生产费用	55 000	28 500	9 500	93 000
生产费用合计	60 000	30 000	10 000	100 000
完工产品成本（1 000件）	55 000	28 500	9 500	93 000
单位成本	55	28.5	9.5	93
月末在产品成本	5 000	1 500	500	7 000

依据表7-3编制转账凭证，会计分录如下：

借：库存商品——B产品　　　　93 000

　贷：生产成本——基本生产成本——B产品　　　　93 000

采用这种方法，大大简化了成本计算工作，但它只适用于月末在产品数量较小，或者在产品数量虽大，但各月月末在产品数量稳定、变化不大的产品，以及不计算各月在产品成本的差额对完工产品成本计算的影响不大的产品。如化工企业、冶炼企业的产品，由于高炉和化学反应的容器固定，其在产品成本就可采用这种方法计算。

采用这种方法，12月份完工产品成本的计算公式为：

本月完工产品成本=月初在产品成本+本月发生的生产费用−月末盘点确认的在产品成本

2.3 在产品按所耗直接材料成本计价法

微课

在产品按所耗直接材料成本计价法

在产品按所耗直接材料成本计价法，是指月末在产品成本只计算所耗用的直接材料费用，不计算直接人工、制造费用等加工费用，并将这些直接人工、制造费用等加工费用全部由当月完工产品成本负担的方法。采用这种方法时，本月完工产品成本等于月初在产品材料成本加上本月发生的全部生产费用，再减去月末在产品材料成本。其用公式表示为：

本月完工产品成本=月初在产品材料成本+本月发生的生产费用−月末在产品材料成本

【例 7-5】甲公司生产A产品，该产品的直接材料费用在产品成本中所占比重较大，在产品只计算直接材料费用。A产品2025年3月初在产品直接材料费用（月初在产品成本）为1 500元；本月发生的生产费用为：直接材料9 500元，直接人工4 000元，制造费用2 500元。本月完工产品500件，月末在产品50件。该产品的原材料是在生产开始时一次性投入的，直接材料费用按完工产品和月末在产品数量的比例分配。试计算完工产品和在产品成本，并编制产品成本计算单。

$$直接材料费用分配率=\frac{1\ 500+9\ 500}{500+50}=20(元/件)$$

完工产品负担的直接材料费用=500×20=10 000（元）

月末在产品负担的直接材料费用（月末在产品成本）=50×20=1 000（元）

完工产品总成本=10 000+4 000+2 500=16 500（元）

编制A产品成本计算单，见表7-4。

表 7-4　　成本计算单

产品名称：A产品　　2025年3月　　金额单位：元

项　目	直接材料	直接人工	制造费用	合　计
月初在产品成本	1 500			1 500
本月发生的生产费用	9 500	4 000	2 500	16 000
生产费用合计	11 000	4 000	2 500	17 500
完工产品成本（500件）	10 000	4 000	2 500	16 500
单位成本	20	8	5	33
月末在产品成本	1 000			1 000

依据表7-4编制转账凭证，会计分录如下：

借：库存商品——A产品　　16 500

　贷：生产成本——基本生产成本——A产品（直接材料）　　10 000

　　　　　　　　　　　　　　——A产品（直接人工）　　4 000

　　　　　　　　　　　　　　——A产品（制造费用）　　2 500

这种方法适用于月末在产品数量较大，各月在产品数量变化也较大，但原材料费用在产品成本项目中占有较大比重的企业，如纺织、造纸和酿酒等。

课堂讨论

有人说，在产品成本按所耗直接材料费用计算时，原材料在生产开始时一次性投料和随着完工进度陆续投料，在分配直接材料费用时没有差别。你认为这种说法对吗？

提示：原材料成本在完工产品和在产品之间分配时，如果生产开始时一次性投入材料，直接材料费用就可以按完工产品与月末在产品的实物数量比例进行分配；如果原材料随加工进度陆续投入，则要采用后面所讲的约当产量法进行分配。

2.4　约当产量法

微课

约当产量法

约当产量，是指将月末在产品的实际数量，按其完工程度折算为相当于完工产品的数量。约当产量法，是指将产品应负担的全部成本按照完工产品产量与月末在产品约当产量的比例分配计算完工产品成本和月末在产品成本的方法。该方法适用于月末在产品数量较多，各月在产品数量变化也较大，产品成本中直接材料和直接人工及制造费用的比重相差不大的产品。其计算公式如下：

$$\text{在产品约当产量}=\text{在产品数量}\times\text{完工程度}$$

$$\text{某项费用分配率}=\frac{\text{期初在产品该项费用}+\text{本月发生该项费用}}{\text{完工产品数量}+\text{在产品约当产量}}$$

$$\text{完工产品负担的某项费用}=\text{完工产品数量}\times\text{该项费用分配率}$$

$$\begin{aligned}\text{期末在产品负担的某项费用}&=\text{在产品约当产量}\times\text{该项费用分配率}\\&=\text{该项费用总额}-\text{完工产品负担的该项费用}\end{aligned}$$

由此可见，约当产量法分配生产费用的关键在于在产品约当产量的计算，而确定在产品约当产量的关键是确定在产品的完工程度。

特别提示

在产品的完工程度，对于不同的成本项目，又具体分为投料程度和加工程度。一般来说，产品在生产过程中所耗用的直接材料费用的多少与产品的投料方式或投料程度有关，而产品所耗用的直接人工和制造费用的多少则与产品的加工程度正相关。因此，直接材料费用分配时，在产品约当产量的折算应依据投料程度来确定；直接人工和制造费用分配时，在产品约当产量的折算应依据加工程度来确定。

1）直接材料费用的分配

$$\text{在产品约当产量}=\text{在产品实际数量}\times\text{在产品投料程度}$$

投料程度，也称投料率，是指在产品已投材料占完工产品应投材料的百分比。投料程度的计算与材料投入方式密切相关。投料方式不同，在产品投料程度的计算也不相同。在产品生产过程中，材料投入方式一般有四种：❶材料在生产开始时一次性投入；❷材料在生产过程中陆续、均衡地投入，且与产品的加工进度基本一致；❸材料分工序并在每道工序随加工进度陆续投入，但与加工进度不一致；❹材料分工序并在每道工序开始时一次性投入。

（1）材料在生产开始时一次性投入

若材料在生产开始时一次性投入，则无论在产品的加工程度如何，单位在产品所负担的材料费用与单位完工产品负担的材料费用是相等的，所以在产品投料程度为100%，此时月末在产品约当产量等于月末在产品数量。

$$月末在产品约当产量=月末在产品数量$$

（2）材料在生产过程中陆续、均衡地投入，且与产品的加工进度基本一致

若材料随生产过程陆续、均衡投入，且投入量与加工进度基本一致，则用于分配材料费用的投料程度与用于分配直接人工和制造费用的加工程度是相同的，分配直接材料费用的在产品约当产量可按在产品的加工程度折算。

$$月末在产品约当产量=月末在产品数量\times在产品加工程度$$

（3）材料分工序并在每道工序随加工进度陆续投入，但与加工进度不一致

若材料随生产过程陆续投入，且材料投入程度与加工进度不一致，则应按工序分别确定各工序在产品的投料率。在确定各工序的投料率时，一般以各工序的直接材料消耗定额为依据，投料程度按完成本工序投料的50%折算。其计算公式如下：

$$某工序在产品投料程度=\frac{前面各道工序投料定额+本工序投料定额\times50\%}{单位完工产品投料定额}\times100\%$$

$$某工序在产品约当产量=该工序在产品实际数量\times该工序在产品投料程度$$

$$在产品约当产量=\sum各工序在产品约当产量$$

【例7-6】甲公司的A产品经过三道工序加工而成，原材料在每道工序开始后陆续投入，但与加工进度不一致。该产品单位成本中原材料消耗定额为100千克。2025年3月各工序在产品数量及原材料消耗定额见表7-5。

表7-5　各工序在产品数量及原材料消耗定额

工　序	月末在产品数量（件）	单位产品原材料消耗定额（千克）
1	120	30
2	90	40
3	60	30
合计	270	100

月末在产品各工序投料程度和约当产量计算见表7-6。

表7-6　月末在产品各工序投料程度和约当产量计算表

工　序	月末在产品数量（件）	单位产品原材料消耗定额（千克）	在产品投料程度	在产品约当产量（件）
1	120	30	15%	18
2	90	40	50%	45
3	60	30	85%	51
合计	270	100		114

第1工序在产品投料程度=30×50%÷100×100%=15%

第2工序在产品投料程度=（30+40×50%）÷100×100%=50%

第3工序在产品投料程度=（30+40+30×50%）÷100×100%=85%

第1工序在产品约当产量=120×15%=18（件）

第2工序在产品约当产量=90×50%=45（件）

第3工序在产品约当产量=60×85%=51（件）

在产品约当产量=18+45+51=114（件）

（4）材料分工序并在每道工序开始时一次性投入

产品生产中，若材料不是在生产开始时一次性投入，而是分工序在每道工序开始时一次性投入，则该工序在产品的投料程度按该工序在产品的累积原材料费用定额除以完工产品原材料费用定额计算确定。其计算公式如下：

$$\text{某工序在产品投料程度} = \frac{\text{前面各道工序投料定额} + \text{本工序投料定额}}{\text{单位完工产品投料定额}} \times 100\%$$

$$\text{某工序在产品约当产量} = \text{该工序在产品数量} \times \text{该工序在产品投料程度}$$

$$\text{在产品约当产量} = \sum \text{各工序在产品约当产量}$$

【例7-7】假定在【例7-6】中，甲公司的A产品经过三道工序加工而成，原材料分工序在各道工序生产开始时一次性投入，月末各工序在产品数量及原材料消耗定额见表7-5，则月末在产品各工序投料程度和约当产量计算见表7-7。

表7-7 月末在产品各工序投料程度和约当产量计算表

工　序	月末在产品数量（件）	单位产品原材料消耗定额（千克）	在产品投料程度	在产品约当产量（件）
1	120	30	30%	36
2	90	40	70%	63
3	60	30	100%	60
合计	270	100		159

第1工序在产品投料程度=30÷100×100%=30%

第2工序在产品投料程度=（30+40）÷100×100%=70%

第3工序在产品投料程度=（30+40+30）÷100×100%=100%

第1工序在产品约当产量=120×30%=36（件）

第2工序在产品约当产量=90×70%=63（件）

第3工序在产品约当产量=60×100%=60（件）

在产品约当产量=36+63+60=159（件）

2）直接人工和制造费用的分配

采用约当产量法分配直接人工和制造费用时，首先要测定在产品的加工程度。**加工程度，是指某单位产品已消耗工时占生产该单位产品所需全部工时的百分比。**直接人工和制造费用等加工费用的发生与加工程度关系密切，随着生产加工过程的不断进行而逐步投入。产品的加工程度越高，说明所耗费时间越长，承担的费用也就越多。因此，通常采用加工程度来确定在产品的约当产量。加工程度的确定通常有两种方法：平均计算法和工序测定法。

（1）平均计算法

平均计算法，是指一律按50%作为各工序在产品的加工程度的一种方法。这种方法是建立在各工序在产品数量、单位产品在各工序的加工程度都相差不多的基础上，此时各工序在产品多加工的程度可以弥补前面各工序少加工的程度，这样就可以把各工序的在产品全部按50%的平均程度计算。其计算公式如下：

$$月末在产品约当产量=月末在产品数量\times在产品加工程度（50\%）$$

（2）工序测定法

如果各工序上的在产品数量和完工程度差别较大，则要分工序分别计算在产品的加工程度。**工序测定法是按照各工序的累计工时定额占完工产品工时定额的比例计算的，其中每一道工序内的在产品加工程度可以按平均完工50%计算。**其计算公式如下：

$$某工序在产品加工程度=\frac{前面各工序累计工时定额+本工序工时定额\times50\%}{单位完工产品工时定额}\times100\%$$

$$某工序在产品约当产量=该工序在产品数量\times该工序在产品加工程度$$

$$在产品约当产量=\sum各工序在产品约当产量$$

【例7-8】假定在【例7-6】中，甲公司的A产品经过三道工序加工而成，在三道工序上的工时定额分别为20小时、20小时、10小时。各工序在产品在本工序的加工程度均为50%。月末在产品各工序加工程度及约当产量计算见表7-8。

表7-8 月末在产品各工序加工程度和约当产量计算表

工　序	月末在产品数量（件）	单位产品工时消耗定额（小时）	在产品加工程度	在产品约当产量（件）
1	120	20	20%	24
2	90	20	60%	54
3	60	10	90%	54
合计	270	50		132

第1工序在产品加工程度=20×50%÷50×100%=20%

第2工序在产品加工程度=（20+20×50%）÷50×100%=60%

第3工序在产品加工程度=（20+20+10×50%）÷50×100%=90%

第1工序在产品约当产量=120×20%=24（件）

第2工序在产品约当产量=90×60%=54（件）

第3工序在产品约当产量=60×90%=54（件）

在产品约当产量=24+54+54=132（件）

3）约当产量法的综合运用

在产品的约当产量计算出来后，就可以将本月基本生产成本明细账中归集的直接材料、直接人工和制造费用在完工产品和月末在产品之间进行分配，分配应以月末在产品的约当产量和完工产品数量为依据。下面分几种情况举例说明约当产量法的综合运用。

（1）若产品的生产是单步骤加工完成，且材料是在生产开始时一次性投入的

【例 7-9】甲公司 2025 年 3 月生产 A 产品，本月完工产品数量为 900 件，月末在产品数量为 200 件，在产品的加工程度为 50%，原材料是在生产开始时一次性投入的。期初在产品成本和本期发生的费用见表 7-9。

表 7-9 A产品生产费用表

产品名称：A产品　　2025年3月　　单位：元

摘　要	直接材料	直接人工	制造费用	合　计
月初在产品成本	3 500	800	500	4 800
本月生产费用	18 500	7 200	4 500	30 200
生产费用合计	22 000	8 000	5 000	35 000

由于原材料是在生产开始时一次性投入的，所以每件在产品和每件完工产品所耗的原材料费用是相同的，在分配直接材料费用时，在产品的约当产量就是在产品的实际产量；在分配直接人工和制造费用时，在产品应根据加工程度计算出约当产量参与分配。其计算过程如下：

分配直接材料时的在产品约当产量=200×100%=200（件）

分配直接人工和制造费用时的在产品约当产量=200×50%=100（件）

$$直接材料分配率=\frac{3\,500+18\,500}{900+200}=20(元/件)$$

$$直接人工分配率=\frac{800+7\,200}{900+100}=8(元/件)$$

$$制造费用分配率=\frac{500+4\,500}{900+100}=5(元/件)$$

完工产品应负担的直接材料成本=900×20=18 000（元）

在产品应负担的直接材料成本=200×20=4 000（元）

完工产品应负担的直接人工成本=900×8=7 200（元）

在产品应负担的直接人工成本=100×8=800（元）

完工产品应负担的制造费用=900×5=4 500（元）

在产品应负担的制造费用=100×5=500（元）

完工产品总成本=18 000+7 200+4 500=29 700（元）

完工产品单位成本=29 700÷900=33（元/件）

月末在产品总成本=4 000+800+500=5 300（元）

根据上述计算结果，编制完工产品和在产品成本计算单，见表 7-10。

表 7-10　　完工产品和在产品成本计算单

产品名称：A产品　　2025年3月　　金额单位：元

摘　要	直接材料	直接人工	制造费用	合　计
生产费用合计	22 000	8 000	5 000	35 000
本月完工产品产量（件）	900	900	900	—
月末在产品约当产量（件）	200	100	100	—
费用分配率（元/件）	20	8	5	33
本月完工产品总成本	18 000	7 200	4 500	29 700
月末在产品成本	4 000	800	500	5 300

编制完工产品入库的会计分录如下：

借：库存商品——A产品　　29 700
　贷：生产成本——基本生产成本——A产品（直接材料）　　18 000
　　　　　　　　　　　　　　　——A产品（直接人工）　　7 200
　　　　　　　　　　　　　　　——A产品（制造费用）　　4 500

（2）若产品是多步骤生产，由几道工序加工完成，且原材料是在各工序中陆续投入的

【例 7-10】甲公司 2025 年 3 月生产 B 产品，需要经过三道工序加工完成，原材料于每道工序开始后陆续投入，但原材料投料程度与加工进度不一致。原材料的投料程度按照每道工序的原材料投料定额计算。月末每道工序的在产品数量、单位产品各工序原材料消耗定额及工时消耗定额见表 7-11。直接人工和制造费用的分配采用工序测定法，月初在产品成本和本月发生的生产费用见表 7-12。本月完工产品 200 件，月末在产品 100 件。按约当产量法计算完工产品和在产品成本，并编制 B 产品成本计算单。

表 7-11　　月末在产品数量、各工序原材料及工时消耗定额表

工　序	月末在产品数量（件）	单位产品材料消耗定额（千克）	单位产品工时消耗定额（小时）
1	40	10	8
2	40	10	16
3	20	5	16
合计	100	25	40

表 7-12　　生产费用表

产品名称：B 产品　　2025 年 3 月　　单位：元

摘　要	直接材料	直接人工	制造费用	合　计
月初在产品成本	4 000	1 720	2 080	7 800
本月生产费用	16 000	3 000	5 000	24 000
生产费用合计	20 000	4 720	7 080	31 800

根据上述资料，其计算程序如下：

（1）直接材料的分配

第1工序在产品投料程度=10×50%÷25×100%=20%

第2工序在产品投料程度=（10+10×50%）÷25×100%=60%

第3工序在产品投料程度=（10+10+5×50%）÷25×100%=90%

第1工序在产品约当产量=40×20%=8（件）

第2工序在产品约当产量=40×60%=24（件）

第3工序在产品约当产量=20×90%=18（件）

根据原材料投料状况计算出的在产品约当产量=8+24+18=50（件）

直接材料分配率 $= \dfrac{4\,000 + 16\,000}{200 + 50}$=80（元/件）

完工产品应负担的直接材料成本=200×80=16 000（元）

在产品应负担的直接材料成本=50×80=4 000（元）

（2）直接人工、制造费用的分配

第1工序在产品加工程度=8×50%÷40×100%=10%

第2工序在产品加工程度=（8+16×50%）÷40×100%=40%

第3工序在产品加工程度=（8+16+16×50%）÷40×100%=80%

第1工序在产品约当产量=40×10%=4（件）

第2工序在产品约当产量=40×40%=16（件）

第3工序在产品约当产量=20×80%=16（件）

根据各工序工时定额计算出的在产品约当产量=4+16+16=36（件）

直接人工分配率 $= \dfrac{1\,720 + 3\,000}{200 + 36} = 20$(元/件)

完工产品应负担的直接人工成本=200×20=4 000（元）

在产品应负担的直接人工成本=36×20=720（元）

制造费用分配率 $= \dfrac{2\,080 + 5\,000}{200 + 36} = 30$(元/件)

完工产品应负担的制造费用=200×30=6 000（元）

在产品应负担的制造费用=36×30=1 080（元）

则：

完工产品总成本=16 000+4 000+6 000=26 000（元）

月末在产品总成本=4 000+720+1 080=5 800（元）

根据上述计算结果，编制B产品的成本计算单，见表7-13。

编制完工产品入库的会计分录如下：

借：库存商品——B产品	26 000	
贷：生产成本——基本生产成本——B产品（直接材料）		16 000
——B产品（直接人工）		4 000
——B产品（制造费用）		6 000

表 7-13　　成本计算单

产品名称：B产品　　2025年3月　　金额单位：元

摘　要	直接材料	直接人工	制造费用	合　计
生产费用合计	20 000	4 720	7 080	31 800
本月完工产品产量（件）	200	200	200	—
月末在产品约当产量（件）	50	36	36	—
费用分配率（元/件）	80	20	30	130
本月完工产品总成本	16 000	4 000	6 000	26 000
月末在产品成本	4 000	720	1 080	5 800

（3）若产品是多步骤生产，由几道工序加工完成，且原材料是在各工序开始时一次性投入的

其原材料的分配参考【例 7-7】的计算，直接人工、制造费用的分配参考【例 7-10】的计算。

经验总结

在产品约当产量的计算应分成本项目。直接材料项目对应的约当产量的计算与直接人工、制造费用项目对应的约当产量的计算不同。前者依据材料的投入情况通过计算投料率来确定；后者依据工时的消耗情况通过计算加工程度来确定。同样都是约当产量，计算方法不同，结果也不同。

2.5　在产品按定额成本计价法

在产品按定额成本计价法（简称定额成本法），是指月末计算产品成本时，先按定额成本计算出在产品成本，然后用全部生产费用减去在产品成本，再求出完工产品成本的一种方法。如果企业定额管理基础比较好，产品各项消耗定额或费用定额比较准确、稳定，且各月末在产品数量变动不大时，月末在产品成本可按定额成本计算。

微课

在产品按定额成本计价法

这种方法的特点是月末在产品按定额成本计算，完工产品成本通过倒挤确定，月初、月末在产品的实际成本与定额成本之间的差异全部由完工产品成本承担。

1）单步骤生产的企业

月末在产品定额成本=月末在产品数量×在产品单位定额成本

完工产品成本=月初在产品成本+本月生产费用−月末在产品定额成本

【例 7-11】甲公司生产B产品，2025年3月完工产品数量为500件，在产品数量为100件，有关资料见表 7-14。

按定额成本法，B产品在产品成本和完工产品成本计算结果见表 7-15。

表 7-14　**B产品资料表**　金额单位：元

摘　要	直接材料	直接人工	制造费用	合　计
月初在产品成本	20 000	5 000	8 000	33 000
本期生产费用	100 000	15 000	32 000	147 000
小　计	120 000	20 000	40 000	180 000
在产品单位定额成本	200	20	40	260

表 7-15　**B产品在产品成本和完工产品成本计算表**　金额单位：元

项　目	在产品成本	完工产品成本
直接材料	200×100=20 000	120 000-20 000=100 000
直接人工	20×100=2 000	20 000-2 000=18 000
制造费用	40×100=4 000	40 000-4 000=36 000
合　计	26 000	154 000

在实际工作中，定额成本通常按产品单位耗用量（或单位工时）和单价（或小时工资率、小时费用率）制定。月末在产品的定额成本计算公式为：

月末在产品直接材料定额成本=在产品数量×单位产品材料消耗定额×材料单价

月末在产品直接人工定额成本=在产品数量×单位工时定额×小时工资率

月末在产品制造费用定额成本=在产品数量×单位工时定额×小时费用率

【例 7-12】甲公司生产C产品，2025年3月完工产品数量为300件，在产品数量为50件，有关资料见表7-16和表7-17。

表 7-16　**C产品生产费用表**

2025年3月　单位：元

摘　要	直接材料	直接人工	制造费用	合　计
月初在产品成本	50 000	15 000	20 000	85 000
本期生产费用	150 000	25 000	40 000	215 000
合　计	200 000	40 000	60 000	300 000

表 7-17　**在产品的定额资料表**

直接材料		直接人工		制造费用	
单位消耗量（千克/件）	单价（元/千克）	单位工时（小时）	小时工资率（元/小时）	单位工时（小时）	小时费用率（元/小时）
150	2	10	8	10	10

按定额成本法，C产品在产品成本和完工产品成本计算见表7-18。

表 7-18 C产品在产品成本和完工产品成本计算表 金额单位：元

项目	在产品成本	完工产品成本
直接材料	150×2×50=15 000	200 000−15 000=185 000
直接人工	10×8×50=4 000	40 000−4 000=36 000
制造费用	10×10×50=5 000	60 000−5 000=55 000
合计	24 000	276 000

2）多工序（多步骤）生产的企业

（1）月末在产品直接材料定额成本的确定

由于材料的投料方式不同，月末在产品直接材料定额成本的确定也不同。

❶材料在生产开始时一次性投入：

$$\text{月末在产品直接材料定额成本}=\sum\left(\text{每道工序在产品数量}\times\text{单位产品材料消耗定额}\times\text{材料单价}\right)$$

❷材料分工序并在每道工序开始时一次性投入：

$$\text{月末在产品直接材料定额成本}=\sum\left[\text{该工序在产品数量}\times\left(\text{前道工序累计材料消耗定额}+\text{本工序材料消耗定额}\right)\times\text{材料单价}\right]$$

❸原材料分工序并在每道工序随生产陆续投入：

$$\text{月末在产品直接材料定额成本}=\sum\left[\text{该工序在产品数量}\times\left(\text{前道工序累计材料消耗定额}+\text{本工序材料消耗定额}\times50\%\right)\times\text{材料单价}\right]$$

（2）月末在产品直接人工定额成本和制造费用定额成本的确定

$$\text{月末在产品定额工时}=\sum\left[\text{该工序在产品数量}\times\left(\text{前道工序累计工时定额}+\text{本工序工时定额}\times50\%\right)\right]$$

$$\text{月末在产品直接人工定额成本}=\text{月末在产品定额工时}\times\text{定额小时工资率}$$

$$\text{月末在产品制造费用定额成本}=\text{月末在产品定额工时}\times\text{定额小时费用率}$$

（3）月末在产品定额成本的确定

$$\text{月末在产品定额成本}=\text{月末在产品直接材料定额成本}+\text{月末在产品直接人工定额成本}+\text{月末在产品制造费用定额成本}$$

【例 7-13】甲公司 2025 年 3 月生产 A 产品，分两道工序完成，原材料在生产开始时一次性投入，各工序内在产品的平均加工程度为 50%。本月完工 A 产品数量为 500 件，单位产品材料消耗定额为 10 千克，材料单价为 6 元/千克，直接人工费用定额为 8 元/小时，制造费用定额为 4 元/小时。本月有关 A 产品的相关资料见表 7-19 和表 7-20。

表 7-19 月末在产品数量及定额资料表

工序	在产品数量（件）	材料消耗定额（千克/件）	工时消耗定额（小时/件）
1	60	10	3
2	40	—	2
合计	100	10	5

表 7-20　　A产品生产费用表　　单位：元

摘　要	直接材料	直接人工	制造费用	合　计
月初在产品成本	20 000	10 000	5 000	35 000
本月发生的生产费用	40 000	15 000	10 000	65 000
生产费用合计	60 000	25 000	15 000	100 000

要求：采用定额成本计价法分配计算A产品本月完工产品与月末在产品的成本。

根据上述资料，填制A产品月末在产品定额成本计算表（见表7-21）和A产品成本计算单（见表7-22）。

表 7-21　　月末在产品定额成本计算表

工　序	在产品数量（件）	材料定额消耗量（千克）	材料定额成本（元）	在产品定额工时（小时）	人工定额成本（元）	制造费用定额成本（元）	合计（元）
	①	②=①×10	③=②×6	④	⑤=④×8	⑥=④×4	⑦=③+⑤+⑥
1	60	600	3 600	3×50%×60=90	720	360	4 680
2	40	400	2 400	（3+2×50%）×40=160	1 280	640	4 320
合　计	100	1 000	6 000	250	2 000	1 000	9 000

表 7-22　　成本计算单

产品名称：A产品　　2025年3月　　金额单位：元

摘　要	直接材料	直接人工	制造费用	合　计
月初在产品成本	20 000	10 000	5 000	35 000
本月发生的生产费用	40 000	15 000	10 000	65 000
生产费用合计	60 000	25 000	15 000	100 000
月末在产品定额成本	6 000	2 000	1 000	9 000
本月完工产品成本	54 000	23 000	14 000	91 000
完工产品单位成本（500件）	108	46	28	182

依据表7-22，编制完工产品入库的会计分录：

借：库存商品——A产品　　91 000
　贷：生产成本——基本生产成本——A产品（直接材料）　　54 000
　　　　　　　　　　　　　　——A产品（直接人工）　　23 000
　　　　　　　　　　　　　　——A产品（制造费用）　　14 000

2.6 定额比例法

微课 定额比例法

定额比例法，是指将产品的生产费用按照完工产品和月末在产品的定额消耗量或定额费用的比例，分配计算完工产品和月末在产品成本的一种方法。其中，直接材料费用项目一般按材料消耗定额或费用定额比例分配，而直接人工和制造费用项目可按工时消耗定额比例分配，也可按费用定额比例分配。

这种分配方法适用于定额管理基础较好，各项消耗定额和费用定额比较准确、稳定，各月末在产品数量变动较大的产品。由于其月初和月末在产品费用之间脱离定额的差异要在完工产品与月末在产品之间按比例分配，从而提高了产品成本计算的准确性。

1）直接材料费用的分配

$$\text{直接材料费用分配率}=\frac{\text{月初在产品直接材料实际费用}+\text{本月发生的直接材料实际费用}}{\text{完工产品直接材料定额费用}+\text{月末在产品直接材料定额费用}}$$

或

$$\text{直接材料费用分配率}=\frac{\text{月初在产品直接材料实际费用}+\text{本月发生的直接材料实际费用}}{\text{完工产品直接材料定额耗用量}+\text{月末在产品直接材料定额耗用量}}$$

$$\text{完工产品应分配的直接材料费用}=\text{完工产品定额材料费用（耗用量）}\times\text{直接材料费用分配率}$$

$$\text{月末在产品应分配的直接材料费用}=\text{月末在产品定额材料费用（耗用量）}\times\text{直接材料费用分配率}$$

或

$$\begin{array}{c}\text{月末在产品应分配的}\\\text{直接材料费用}\end{array}=\begin{array}{c}\text{月初在产品}\\\text{直接材料费用}\end{array}+\begin{array}{c}\text{本月发生的}\\\text{直接材料费用}\end{array}-\begin{array}{c}\text{完工产品应分配的}\\\text{直接材料费用}\end{array}$$

2）直接人工费用和制造费用的分配

$$\text{直接人工费用分配率}=\frac{\text{月初在产品直接人工费用}+\text{本月发生的直接人工费用}}{\text{完工产品定额工时}+\text{月末在产品定额工时}}$$

$$\text{完工产品应分配的直接人工费用}=\text{完工产品定额工时}\times\text{直接人工费用分配率}$$

$$\text{月末在产品应分配的直接人工费用}=\text{月末在产品定额工时}\times\text{直接人工费用分配率}$$

或

$$\begin{array}{c}\text{月末在产品应分配的}\\\text{直接人工费用}\end{array}=\begin{array}{c}\text{月初在产品}\\\text{直接人工费用}\end{array}+\begin{array}{c}\text{本月发生的}\\\text{直接人工费用}\end{array}-\begin{array}{c}\text{完工产品应分配的}\\\text{直接人工费用}\end{array}$$

$$\text{制造费用分配率}=\frac{\text{月初在产品制造费用}+\text{本月发生的制造费用}}{\text{完工产品定额工时}+\text{月末在产品定额工时}}$$

$$\text{完工产品应分配的制造费用}=\text{完工产品定额工时}\times\text{制造费用分配率}$$

$$\text{月末在产品应分配的制造费用}=\text{月末在产品定额工时}\times\text{制造费用分配率}$$

或

$$\begin{array}{c}\text{月末在产品}\\\text{应分配的制造费用}\end{array}=\begin{array}{c}\text{月初在产品}\\\text{制造费用}\end{array}+\begin{array}{c}\text{本月发生的}\\\text{制造费用}\end{array}-\begin{array}{c}\text{完工产品应分配的}\\\text{制造费用}\end{array}$$

3）计算完工产品总成本和在产品总成本

$$\text{完工产品总成本}=\text{完工产品直接材料费用}+\text{完工产品直接人工费用}+\text{完工产品制造费用}$$

在产品总成本 = 在产品直接材料费用 + 在产品直接人工费用 + 在产品制造费用

【例 7-14】甲公司 2025 年 3 月生产 B 产品，本月完工 500 件，月末在产品 200 件，有关资料见表 7-23。

表 7-23 B产品费用及定额资料 金额单位：元

摘　要	直接材料	直接人工	制造费用	合　计
月初在产品成本	21 000	10 800	8 000	39 800
本月发生的生产费用	42 000	34 000	20 000	96 000
生产费用合计	63 000	44 800	28 000	135 800
完工产品单位定额	60 千克	10 小时	10 小时	
月末在产品单位定额	60 千克	3 小时	3 小时	

根据上述资料，采用定额比例法，计算本月完工产品总成本和月末在产品成本。其计算如下：

$$直接材料费用分配率 = \frac{63\ 000}{500 \times 60 + 200 \times 60} = 1.5（元/千克）$$

$$直接人工费用分配率 = \frac{44\ 800}{500 \times 10 + 200 \times 3} = 8（元/小时）$$

$$制造费用分配率 = \frac{28\ 000}{500 \times 10 + 200 \times 3} = 5（元/小时）$$

完工产品应分配的直接材料费用=500×60×1.5=45 000（元）

完工产品应分配的直接人工费用=500×10×8=40 000（元）

完工产品应分配的制造费用=500×10×5=25 000（元）

完工产品总成本=45 000+40 000+25 000=110 000（元）

完工产品的单位成本=110 000÷500=220（元/件）

在产品应分配的直接材料费用=200×60×1.5=18 000（元）

在产品应分配的直接人工费用=200×3×8=4 800（元）

在产品应分配的制造费用=200×3×5=3 000（元）

在产品总成本=18 000+4 800+3 000=25 800（元）

根据上述计算结果，编制 B 产品成本计算单，见表 7-24。

表 7-24 成本计算单

产品名称：B产品 2025年3月 金额单位：元

摘　要	直接材料	直接人工	制造费用	合　计
月初在产品成本	21 000	10 800	8 000	39 800
本月发生的生产费用	42 000	34 000	20 000	96 000
生产费用合计	63 000	44 800	28 000	135 800
本月完工产品成本	45 000	40 000	25 000	110 000
完工产品单位成本（500 件）	90	80	50	220
月末在产品成本	18 000	4 800	3 000	25 800

依据表7-24，编制完工产品入库的会计分录：

借：库存商品——B产品　　110 000
　贷：生产成本——基本生产成本——B产品（直接材料）　　45 000
　　　　　　　　　　　　　——B产品（直接人工）　　40 000
　　　　　　　　　　　　　——B产品（制造费用）　　25 000

经验总结

定额成本法与定额比例法适用条件的相同点都是企业定额管理基础较好，各项消耗定额和费用定额比较准确；区别是定额比例法适用于各月末在产品数量变动较大的产品，定额成本法适用于各月末在产品数量变动较小的产品。

项目概要

本项目重点实践了在产品与完工产品的成本核算，二者之间有着密切的关系，通过公式表述为“月初在产品成本+本月发生生产费用=本月完工产品成本+月末在产品成本”。公式前两项之和为待分配费用，待分配费用在完工产品和月末在产品之间分配有两类方法：一是“倒挤法”，即先确定月末在产品成本，再用待分配费用减月末在产品成本得出完工产品成本，具体方法有：在产品按所耗直接材料成本计价法、在产品按定额成本计价法、在产品按年初固定成本计算法、不计算在产品成本法；二是“分配法”，即将待分配费用按一定比例在完工产品与月末在产品之间进行分配，具体方法有：约当产量法、定额比例法。

职业能力训练

一、单项选择题

职业能力训练 单项选择题

1.月末在产品数量较大且各月末在产品数量变化较大，产品中各成本项目费用的比重相差不多的产品，其在产品的成本计算应采用（　　）。

A.定额成本法　　B.定额比例法

C.约当产量法　　D.固定成本法

2.定额基础管理较好，各种产品有健全、准确的定额资料的企业，月末在产品数量变化较大的产品，其在产品的成本计算应采用（　　）。

A.定额成本法　　B.定额比例法　　C.约当产量法　　D.固定成本法

3.采用约当产量法，原材料费用按完工产品和月末在产品数量分配时，应具备的条件是（　　）。

A.原材料是陆续投入的　　B.原材料是在生产开始时一次性投入的

C.原材料在产品成本中所占比重大　　D.原材料按定额投入

4.在定额管理基础较好，消耗定额准确、稳定，且月初、月末在产品数量变化不大的条件下，在产品成本计算应采用（　　）。

A.定额成本法　　B.定额比例法　　C.约当产量法　　D.固定成本法

5.分配加工费用时所采用的在产品的加工率，是指产品（　　）与完工产品工时定额的比率。

A.所在工序的工时定额

B.前面各工序工时定额与所在工序工时定额一半的合计数

C.所在工序的累计工时定额

D.所在工序工时定额一半

6.各月月末在产品数量较大，各月在产品数量变化也较大，但原材料费用在成本中所占比重较大时，生产费用在完工产品与月末在产品之间分配的方法宜采用（　　）。

A.不计算在产品成本法　　B.在产品按所耗直接材料成本计价法

C.在产品按年初固定成本计算法　　D.约当产量法

7.某企业产品生产经过两道工序，各工序的工时定额分别为30小时和40小时，则第二道工序的加工率为（　　）。

A.68%　　B.69%　　C.70%　　D.71%

8.下列方法中，不属于完工产品与月末在产品之间费用分配方法的是（　　）。

A.约当产量法　　B.不计算在产品成本法

C.年度计划分配率分配法　　D.定额比例法

9.按完工产品和月末在产品数量比例分配计算完工产品和月末在产品成本，必须具备的条件是（　　）。

A.在产品已接近完工　　B.原材料在生产开始后分工序陆续投料

C.在产品原材料费用比重较大　　D.各项消耗定额比较准确、稳定

10.某产品经过两道工序加工完成。第一道工序的月末在产品数量为100件，加工程度为20%；第二道工序的月末在产品数量为200件，加工程度为70%。据此计算的月末在产品约当产量为（　　）件。

A.20　　B.135　　C.140　　D.160

二、多项选择题

职业能力训练

多项选择题

1.广义的在产品包括（　　）。

A.正在车间加工中的产品　　B.完工入库的自制半成品

C.已完工但尚未验收入库的产成品　　D.已完工且验收入库的产成品

2.企业应根据（　　）等情况，并考虑管理的要求和条件，选择适当的方法计算月末在产品成本。

A.在产品数量的多少　　B.各月在产品数量变化的大小

C.各项费用在成本中占的比重　　D.定额管理基础的好坏

3.在产品成本按所耗直接材料成本计价法适用于（　　）的产品。

A.月末在产品数量较多　　B.各月在产品数量变化较大

C.直接材料费用在成本中占的比重较大　　D.定额管理基础较好

4.在产品成本按约当产量法计算适用于（　　）的产品。

A.在产品数量较多　　B.各月在产品数量变化较大

C.各成本项目费用在成本中比重相差不多　　D.完工产品数量较多

5.下列属于在产品成本计算方法的有（　　）。

A.直接分配法　　B.定额比例法　　C.约当产量法　　D.品种法

6.采用约当产量法，必须正确计算在产品的约当产量，而在产品约当产量的计算

正确与否取决于产品加工程度的测定。测定在产品加工程度的方法有（　　）。

A. 按50%平均计算各工序加工率　　　　B. 分工序分别计算加工率

C. 按定额比例法计算　　　　D. 以上三种方法均可

7. 分配计算完工产品和月末在产品的费用时，采用在产品按定额成本计价法所具备的条件有（　　）。

A. 各月末在产品数量变化大　　　　B. 产品的消耗定额相对较稳定

C. 各月末在产品数量变化较小　　　　D. 产品的消耗定额较准确

三、判断题

职业能力训练

判断题

1. 盘亏或毁损的在产品，经批准后均应记入“制造费用”账户。（　　）

2. 不计算在产品成本法适用于月末没有在产品的产品。（　　）

3. 采用约当产量法计算月末在产品成本，原材料费用分配时必须考虑原材料的投料方式。（　　）

4. 月末在产品按定额成本计算，实际费用脱离定额的差异完全由完工产品负担。（　　）

5. 采用定额比例法计算月末在产品成本必须具备较好的定额管理基础，且月初、月末在产品数量变化不大。（　　）

四、技能训练题

职业能力训练

技能训练题

技能训练一

【目的】练习在产品加工率的计算。

【资料】海东公司2025年3月生产的甲产品经过三道生产工序，各工序单位产品工时定额及在产品数量见表7-25，各工序在产品加工程度按50%平均计算。

表7-25　工时定额及在产品数量

工　序	工时定额（小时）	各工序在产品数量（件）
1	32	250
2	40	360
3	28	160
合　计	100	770

【要求】计算各工序的加工率和约当产量，并编制各工序加工率和约当产量计算表（见表7-26）。

表7-26　各工序加工率和约当产量计算表

工　序	工时定额（小时）	加工率（%）	在产品数量（件）	约当产量（件）
1				
2				
3				
合　计				

技能训练二

【目的】练习生产费用在完工产品和月末在产品之间的分配。

【资料】海东公司2025年3月生产乙产品，有关月初在产品成本和本月生产费用情况见表7-27。

表7-27　　月初在产品成本和本月生产费用　　单位：元

项　目	直接材料	燃料和动力	直接人工	制造费用	合　计
月初在产品成本	4 680	230	970	600	6 480
本月发生的生产费用	43 460	3 170	5 880	2 300	54 810

其他资料如下：

（1）乙产品本月完工80件，月末在产品20件，原材料在生产开始时一次性投入，在产品加工程度为50%。

（2）乙产品月末在产品单位定额成本为：直接材料470元，燃料和动力20元，直接人工42元，制造费用18元。

（3）乙产品完工产品单位定额成本为：直接材料470元，燃料和动力36元，直接人工70元，制造费用31元。

【要求】根据上列资料，按照以下几种分配方法计算乙产品完工产品成本和月末在产品成本：

（1）按约当产量法分配计算，填表7-28。

（2）在产品按定额成本计价法分配计算，填表7-29。

（3）按定额比例法分配计算，填表7-30。

（4）在产品按年初固定成本计算法分配计算，填表7-31。

（5）在产品按所耗直接材料成本计价法分配计算（材料费用采用约当产量法分配），填表7-32。

表7-28　　成本计算单（约当产量法）

产品名称：乙产品　　2025年3月　　金额单位：元

摘　要	直接材料	燃料和动力	直接人工	制造费用	合　计
月初在产品成本					
本月发生的生产费用					
生产费用合计					
约当产量					
分配率					
完工产品成本（80件）					
月末在产品成本（20件）					

表 7-29 成本计算单（在产品按定额成本计价法）

产品名称：乙产品 2025年3月 金额单位：元

摘　要	直接材料	燃料和动力	直接人工	制造费用	合　计
月初在产品成本					
本月发生的生产费用					
生产费用合计					
完工产品成本（80件）					
月末在产品成本（20件）					

表 7-30 成本计算单（定额比例法）

产品名称：乙产品 2025年3月 金额单位：元

摘　要	直接材料	燃料和动力	直接人工	制造费用	合　计
月初在产品成本					
本月发生的生产费用					
实际成本合计					
完工产品的定额成本					
期末在产品的定额成本					
定额成本合计					
分配率					
完工产品实际成本（80件）					
期末在产品实际成本（20件）					

表 7-31 成本计算单（在产品按年初固定成本计算法）

产品名称：乙产品 2025年3月 金额单位：元

摘　要	直接材料	燃料和动力	直接人工	制造费用	合　计
月初在产品成本					
本月发生的生产费用					
生产费用合计					
完工产品成本（80件）					
月末在产品成本（20件）					

表 7-32　　乙产品成本计算单（在产品按所耗直接材料成本计价法）

产品名称：乙产品　　2025年3月　　金额单位：元

摘　要	直接材料	燃料和动力	直接人工	制造费用	合　计
月初在产品成本					
本月发生的生产费用					
生产费用合计					
约当产量					
分配率					
完工产品成本（80件）					
月末在产品成本（20件）					

项目八　计算产品成本的基本方法

学习目标

素养目标

1. 树立成本价值意识，培养经济效益观念；
2. 树立成本动因意识，培养源头治理思维。

知识目标

1. 理解生产类型和管理要求对成本计算方法的影响；
2. 理解品种法的特点、计算程序及适用范围；
3. 理解分批法的特点、计算程序及适用范围；
4. 理解分步法的特点、计算程序及适用范围。

能力目标

1. 能运用品种法进行成本核算；
2. 能运用分批法进行成本核算；
3. 能运用分步法进行成本核算。

思维导图

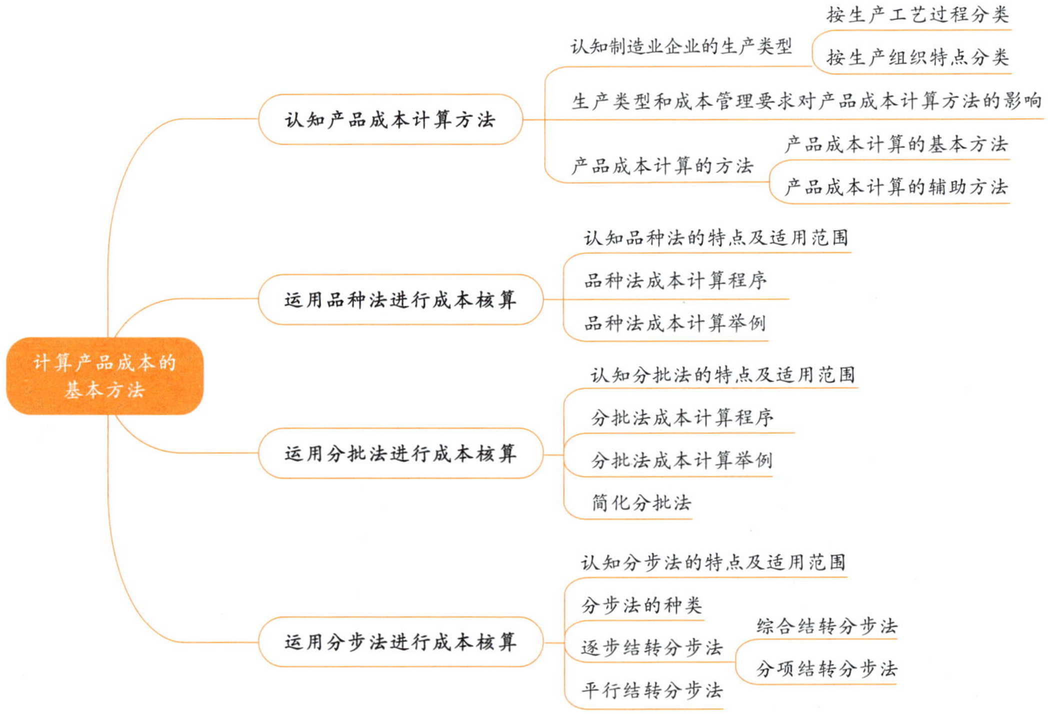

课前导入

海尔集团是一家全球领先的美好生活和数字化转型解决方案服务商。20世纪90年代，海尔四川地区的售后接到很多用户投诉，反映洗衣机质量不好，排水管总是堵塞。海尔经过了解，发现当地农民普遍种植土豆，很多农户用洗衣机来洗土豆，于是就出现了堵塞排水管的情况。

海尔的负责人立即组织市场调研，发现使用洗衣机洗土豆居然并非“个例”，于是组织研发部门立项，推出了一个全新系列的产品，特点就是电机功率大、排水管足够粗，这使得海尔一脚踏上了“无所不洗”的道路，先后研发出适合高原地区使用的能够打酥油的洗衣机，能够洗荞麦枕头的洗衣机等。时至今日，那些“无所不洗”的洗衣机已经渐渐淡出市场，但是海尔的“用户思维”却值得所有职场人仔细思考。

针对海尔这种定制化、批量化的生产特点和组织方式，企业应该如何进行成本核算呢？

任务一　认知产品成本计算方法

微课

产品成本计算方法

在前几个项目的学习过程中，我们完成了生产费用在各种产品之间的横向分配以及在每种产品的完工产品和在产品之间的纵向分配，最终将属于完工产品的成本从生产车间转至仓库。但在实际工作中，成本计算的具体方法往往要兼顾企业客观生产状况和企业管理者对成本信息的主观要求这两个方面。因此，在研究产品成本计算方法之前，应该先了解制造业企业的生产类型和成本管理要求对产品成本计算的影响。只有根据不同企业的生产类型和成本管理要求选择不同的成本计算方法，才能正确计算产品成本。

1.1　认知制造业企业的生产类型

生产类型是对企业生产结构类型的简称，是产品的品种、产量以及生产专业化程度在企业生产过程中的综合表现，是企业客观存在的现实状况。不同的生产类型所对应的生产系统结构及其运行机制是不同的，相应的成本计算方法也不相同。也就是说，有什么样的生产就应该配以什么样的成本计算方法。按照工业生产的一般特点，可进行如下分类：

1）按生产工艺过程分类

生产工艺过程，是指产品生产从原材料投入到加工完成的整个过程。制造业企业的生产按照生产工艺过程是否可以间断分为单步骤生产和多步骤生产两种类型。

单步骤生产又称简单生产，是指生产工艺过程不能间断（不可能或不需要划分为几个生产步骤），或者不便于分散在几个不同工作地点进行的生产，如发电、采掘等生产工艺。

多步骤生产又称复杂生产，是指生产工艺过程可以间断，可以分散在不同地点、不同时间进行的生产。多步骤生产往往由若干个生产步骤组成，可以由一个企业或几个企业协作进行，如纺织、机械、服装等生产工艺。

多步骤生产按产品的加工方式不同，可进一步划分为连续式多步骤生产和装配式多步骤生产两类。连续式多步骤生产，是指原材料投入生产后，依次经过各个生产步骤的连续加工，到最后加工步骤结束才能生产出产成品。例如，服装企业生产工艺往往包括材料进厂检验、排料、裁剪、缝制、锁眼、钉扣、整烫、成衣检验、包装入库等工序。装配式多步骤生产又称平行式生产，是指先将原材料在不同的车间分别加工为各种零、部件，再将零、部件装配为产成品的生产。例如，汽车制造企业生产工艺往往包括冲压、焊装、涂装、总装等工序。

2）按生产组织特点分类

生产组织特点，是指企业产品生产的专业化程度，即一定时期内产品生产的重复性。制造业企业的生产按照其生产组织特点可以分为大量生产、成批生产和单件生产三种类型。

大量生产，是指不断重复生产品种和规格相同的产品的生产模式。它的特点是生产比较稳定，产品品种较少，专业化程度较高，如发电、冶金、酿酒等企业的产品生产。

成批生产，是指按照预先确定的产品批别和数量，成批地重复生产某些种类的产品的生产模式。成批生产按照批量的大小可以进一步划分为大批生产和小批生产。大批生产的产品数量较大，通常在一段时期内连续不断地生产，其性质接近于大量生产，如服装、食品等企业的生产。小批生产的产品数量较少，一批产品一般可以同时完工，其性质接近于单件生产，如电梯生产企业的产品生产。

单件生产，是指根据订货单位的要求，生产个别性质特殊的单件产品的生产模式。它的特点是产品的品种规格多变，生产很少重复，如造船、重型机器制造等企业的产品生产。

制造业企业的生产类型如图8-1所示。

- 制造业企业生产类型
  - 按生产工艺过程划分
    - 单步骤生产（简单生产）
    - 多步骤生产（复杂生产）
      - 连续式多步骤生产
      - 装配式多步骤生产
  - 按组织特点生产划分
    - 大量生产
    - 成批生产
      - 大批生产
      - 小批生产
    - 单件生产

图8-1　制造业企业生产类型图

1.2　生产类型和成本管理要求对产品成本计算方法的影响

产品成本计算方法就是将一定时期内发生的生产费用落实到各个成本计算对象上，以求得各成本计算对象总成本的方法。企业的生产类型和管理者对成本管理的要求对产品成本计算方法的确定具有决定性的作用，主要表现在三个方面：❶成本计算对象的确定；❷成本计算期的确定；❸生产费用是否需要在完工产品和在产品之间进行分配。

1）生产类型对产品成本计算方法的影响

（1）对成本计算对象的影响

成本计算对象，是指企业为计算产品成本而确定的归集和分配生产费用的各个对

象，即生产费用的承担者。

成本计算对象主要取决于企业的生产类型。一般来说，在大量大批单步骤的生产中，由于大量重复生产同类产品，且中间不可能或不需要划分为几个生产步骤来计算产品成本，因而只能以产品品种作为成本计算对象。在大量大批多步骤生产中，由于生产工艺过程由若干个可以间断的、分散在不同地点进行的生产步骤组成，生产费用完全可以按产品的生产步骤归集，因而可以把生产步骤作为成本计算对象。在小批单件的生产中，由于产品往往是以客户订单或批别组织生产，因而可以以产品的批别作为成本计算对象。

（2）对成本计算期的影响

成本计算期，是指每次计算产品成本的期间，即多长时间计算一次成本。

一般来说，在大量大批生产情况下，由于产品生产不间断地进行，在会计分期原则下，只能按月定期计算产品成本以满足分期计算损益的需要，即表现为成本计算期与会计报告期一致。在小批单件生产情况下，由于产品生产周期长，往往只能在某批产品或某件产品完工以后才能计算产品成本，所以比较适合按照各批产品的生产周期计算产品成本，即表现为成本计算期与产品的生产周期一致。

需要指出的是，不管成本计算期与会计报告期是否一致，企业均要按月归集本月发生的生产费用。

（3）对生产费用是否需要在完工产品和在产品之间进行分配的影响

生产费用是否需要在完工产品和在产品之间进行分配，主要取决于企业产品的月末状态。

一般来说，在大量大批生产情况下，由于成本计算期与会计报告期一致，而与产品的生产周期不一致，每月月末往往会出现完工产品和在产品并存的局面，因此需要在完工产品和在产品之间进行生产费用的分配。在小批单件生产情况下，由于成本计算期与生产周期一致，什么时候产品完工，什么时候才计算产品成本，所以一般不需要在完工产品和在产品之间进行生产费用的分配。

2）成本管理要求对成本计算方法的影响

成本计算方法除了受企业生产类型的影响外，还应结合企业成本管理的要求，进而选择适合于本企业的成本计算方法。成本管理要求对成本计算方法的影响主要体现在成本计算对象的确定方面。

一般来说，在单步骤生产情况下，由于生产工艺过程不能间断，生产步骤单一，管理上不可能分步骤计算产品成本，所以可以以产品品种作为成本计算对象。在多步骤生产情况下，由于生产工艺过程可以划分为若干个步骤，每一个步骤都有半成品，管理上往往需要掌握各步骤半成品的成本情况，所以可以以产品生产步骤作为成本计算对象。

1.3 产品成本计算的方法

通过以上分析我们可以看出，企业的生产类型和管理者对成本管理的要求对产品成本计算方法的影响体现在成本计算对象的确定、成本计算期的确定以及生产费用是否需要在完工产品和在产品之间进行分配这三个方面。在这三个方面中，成本计算对象的确定是决定成本计算方法的主要因素，其他两个方面在很大程度上是由成本计算对象的特点所决定和制约的。这说明成本计算对象是成本计算的核心，也是区别不同成本计算方法的最主要的标志。

1）产品成本计算的基本方法

成本计算对象不外乎产品品种、产品批别和产品生产步骤，因而产品成本计算的基本方法就有品种法、分批法和分步法三种。

以产品的品种作为成本计算对象的成本计算方法称为品种法；以产品的批别作为成本计算对象的成本计算方法称为分批法；以产品的生产步骤作为成本计算对象的成本计算方法称为分步法。

成本计算的基本方法的具体适用情形见表8-1。

表8-1　成本计算基本方法的具体适用情形

成本计算方法	成本计算对象	生产类型		管理要求
		生产组织特点	生产工艺过程	
品种法	产品品种	大量大批生产	单步骤生产	
			多步骤生产	不要求分步骤计算成本
分批法	产品批别	小批单件生产	单步骤生产	
			多步骤生产	不要求分步骤计算成本
分步法	生产步骤	大量大批生产	多步骤生产	要求分步骤计算成本

2）产品成本计算的辅助方法

在实际工作中，除了以上三种成本计算的基本方法外，有些企业出于不同的需要，还广泛采用成本计算的一些辅助方法。比如为了简化成本计算而采用分类法，或者为了加强成本管理而采用定额法等。分类法是以产品的类别作为成本计算对象的成本计算方法。定额法是以产品的定额为基础，加上（或减去）脱离定额差异、材料成本差异和定额变动差异来计算产品成本的一种方法。分类法和定额法与生产特点没有直接关系，不论哪种类型的生产，只要具备一定的条件，都可以采用。

需要指出的是，这些辅助方法一般应与某种基本方法结合使用，不能单独使用。而且无论采用何种计算方法，企业最终都必须按照产品的品种计算出产品成本。因此，品种法是所有成本计算方法中最基本的一种方法。

课堂讨论

有人说，企业进行成本计算只能用一种成本计算方法。你怎么看？

提示：一般情况下，企业根据其生产类型和管理要求，可以在品种法、分批法和分步法中选择一种最适合企业的成本计算方法。从这个角度来说，企业进行成本核算确实只需要使用一种成本计算方法。但在实际工作中，企业为了实现某些核算目的，也可以将成本核算的基本方法和辅助方法组合使用。比如某些企业将品种法和分类法结合使用，既可以实现按产品品种计算产品成本的目的，也可以借助分类法简化核算；再如某些企业将品种法和定额法结合使用，既可以按产品品种计算成本，也可以借助定额法加强生产费用和产品成本的定额管理。

任务二　运用品种法进行成本核算

2.1　认知品种法的特点及适用范围

品种法，是指以产品品种作为成本计算对象，归集和分配生产费用，计算产品成本的一种方法。品种法是成本计算方法中最基本的方法，其他方法都是以品种法为基础发展起来的。

微课

成本计算的品种法

品种法主要适用于大量大批单步骤生产的企业或车间，如发电、供水等企业；同时也适用于大量大批多步骤生产，但管理上不需要分步骤计算产品成本的企业或车间，如小型水泥加工厂、企业内部辅助生产车间提供的劳务和产品等。

品种法的特点体现在以下三个方面：

1）成本计算对象是产品品种

如果企业只生产一种产品，则当期归集的全部生产费用都由其承担并纳入该产品成本；如果企业同时生产多种产品，则需要采用适当的方法将生产费用在各种产品之间进行分配。

2）成本计算期与会计报告期一致

在大量大批生产企业中，由于产品随时投产、随时完工、没有间断，所以不可能在产品完工时才进行成本计算。为了定期反映生产费用，必须在每月月末计算当月的产品成本。

3）月末根据产品的生产状态选择是否需要在完工产品和在产品之间进行生产费用的分配

如果月末没有在产品或在产品数量很少，可以将当期归集的生产费用全部作为完工产品的成本；如果月末有在产品且数量、金额不可以忽略，就需要将生产费用在完工产品和在产品之间进行分配。

2.2　品种法成本计算程序

品种法是产品成本计算方法中最基本的一种，它的计算过程体现着成本核算的一般程序，也体现着产品成本计算的基本原理。品种法的成本计算程序如下：

❶ 按照产品品种开设生产成本明细账，并按成本项目设置专栏。

❷ 根据各项生产费用发生的原始凭证编制费用分配表并分配各项要素费用，编制记账凭证并登记各种费用成本明细账。

❸ 根据辅助生产成本明细账编制辅助生产成本分配表，在受益部门之间分配辅助生产成本，编制记账凭证并登记有关费用成本明细账。

❹ 根据基本生产车间制造费用明细账编制制造费用分配表，将制造费用在本车间生产的各种产品之间进行分配，编制记账凭证并登记各种产品成本明细账。

❺ 根据各产品成本明细账所归集的全部生产费用，将其在所属的完工产品与在产品之间进行分配，计算各种完工产品的总成本和单位成本。

❻ 编制产成品的成本汇总表，结转产成品成本。

2.3　品种法成本计算举例

【例 8-1】鸿宇公司单步骤大量生产甲、乙两种产品，并采用品种法进行成本计算。该公司设有一个基本生产车间、一个辅助生产车间（该辅助生产车间为运输车间，负责为企业内部各部门提供运输劳务）。由于辅助生产车间规模较小，不再单独为其核算制造费用。

分析：按照产品品种开设生产成本明细账，并按成本项目设置专栏。

根据上述情况，生产部门需要开设的账户见表8-2。

表8-2 生产部门账户开设一览表

生产部门	会计账户
基本生产车间	生产成本——基本生产成本——甲产品 生产成本——基本生产成本——乙产品 制造费用
辅助生产车间	生产成本——辅助生产成本——运输车间

其中，甲产品和乙产品的成本明细账内应开设“直接材料”“直接人工”“制造费用”等成本项目专栏；制造费用和辅助生产成本明细账内则应根据业务需要设置“材料费”“职工薪酬”“折旧费”“其他”等费用项目专栏。

鸿宇公司2025年3月份有关成本计算资料如下：

（1）月初在产品数量及成本见表8-3。

表8-3 月初在产品数量及成本 金额单位：元

产品名称	数量（件）	直接材料	直接人工	制造费用	合计
甲产品	50	10 000	4 080	6 186	20 266
乙产品	70	9 100	7 030	3 034	19 164

（2）本月投产及完工情况：本月甲产品投产700件，乙产品投产580件。月末，甲产品有450件完工，300件在产品；650件乙产品全部完工。甲、乙两种产品的原材料都在生产开始时一次性投入，加工费用发生比较均衡，月末在产品完工程度均为50%。

（3）本月生产费用：本月发生的生产费用（包括材料费用、职工薪酬、折旧费用及其他费用）资料见表8-4至表8-7。

表8-4 发出材料汇总表

2025年3月31日 单位：元

领料部门和用途	原料及主要材料	辅助材料	其他材料	合计
甲产品耗用	130 000	10 000		140 000
乙产品耗用	65 400	10 000		75 400
基本生产车间一般耗用	4 000		2 000	6 000
运输车间耗用			1 000	1 000
厂部管理部门耗用			2 000	2 000
合计	199 400	20 000	5 000	224 400

表 8-5

职工薪酬汇总表

2025年3月31日　　单位：元

部　门	应付职工薪酬
基本生产车间	
产品生产工人	158 200
车间管理人员	10 000
运输车间人员	7 000
厂部管理部门人员	20 000
合　计	195 200

表 8-6

折旧费用表

2025年3月31日　　单位：元

部　门	折旧费
基本生产车间	20 000
运输车间	5 000
厂部管理部门	10 000
合　计	35 000

表 8-7

其他费用表

2025年3月31日　　单位：元

部　门	其　他
基本生产车间	13 000
运输车间	2 600
厂部管理部门	36 000
合　计	51 600

（4）工时记录：甲产品耗用工时12 000小时，乙产品耗用工时8 000小时。基本生产车间的生产工人薪酬和制造费用均按工时比例在甲、乙两种产品之间进行分配。

（5）辅助生产车间生产情况（见表8-8）。

表 8-8

辅助生产产品及劳务供应量

2025年3月31日

受益部门	运输车间（千米）
基本生产车间	700
厂部管理部门	300
合　计	1 000

分析：根据各项生产费用发生的原始凭证编制费用分配表并分配各项要素费用，编制记账凭证并登记各种费用成本明细账。

（1）分配材料费用，见表8-9。

表 8-9 材料费用分配表

2025年3月31日 单位：元

部门和用途	应借科目			原料及主要材料	辅助材料	其他材料	合计
	总账科目	明细科目	成本项目（或费用项目）				
甲产品耗用	生产成本	基本生产成本——甲产品	直接材料	130 000	10 000		140 000
乙产品耗用	生产成本	基本生产成本——乙产品	直接材料	65 400	10 000		75 400
基本生产车间一般耗用	制造费用		材料费	4 000		2 000	6 000
运输车间耗用	生产成本	辅助生产成本——运输车间	材料费			1 000	1 000
厂部管理部门耗用	管理费用		材料费			2 000	2 000
合计				199 400	20 000	5 000	224 400

根据材料费用分配表，编制会计分录如下：

借：生产成本——基本生产成本——甲产品（直接材料） 140 000
——乙产品（直接材料） 75 400
制造费用——材料费 6 000
生产成本——辅助生产成本——运输车间（材料费） 1 000
管理费用——材料费 2 000
贷：原材料——原料及主要材料 199 400
——辅助材料 20 000
——其他材料 5 000

（2）分配职工薪酬，见表8-10。

表 8-10 职工薪酬费用分配表

2025年3月31日 金额单位：元

部门及人员类别	应借科目			分配标准（生产工时）	分配率	应分配金额	应付职工薪酬
	总账科目	明细科目	成本项目（或费用项目）				
基本生产车间生产工人	生产成本	基本生产成本——甲产品	直接人工	12 000		94 920	94 920
	生产成本	基本生产成本——乙产品	直接人工	8 000		63 280	63 280
	小计			20 000	7.91	158 200	
基本生产车间管理人员	制造费用		职工薪酬				10 000
运输车间人员	生产成本	辅助生产成本——运输车间	职工薪酬				7 000
厂部管理部门人员	管理费用		职工薪酬				20 000
合计							195 200

$$生产工人薪酬分配率=\frac{158\ 200}{12\ 000+8\ 000}=7.91（元/小时）$$

甲产品应分摊的职工薪酬费用=12 000×7.91=94 920（元）

乙产品应分摊的职工薪酬费用=8 000×7.91=63 280（元）

根据职工薪酬费用分配表，编制会计分录如下：

借：生产成本——基本生产成本——甲产品（直接人工） 94 920
　　　　　　　　　　　　　——乙产品（直接人工） 63 280
　　制造费用——职工薪酬 10 000
　　生产成本——辅助生产成本——运输车间（职工薪酬） 7 000
　　管理费用——职工薪酬 20 000
　贷：应付职工薪酬 195 200

（3）分配折旧费，见表8-11。

表8-11 折旧费用分配表

2025年3月31日　　单位：元

部门	应借科目			折旧费
	总账科目	明细科目	成本项目（或费用项目）	
基本生产车间	制造费用		折旧费	20 000
运输车间	生产成本	辅助生产成本——运输车间	折旧费	5 000
厂部管理部门	管理费用		折旧费	10 000
合计				35 000

根据折旧费用分配表，编制会计分录如下：

借：制造费用——折旧费 20 000
　　生产成本——辅助生产成本——运输车间（折旧费） 5 000
　　管理费用——折旧费 10 000
　贷：累计折旧 35 000

（4）分配其他费用，见表8-12。

表8-12 其他费用分配表

2025年3月31日　　单位：元

部门	应借科目			金额
	总账科目	明细科目	成本项目（或费用项目）	
基本生产车间	制造费用		其他	13 000
运输车间	生产成本	辅助生产成本——运输车间	其他	2 600
厂部管理部门	管理费用		其他	36 000
	合计			51 600

根据其他费用分配表，编制会计分录如下：

借：制造费用——其他　13 000
　　生产成本——辅助生产成本——运输车间（其他）　2 600
　　管理费用——其他　36 000
　贷：银行存款　51 600

分析：根据辅助生产成本明细账编制辅助生产成本分配表，在受益部门之间分配辅助生产成本，编制记账凭证并登记有关费用成本明细账。

（5）登记辅助生产成本明细账，见表8-13；分配辅助生产成本，见表8-14。

表 8-13　辅助生产成本明细账

车间名称：运输车间　　单位：元

2025年		摘　要	材料费	职工薪酬	折旧费	其他	合　计
月	日						
3	31	根据材料费用分配表（见表8-9）	1 000				1 000
	31	根据职工薪酬费用分配表（见表8-10）		7 000			7 000
	31	根据折旧费用分配表（见表8-11）			5 000		5 000
	31	根据其他费用分配表（见表8-12）				2 600	2 600
	31	本月发生额合计	1 000	7 000	5 000	2 600	15 600
	31	分配给各受益部门	−1 000	−7 000	−5 000	−2 600	−15 600

表 8-14　辅助生产成本分配表

2025年3月31日　　金额单位：元

受益部门	应借科目			辅助生产成本		
	总账科目	明细科目	成本项目（或费用项目）	数量（千米）	分配率	金额
基本生产车间	制造费用		运输费	700		10 920
厂部管理部门	管理费用		运输费	300		4 680
	合　计			1 000	15.6	15 600

根据辅助生产成本分配表，编制会计分录如下：

借：制造费用——运输费　10 920
　　管理费用——运输费　4 680
　贷：生产成本——辅助生产成本——运输车间　15 600

分析：根据基本生产车间制造费用明细账编制制造费用分配表，将制造费用在本车间生产的各种产品之间进行分配，编制记账凭证并登记各种产品成本明细账。

（6）登记制造费用明细账，见表8-15；分配制造费用，见表8-16。

表 8-15　　制造费用明细账　　单位：元

2025年		摘　要	材料费	职工薪酬	折旧费	运输费	其　他	合　计
月	日							
3	31	根据材料费用分配表（见表8-9）	6 000					6 000
	31	根据职工薪酬费用分配表（见表8-10）		10 000				10 000
	31	根据折旧费用分配表（见表8-11）			20 000			20 000
	31	根据其他费用分配表（见表8-12）					13 000	13 000
	31	根据辅助生产成本分配表（见表8-14）				10 920		10 920
	31	本月发生额合计	6 000	10 000	20 000	10 920	13 000	59 920
	31	分配制造费用	-6 000	-10 000	-20 000	-10 920	-13 000	-59 920

表 8-16　　制造费用分配表

2025年3月31日　　金额单位：元

应借科目			分配标准（生产工时）	分配率	应分配金额
总账科目	明细科目	成本项目（或费用项目）			
生产成本	基本生产成本——甲产品	制造费用	12 000		35 952
生产成本	基本生产成本——乙产品	制造费用	8 000		23 968
合　计			20 000	2.996	59 920

制造费用分配率 $=\dfrac{59\ 920}{12\ 000+8\ 000}=2.996$（元/小时）

甲产品应分摊的制造费用 $=12\ 000\times2.996=35\ 952$（元）

乙产品应分摊的制造费用 $=8\ 000\times2.996=23\ 968$（元）

根据制造费用分配表，编制会计分录如下：

借：生产成本——基本生产成本——甲产品（制造费用）　35 952

　　　　　　　　　　　　　——乙产品（制造费用）　23 968

　贷：制造费用　59 920

分析：根据各产品成本明细账所归集的全部生产费用，将其在所属的完工产品与在产品之间进行分配，计算各种完工产品的总成本和单位成本。

（7）登记甲、乙产品的生产成本明细账，见表8-17和表8-18。

表 8-17　　生产成本明细账（一）　　产成品：450件

产品名称：甲产品　　计量单位：件　　金额单位：元　　在产品：300件

2025年 月	日	摘要	直接材料	直接人工	制造费用	合计
3	1	月初在产品成本（见表8-3）	10 000	4 080	6 186	20 266
3	31	根据材料费用分配表（见表8-9）	140 000			140 000
	31	根据职工薪酬费用分配表（见表8-10）		94 920		94 920
	31	根据制造费用分配表（见表8-16）			35 952	35 952
	31	本月生产费用合计	150 000	99 000	42 138	291 138
	31	约当产量	750	600	600	
	31	完工产品单位成本	200	165	70.23	435.23
	31	结转完工产品总成本	-90 000	-74 250	-31 603.50	-195 853.50
	31	月末在产品成本	60 000	24 750	10 534.50	95 284.50

表 8-18　　生产成本明细账（二）　　产成品：650件

产品名称：乙产品　　计量单位：件　　金额单位：元　　在产品：0 件

2025年 月	日	摘要	直接材料	直接人工	制造费用	合计
3	1	月初在产品成本（见表8-3）	9 100	7 030	3 034	19 164
3	31	根据材料费用分配表（见表8-9）	75 400			75 400
	31	根据职工薪酬费用分配表（见表8-10）		63 280		63 280
	31	根据制造费用分配表（见表8-16）			23 968	23 968
	31	本月生产费用合计	84 500	70 310	27 002	181 812
	31	完工产品单位成本	130	108.17	41.54	279.71
	31	结转完工产品总成本	-84 500	-70 310	-27 002	-181 812

用于计算直接材料成本项目的约当产量=450+300=750（件）

用于计算直接人工、制造费用成本项目的约当产量=450+300×50%=600（件）

完工产品单位成本（直接材料）=150 000÷750=200（元/件）

完工产品单位成本（直接人工）=99 000÷600=165（元/件）

完工产品单位成本（制造费用）=42 138÷600=70.23（元/件）

完工产品单位成本=200+165+70.23=435.23（元/件）

完工产品总成本=435.23×450=195 853.50（元）

分析：编制产成品的成本汇总表，结转产成品成本。

（8）编制完工产品成本汇总表，见表8-19。

表8-19　　完工产品成本汇总表

2025年3月31日　　单位：元

成本项目	甲产品（产量450件）		乙产品（产量650件）	
	总成本	单位成本	总成本	单位成本
直接材料	90 000	200	84 500	130
直接人工	74 250	165	70 310	108.17
制造费用	31 603.50	70.23	27 002	41.54
合　计	195 853.50	435.23	181 812	279.71

根据完工产品成本汇总表，结转完工产品成本，编制会计分录如下：

借：库存商品——甲产品　　195 853.50
　　　　　　——乙产品　　181 812
　贷：生产成本——基本生产成本——甲产品　　195 853.50
　　　　　　　　　　　　　　　——乙产品　　181 812

（9）登记管理费用明细账，见表8-20。

表8-20　　管理费用明细账　　单位：元

2025年		摘　要	材料费	职工薪酬	折旧费	运输费	其　他	合　计
月	日							
3	31	根据材料费用分配表（见表8-9）	2 000					2 000
	31	根据职工薪酬费用分配表（见表8-10）		20 000				20 000
	31	根据折旧费用分配表（见表8-11）			10 000			10 000
	31	根据其他费用分配表（见表8-12）					36 000	36 000
	31	根据辅助生产成本分配表（见表8-14）				4 680		4 680
	31	本月发生额合计	2 000	20 000	10 000	4 680	36 000	72 680
	31	结转管理费用	-2 000	-20 000	-10 000	-4 680	-36 000	-72 680

期末，将本月“管理费用”账户归集的管理费用总额转入“本年利润”账户，编制会计分录如下：

借：本年利润　　72 680
　贷：管理费用　　72 680

经验总结

细心的同学观察一下就会发现，在本任务进行的品种法核算过程中，并没有任何新的知识内容，仅仅是将教材前面关于要素费用归集和分配、辅助生产成本归集和分配、制造费用归集和分配、生产费用在完工产品和在产品之间分配等内容进行了整合。在核算过程中，一要理清各会计账户之间的关系，注意核算的基本程序；二要理解成本会计工作的大局观，在进行费用分配时，往往待分配的金额结果已经确定，成本会计只是需要将其尽可能地合理分配，而不能改变其结果本身。

任务三 运用分批法进行成本核算

3.1 认知分批法的特点及适用范围

微课

成本计算的分批法

分批法，是指以产品的批别作为成本计算对象，归集和分配生产费用，计算产品成本的一种方法。分批法往往以客户订单为依据，按产品品种、批次组织生产，所以分批法也称为订单法。

分批法主要适用于小批单件生产的企业，以及管理上不要求分步骤计算成本的多步骤生产，如根据购买者的订单生产的企业、产品种类经常变动的小型企业、专门承揽修理业务的企业、从事新产品试制的生产企业等，具体如重型机器制造、船舶制造、家具制造、精密工具仪器制造，以及服装、印刷及修理作业等。

分批法的特点体现在以下三个方面：

1）成本计算对象是产品批别

分批法下企业往往以客户的订单组织生产，进而以批别开设成本明细账进行成本计算。**但需要指出的是，客户订单与产品批别并非同一个概念。**如果一张客户订单中含有多种产品且数量较大，为了便于组织生产管理，可以把大订单按产品品种拆分为多个批别分别组织生产并核算。如果在同一时期收到多个客户要求生成同种产品的订单，也可以将这些小订单整合成一个批别组织生产并核算。在上述情况中，分批法的成本计算对象就不直接体现为客户订单，而是由企业生产计划部门根据订单实际情况重新整合后下达的“生产任务通知单”。通知单上有相应的编号，称为产品批号或生产令号。会计部门根据产品批号或生产令号开设成本明细账，对于能明确各批次产品归属的生产费用直接计入，对于不能明确各批次产品归属的生产费用则采用合理的分配标准在各批次之间分配计入。

2）成本计算期与产品的生产周期一致

由于分批法以产品的批别作为成本计算对象，而一批产品只有在全部完工后才能将生产费用归集完整，所以，分批法下的成本计算期与产品的生产周期一致，与会计报告期不一致。

3）月末一般不需要在完工产品和在产品之间进行生产费用的分配

分批法主要适用于小批单件生产的企业。对于单件生产的情况，成本计算期与产品的生产周期完全一致，月末所生产的产品或者处于未完工状态，或者处于已完工状态，不存在完工产品与在产品之间费用分配的问题。对于小批生产的情况，由于产品批量较小，批内产品一般都能同时完工，或全部完工的间隔时间不长，所以月末计算成本时，一般也不存在完工产品与在产品之间费用分配的问题。但是，如果批内产品有跨月陆续完工的情况，且完工产品已经交货或销售时，月末应将产品成本明细账中所归集的生产费用在完工产品与月末在产品之间进行分配，并且结转完工产品的生产成本。

3.2 分批法成本计算程序

分批法的成本计算程序与品种法基本相同，只是产品生产成本明细账的设置和完工产品成本计算期有所区别。分批法的成本计算程序如下：

❶ 按照产品批别开设生产成本明细账，并按成本项目设置专栏。

❷ 根据各项生产费用发生的原始凭证编制费用分配表并分配各项要素费用，编制记账凭证并登记各种费用成本明细账。对于直接计入费用，应按产品批别直接记入各个批别的产品成本明细账；对于间接计入费用，应按生产地点进行归集，并按适当的方法分配记入各个批别的产品成本明细账。

❸ 月末根据各个批别产品的完工情况分别进行计算：如果月末该批产品没有完工，则该批产品成本明细账上累计的生产费用就是该批在产品成本；如果该批产品全部完工，则该批产品成本明细账上累计的生产费用就是该批产成品成本；如果该批产品出现跨月陆续完工的情况，则需要采用一定的方法将产品生产成本明细账中的全部生产费用在完工产品与在产品之间进行分配，并计算出完工产品和月末在产品成本。

❹ 编制产成品的成本汇总表，结转产成品成本。

3.3　分批法成本计算举例

【例 8-2】鑫宇公司设有一个基本生产车间，根据购买单位的订货要求，小批生产甲、乙、丙等产品，采用分批法进行成本核算。该公司 2025 年 3 月份各批产品资料如下：

#109 批号：甲产品 10 件，2 月份投产，3 月全部完工；

#210 批号：乙产品 10 件，3 月份投产，3 月全部未完工；

#310 批号：丙产品 15 件，3 月份投产，3 月 4 件完工并已销售。

#310 批号丙产品完工产品定额成本为 1 600 元/件，其中，直接材料 880 元/件，直接人工 500 元/件，制造费用 220 元/件。

分析：按照产品批别开设生产成本明细账，并按成本项目设置专栏。

根据上述情况，生产部门需要开设的账户见表 8-21。

表 8-21　**生产部门账户开设一览表**

生产部门	会计账户
基本生产车间	生产成本——基本生产成本——#109 生产成本——基本生产成本——#210 生产成本——基本生产成本——#310 制造费用

其中，各批别产品成本明细账内应开设“直接材料”“直接人工”“制造费用”等成本项目专栏；制造费用明细账内则应根据业务需要设置“材料费”“职工薪酬”“折旧费”等费用项目专栏。

鑫宇公司 2025 年 3 月份有关成本计算资料如下：

（1）月初在产品成本见表 8-22。

表 8-22　**月初在产品成本表**　单位：元

产品批号	直接材料	直接人工	制造费用	合　计
#109	58 600	26 000	4 000	88 600

（2）根据各种费用分配表，汇总各批产品本月发生的生产费用，见表8-23。

表 8-23 生产费用汇总表 单位：元

产品批号	直接材料	直接人工	制造费用	合　计
#109	2 000	8 000	1 200	11 200
#210	5 000	24 000	2 000	31 000
#310	36 000	19 500	1 700	57 200

分析：根据本月各项生产费用发生的原始凭证编制费用分配表并分配各项要素费用，编制记账凭证并登记各种费用成本明细账。对于直接计入费用，如原材料，应按产品批别直接记入各个批别的产品成本明细账；对于间接计入费用，如制造费用，应按生产地点进行归集，并按适当的方法分配记入各个批别的产品成本明细账。

（3）登记各批别的产品成本明细账，计算完工批次产品成本，见表8-24至表8-26。

表 8-24 生产成本明细账（一） 金额单位：元

产品批号：#109　　产品名称：甲产品　　投产日期：2025年2月

批量：10件　　完工：10件　　完工日期：2025年3月

2025年		摘　要	直接材料	直接人工	制造费用	合　计
月	日					
3	1	期初余额	58 600	26 000	4 000	88 600
3	31	材料分配计算表	2 000			2 000
	31	职工薪酬费用分配表		8 000		8 000
	31	制造费用分配表			1 200	1 200
	31	本月生产费用合计	2 000	8 000	1 200	11 200
	31	生产费用累计	60 600	34 000	5 200	99 800
	31	结转完工产品总成本	-60 600	-34 000	-5 200	-99 800
	31	完工产品单位成本	6 060	3 400	520	9 980

分析：#109批次产品本月全部完工，则2月和3月两个月份的累计生产费用即为完工产品的成本。

表 8-25 生产成本明细账（二） 金额单位：元

产品批号：#210　　产品名称：乙产品　　投产日期：2025年3月

批量：10件　　完工：　　完工日期：

2025年		摘　要	直接材料	直接人工	制造费用	合　计
月	日					
3	31	材料分配计算表	5 000			5 000
	31	职工薪酬费用分配表		24 000		24 000
	31	制造费用分配表			2 000	2 000
	31	本月生产费用合计	5 000	24 000	2 000	31 000
	31	生产费用累计	5 000	24 000	2 000	31 000

分析：#210批次产品本月全部未完工，则本月归集的所有生产费用全部是月末在

产品成本，不需要计算结转完工产品成本。

表 8-26　生产成本明细账（三）　金额单位：元

产品批号：#310　产品名称：丙产品　投产日期：2025年3月

批量：15件　完工：4件　完工日期：2025年3月

2025年		摘　要	直接材料	直接人工	制造费用	合　计
月	日					
3	31	材料分配计算表	36 000			36 000
	31	职工薪酬费用分配表		19 500		19 500
	31	制造费用分配表			1 700	1 700
	31	本月生产费用合计	36 000	19 500	1 700	57 200
	31	生产费用累计	36 000	19 500	1 700	57 200
	31	完工产品单位成本（定额）	880	500	220	1 600
	31	结转完工（4件）产成品成本	−3 520	−2 000	−880	−6 400
	31	月末在产品成本	32 480	17 500	820	50 800

分析：#310批次产品本月投产，月末完工4件并已销售，需要按一定的方法计算完工产品的成本，以保证会计资料的准确性。由于完工量比较小，可以采用定额成本结转，待该批次产品全部完工后再计算该批次产品的实际总成本和单位成本。

本例中，#310批次产品完工产品成本即是根据定额成本计算得出的。

需要说明的是，如果批次内完工产品和在产品数量相当，为保证会计资料的准确性，可以采用约当产量法或定额比例法，将生产费用在完工产品和在产品之间进行分配。

分析：编制完工产品成本汇总表，结转产成品成本。

（4）编制完工产品成本汇总表，见表8-27。

表 8-27　完工产品成本汇总表

2025年3月31日　金额单位：元

成本项目		直接材料	直接人工	制造费用	合　计
#109 甲产品（产量10件）	总成本	60 600	34 000	5 200	99 800
	单位成本	6 060	3 400	520	9 980
#310 丙产品（产量4件）	总成本	3 520	2 000	880	6 400
	单位成本	880	500	220	1 600

根据完工产品成本汇总表，结转完工产品成本，编制会计分录如下：

借：库存商品——甲产品　　99 800
　　　　　——丙产品　　6 400
　贷：生产成本——基本生产成本——#109　　99 800
　　　　　　　　　　　　　——#310　　6 400

3.4 简化分批法

1）简化分批法的适用范围

在以分批法核算产品成本的企业或车间，如果当月投产的产品批数很多，而月末未完工的批数也很多，此时将各种间接费用在各批次之间按月进行分配，工作量很大且没有实际意义，因为当月该批次产品没有完工，即使把间接费用分配得很清楚也不能提供最终的完工产品成本。因此，在投产批数繁多且月末未完工批数也较多的企业或车间，可以采用简化分批法。

微课

成本计算的分批法：简化分批法

简化分批法，是指企业或车间在采用分批法的情况下，对除直接材料费用以外的各项间接费用，不是按月在各批产品之间进行分配，而是先将这些费用在基本生产成本二级账中按成本项目分别累计起来，等到产品完工时，再将其在各批完工产品之间进行分配的方法。简化分批法又称间接费用累计分批法或不分批计算在产品成本的分批法。这种方法对于减少日常成本核算工作量、提高工作效率有较大的作用。

特别提示

简化分批法不是不分批计算产品成本，只是对未完工批次采用了简化处理的方式，所以才被称为不分批计算在产品成本的分批法，注意理解这一称呼的所指。

2）简化分批法成本计算程序

简化分批法的成本计算程序如下：

❶ 按照产品批别分别开设生产成本明细账，明细账内按成本项目设置专栏，平时账内只登记直接费用（如原材料费用）和生产工时。为全部产品开设一个共用的“基本生产成本二级账”，在该账中归集反映所有批别产品在生产过程中发生的各项费用和累计生产工时。

❷ 归集和分配生产费用及生产工时。对各批别产品发生的直接费用（如原材料费用）和生产工时，分别记入该批别产品的生产成本明细账和基本生产成本二级账。对各批别共同发生的间接费用，全部记入基本生产成本二级账，暂不在各批次之间进行分配。

❸ 计算完工批次产品成本。月末，如果各批产品均未完工，则各项费用与生产工时累计数转至下月继续登记。如果本月有完工批别产品或批别内有部分完工产品，则需要根据基本生产成本二级账的累计间接费用数与累计工时数，计算各项累计间接费用分配率，并据以计算完工部分产品成本。

3）简化分批法成本计算举例

【例 8-3】浩宇公司按订货单位要求小批量组织生产，各月投产的产品批别较多，且月末存在大量未完工产品，为了简化成本计算，采用不分批计算在产品成本的分批法。该公司2025年3月份各批产品资料如下：

#0901批号：A产品10台，2月份投产，3月全部完工；

#0902批号：B产品6台，2月份投产，3月尚未完工；

#1003批号：C产品5台，3月份投产，3月尚未完工；

#1004批号：D产品8台，3月份投产，3月完工5台。

各批产品原材料在生产开始时一次性投入，月末在产品工时按定额计算，其中#1004批号D产品的月末在产品定额工时共计585小时。

分析：按照产品批别开设生产成本明细账，为全部产品开设基本生产成本二级账。

根据上述情况，生产部门需要开设的账户见表8-28。

表8-28　**生产部门账户开设一览表**

生产部门	会计账户
基本生产车间	生产成本——基本生产成本——#0901 生产成本——基本生产成本——#0902 生产成本——基本生产成本——#1003 生产成本——基本生产成本——#1004 生产成本——基本生产成本二级账 制造费用

其中，各批别产品成本明细账内除开设“直接材料”“直接人工”“制造费用”等成本项目专栏以外，还要开设“生产工时”专栏；基本生产成本二级账内应开设“直接材料”“直接人工”“制造费用”等成本项目专栏和“生产工时”专栏；制造费用明细账内则应根据业务需要设置“材料费”“职工薪酬”“折旧费”等费用项目专栏。

浩宇公司2025年3月份有关成本计算资料如下：

（1）各批产品累计生产费用和生产工时见表8-29。

表8-29　**各批产品累计生产费用和生产工时**　　金额单位：元

批　号	产品名称	期初在产品				本月发生生产费用及生产工时			
		累计工时（小时）	累计直接材料	累计直接人工	累计制造费用	生产工时（小时）	直接材料	直接人工	制造费用
#0901	A产品	2 430	6 390			690			
#0902	B产品	900	4 125			1 230			
#1003	C产品					3 750	3 480		
#1004	D产品					1 680	7 200		
合　计		3 330	10 515	3 066	4 488	7 350	10 680	9 750	7 260

分析：根据本月材料费用发生的原始凭证编制费用分配表并进行分配，编制记账凭证并登记其成本明细账。对于直接人工和制造费用，在汇总完成后暂不进行各批次产品之间的分配。需要注意的是，简化分批法下一定要把工时资料记录完整。

（2）基本生产成本二级账和各批别产品成本明细账见表8-30至表8-34。

表8-30 基本生产成本二级账 金额单位：元

2025年 月	日	摘要	直接材料	生产工时（小时）	直接人工	制造费用	合计
2	28	累计发生	10 515	3 330	3 066	4 488	18 069
3	31	本月发生	10 680	7 350	9 750	7 260	27 690
		累计发生额	21 195	10 680	12 816	11 748	45 759
		累计间接费用分配率			1.2	1.1	
		本月完工产品成本转出	-10 890	-4 215	-5 058	-4 636.5	-20 584.5
		期末在产品成本	10 305	6 465	7 758	7 111.5	25 174.5

分析：在基本生产成本二级账中，归集了截至3月末所有批次产品在生产过程中发生的各项费用和累计生产工时。

其中，全部产品累计间接费用分配率的计算如下：

直接人工累计分配率=12 816÷10 680=1.2（元/小时）

制造费用累计分配率=11 748÷10 680=1.1（元/小时）

本月完工产品直接材料=6 390+7 200÷8×5=10 890（元）

期末在产品直接材料=4 125+3 480+7 200÷8×3=10 305（元）

本月完工产品直接人工=（2 430+690+1 680-585）×1.2=4 215×1.2=5 058（元）

期末在产品直接人工=（900+1 230+3 750+585）×1.2=6 465×1.2=7 758（元）

本月完工产品制造费用=（2 430+690+1 680-585）×1.1=4 215×1.1=4 636.5（元）

期末在产品制造费用=（900+1 230+3 750+585）×1.1=6 465×1.1=7 111.5（元）

累计间接费用分配率可用于计算完工批次产品或批次内完工部分产品的间接费用。基本生产成本二级账中最后两行数据分别为各批别生产成本明细账中完工产品成本和在产品成本的合计数。

表8-31 生产成本明细账（一） 金额单位：元

产品批号：#0901 产品名称：A产品 投产日期：2025年2月

批量：10台 完工：10台 完工日期：2025年3月

2025年 月	日	摘要	直接材料	生产工时（小时）	直接人工	制造费用	合计
2	28	累计发生	6 390	2 430			
3	31	本月发生		690			
	31	累计数及累计间接费用分配率	6 390	3 120	1.2	1.1	
	31	本月完工产品成本转出	-6 390		-3 744	-3 432	-13 566
	31	本批产品总成本	6 390		3 744	3 432	13 566
	31	本批产品单位成本	639		374.4	343.2	1 356.6

分析：本月#0901批号的A产品全部完工，其生产成本明细账中已有直接材料费用，还需要计算该批产品承担的间接费用。

本批完工产品直接人工=1.2×3 120=3 744（元）

本批完工产品制造费用=1.1×3 120=3 432（元）

表 8-32　　生产成本明细账（二）　　金额单位：元

产品批号：#0902　　产品名称：B产品　　投产日期：2025年2月

批量：6台　　完工：　　完工日期：

2025年		摘　要	直接材料	生产工时（小时）	直接人工	制造费用	合　计
月	日						
2	28	累计发生	4 125	900			
3	31	本月发生		1 230			
	31	累计发生数（期末在产品成本）	4 125	2 130			

表 8-33　　生产成本明细账（三）　　金额单位：元

产品批号：#1003　　产品名称：C产品　　投产日期：2025年3月

批量：5台　　完工：　　完工日期：

2025年		摘　要	直接材料	生产工时（小时）	直接人工	制造费用	合　计
月	日						
3	31	本月发生	3 480	3 750			
	31	累计发生数（期末在产品成本）	3 480	3 750			

表 8-34　　生产成本明细账（四）　　金额单位：元

产品批号：#1004　　产品名称：D产品　　投产日期：2025年3月

批量：8台　　完工：5台　　完工日期：2025年3月

2025年		摘　要	直接材料	生产工时（小时）	直接人工	制造费用	合　计
月	日						
3	31	本月发生	7 200	1 680			
	31	累计数及累计间接费用分配率	7 200	1 680	1.2	1.1	
	31	本月完工产品成本转出（5台）	-4 500	-1 095	-1 314	-1 204.5	-7 018.5
	31	完工产品单位成本	900		262.8	240.9	1 403.7
	31	期末在产品成本	2 700	585			

分析：本月#1004批号的D产品部分完工，其生产成本明细账中已包括全部直接材料费用，应计算完工部分的直接材料费用，同时还需要计算完工部分产品承担的间接费用。由于该批次内月末在产品工时按定额计算，其在产品定额工时共计585小时，完工产品工时则为1 095小时（1 680−585）。

完工产品直接材料=7 200÷8×5=4 500（元）

完工产品直接人工=1.2×1 095=1 314（元）

完工产品制造费用=1.1×1 095=1 204.5（元）

编制完工产品成本汇总表，见表8-35。

表 8-35　　完工产品成本汇总表

2025年3月　　单位：元

成本项目		直接材料	直接人工	制造费用	合　计
#0901　A产品（产量10台）	总成本	6 390	3 744	3 432	13 566
	单位成本	639	374.4	343.2	1 356.6
#1004　D产品（产量5台）	总成本	4 500	1 314	1 204.5	7 018.5
	单位成本	900	262.8	240.9	1 403.7

根据完工产品成本汇总表，编制本月完工产品入库的会计分录如下：

借：库存商品——A产品　　13 566
　　　　　　——D产品　　7 018.5
　贷：生产成本——基本生产成本——#0901　　13 566
　　　　　　　　　　　　　　　——#1004　　7 018.5

经验总结

简化分批法也需要按批别进行成本核算，不同之处在于需要同时设立基本生产成本二级账以综合记录各个批次的料工费总额及生产工时总数。在平时记录各个批次明细账时，只登记材料和工时以减少工作量，待完工产品出现时，再按该批次工时结合二级账中人工费用和制造费用小时费用分配率计算应承担的直接人工和制造费用。该方法使未完工部分的产品计算趋于简化，适用于产品批数多而未完工批数也多的企业。

任务四　运用分步法进行成本核算

4.1　认知分步法的特点及适用范围

分步法，是指以产品的品种及其所经过的生产步骤作为成本计算对象，归集和分配生产费用，计算产品成本的一种方法。分步法主要适用于大量大批多步骤生产，并且管理上要求分步骤计算产品成本的企业，如冶金、纺织、机械制造等企业。在这些企业中，生产过程由若干个技术上可以间断的生产步骤组成，生产出的半成品既可以用于下一个生产步骤进行深加工，也可以直接对外销售。为了适应这一生产特点，成本核算不仅要按照产品品种，而且要按照生产步骤计算产品成本，以满足企业计算损益和实行成本分级管理的需要。

微课

成本计算的分步法

分步法的特点体现在以下三个方面：

1）成本计算对象是各种产品及其所经过的生产步骤

分步法下企业以产品及其经过的生产步骤开设成本明细账进行成本计算。但需要注意的是，成本计算划分的步骤与实际的生产步骤不一定完全一致，它可以根据实际加工步骤并结合管理要求加以确定。

2）成本计算期与会计报告期一致

在大量大批生产企业中，由于生产过程较长，而且往往都是跨月陆续完工，因此成本计算一般都是按月、定期进行，即与会计报告期一致。

3）月末根据产品的生产状态选择是否需要在完工产品和在产品之间进行生产费用的分配

一般情况下，大量大批多步骤生产的产品往往都是跨月陆续完工，月末各步骤一般都存在未完工的在产品。因此，在计算成本时，还需要采用适当的分配方法，将汇集在各种产品、各生产步骤产品成本明细账的生产费用，在完工产品与在产品之间进行分配。同时，由于分步法下产品生产是分步骤进行的，上一步骤生产的半成品是下一步骤加工的对象，为了计算最终产成品，还需要按照产品品种结转各步骤成本，这是分步法的一个重要特点。

4.2 分步法的种类

由于各企业生产工艺过程的特点和成本管理对各步骤成本资料的要求（是否需要计算半成品成本）不同，以及对简化成本计算工作的考虑，对于各生产步骤成本的计算和结转，可以根据企业需要采用不同的方法，即逐步结转和平行结转。因此，分步法也就相应分为逐步结转分步法和平行结转分步法两种。

逐步结转分步法又称计算半成品成本的分步法，是指按照产品加工步骤的先后顺序，逐步计算并结转各步骤半成品成本，直到最后步骤计算出产成品成本的一种方法。

平行结转分步法又称不计算半成品成本的分步法，是指各加工步骤只计算本步骤发生的生产费用和这些生产费用中应计入产成品成本的份额，将各步骤应计入产成品成本的份额平行结转、汇总，以计算出产成品成本的一种方法。这种方法不计算各步骤所产半成品的成本，也不计算各步骤所耗上一步骤半成品的成本。

4.3 逐步结转分步法

逐步结转分步法可以提供半成品的成本，所以该方法主要适用于需要计算半成品成本的企业，如半成品可以加工为不同产品，或者有半成品对外销售，或者需要考核半成品成本等情况。举例来说，纺织企业生产的棉纱既可以进一步加工成各种布料，也可以作为商品直接对外销售，在这种情况下，就必须计算出半成品棉纱的生产成本。

逐步结转分步法下，各个生产步骤都需要计算所产半成品（最后一个生产步骤为产成品）的成本。半成品成本随着半成品实物的转移而结转，直到最后的生产步骤计算出完工产品成本，相当于品种法的多次连续应用。

按照上一步骤半成品成本结转到下一生产步骤生产成本明细账中的反映方法的不同，逐步结转分步法可分为综合结转分步法和分项结转分步法。

微课

成本计算的分步法：综合结转分步法

1）综合结转分步法

综合结转分步法，是指将上一步骤的半成品成本，以合计数的方式计入下一生产步骤产品成本明细账中的“直接材料”或专设的“半成品”项目，综合反映各步骤所耗上一步骤所产半成品的成本。

（1）综合结转分步法的成本计算举例

【例 8-4】步步高公司大量大批生产甲产品，该产品需要经过三个生产车间（步骤），第一车间（步骤）投入原材料后生产出A半品，直接交给第二车间（步骤）生产出B半成品，最后交给第三车间（步骤）加工成甲产成品。该公司采用综合结转分步法计算产品成本，半成品在各车间之间直接移交，并按实际成本结转。原材料在第一步骤生产开始时一次性投入，各步骤月末在产品的完工程度均为50%。

分析：按照产品品种和生产步骤开设生产成本明细账，并按成本项目设置专栏。

根据上述情况，生产部门需要开设的账户见表 8-36。

表 8-36 生产部门账户开设一览表

生产部门	会计账户
第一车间	生产成本——基本生产成本——第一车间 制造费用——一车间
第二车间	生产成本——基本生产成本——第二车间 制造费用——二车间
第三车间	生产成本——基本生产成本——第三车间 制造费用——三车间

其中，各车间的产品成本明细账内应开设“直接材料”“直接人工”“制造费用”等成本项目专栏（第二车间和第三车间可以将“直接材料”成本项目改为“半成品”成本项目）；制造费用明细账内则应根据业务需要设置“材料费”“职工薪酬”“折旧费”等费用项目专栏。

步步高公司2025年3月份有关成本计算资料如下：

（1）各车间本月产品产量见表 8-37。

表 8-37 各车间产品产量资料表

项　目	本月投产	本月完工	月末在产品
第一车间（A半成品）	280件	240件	40件
第二车间（B半成品）	240件	200件	40件
第三车间（甲产品）	200件	150件	50件

（2）各车间本月生产费用见表 8-38。

表 8-38 生产费用汇总表　单位：元

项　目	直接材料	直接人工	制造费用	合　计
第一车间（A半成品）	28 000	5 200	9 360	42 560
第二车间（B半成品）		3 960	7 260	11 220
第三车间（甲产品）		2 800	7 000	9 800
合　计	28 000	11 960	23 620	63 580

分析：根据本月生产费用发生的原始凭证编制费用分配表并分配各项要素费用，编制记账凭证并登记各种费用成本明细账。

（3）按综合结转分步法登记各车间产品成本明细账，见表8-39至表8-41。

表8-39　生产成本明细账（一）

车间名称：第一车间　投产量：280件　在产品数量：40件

产品名称：A半成品　完工产量：240件　金额单位：元

项　目	直接材料	直接人工	制造费用	合　计
本月生产费用	28 000	5 200	9 360	42 560
合　计	28 000	5 200	9 360	42 560
单位产品成本	100	20	36	156
完工半成品成本	24 000	4 800	8 640	37 440
月末在产品成本	4 000	400	720	5 120

第一车间生产成本明细账中单位产品成本的计算如下：

直接材料=28 000÷（240+40）=100（元/件）

直接人工=5 200÷（240+40×50%）=20（元/件）

制造费用=9 360÷（240+40×50%）=36（元/件）

完工半成品按实际成本移交至第二车间，应编制会计分录如下：

借：生产成本——基本生产成本——第二车间（半成品）　37 440

　贷：生产成本——基本生产成本——第一车间　37 440

表8-40　生产成本明细账（二）

车间名称：第二车间　投产量：240件　在产品数量：40件

产品名称：B半成品　完工产量：200件　金额单位：元

项　目	半成品	直接人工	制造费用	合　计
第一车间转入A半成品成本	37 440			37 440
本月本车间生产费用		3 960	7 260	11 220
合　计	37 440	3 960	7 260	48 660
单位产品成本	156	18	33	207
完工半成品成本	31 200	3 600	6 600	41 400
月末在产品成本	6 240	360	660	7 260

第二车间生产成本明细账中单位产品成本的计算如下：

半成品=37 440÷（200+40）=156（元/件）

直接人工=3 960÷（200+40×50%）=18（元/件）

制造费用=7 260÷（200+40×50%）=33（元/件）

完工半成品按实际成本移交至第三车间，应编制会计分录如下：

借：生产成本——基本生产成本——第三车间（半成品）　　41 400
　贷：生产成本——基本生产成本——第二车间　　41 400

表 8-41　　生产成本明细账（三）

车间名称：第三车间　　投产量：200件　　在产品数量：50件
产品名称：甲产品　　完工产量：150件　　金额单位：元

项　目	半成品	直接人工	制造费用	合　计
第二车间转入B半成品成本	41 400			41 400
本月本车间生产费用		2 800	7 000	9 800
合　计	41 400	2 800	7 000	51 200
单位产品成本	207	16	40	263
完工产品成本	31 050	2 400	6 000	39 450
月末在产品成本	10 350	400	1 000	11 750

第三车间生产成本明细账中单位产品成本的计算如下：

半成品=41 400÷（150+50）=207（元/件）

直接人工=2 800÷（150+50×50%）=16（元/件）

制造费用=7 000÷（150+50×50%）=40（元/件）

完工产品按实际成本移交至仓库，应编制会计分录如下：

借：库存商品——甲产品　　39 450
　贷：生产成本——基本生产成本——第三车间　　39 450

需要说明的是，半成品从上一步骤移交至下一步骤加工时，可以分为直接移交和通过半成品仓库移交两种方式，上述例子中的半成品就是由下一步骤直接领用的。如果企业为了加强对半成品的管理，要求每个步骤加工完成的半成品先入半成品仓库，然后再办理领料手续用于下一步骤生产，则上述例子中的A半成品需要编制会计分录如下：

A半成品入库时：

借：自制半成品——A半成品
　贷：生产成本——基本生产成本——第一车间

下一步骤领用A半成品时：

借：生产成本——基本生产成本——第二车间（半成品）
　贷：自制半成品——A半成品

课堂讨论

同学们想一想，上述例子中的B半成品如果通过半成品仓库进行移交，则需要怎样编制会计分录？

提示：

B半成品入库时：

借：自制半成品——B半成品

　贷：生产成本——基本生产成本——第二车间

下一步骤领用B半成品时：

借：生产成本——基本生产成本——第三车间（半成品）

　贷：自制半成品——B半成品

上述例子中，半成品是按实际成本进行结转的，有些企业为提高成本核算效率，也可能使用半成品的计划成本进行结转。车间领用半成品相当于领用原材料进行加工，因此半成品按计划成本结转的计算方法和会计处理与材料成本差异的计算方法和会计处理相类似。采用计划成本进行结转时，半成品的日常收、发均按计划单位成本计算，在半成品实际成本计算出来后，再计算半成品成本差异额和差异率，并调整半成品成本差异。

微课

成本计算的分步法：成本还原

（2）综合结转分步法的成本还原

课堂讨论

在【例8-4】中，步步高公司本月生产的甲产品成本构成见表8-42。

表8-42　甲产品成本构成　单位：元

项　目	半成品	直接人工	制造费用	合　计
完工产品成本	31 050	2 400	6 000	39 450
单位产品成本	207	16	40	263

同学们仔细观察一下，在甲产品的成本构成要素中，材料占据了非常大的比重，直接人工和制造费用比重较小。这样的成本构成有问题吗？如何解决这一问题？

采用综合结转分步法进行计算，产成品的成本构成体现为所耗上一步骤半成品综合成本以及最后步骤的直接人工和制造费用，这显然不符合产品成本构成的实际情况，不能从整个企业角度分析和考核产品成本中料、工、费的构成，因此，还应将综合结转计算出的产成品成本进行成本还原。

成本还原就是按照反工艺顺序，从最后一个步骤起，把本月产成品成本中所耗上一步骤半成品的综合成本，按照上一生产步骤所产半成品的成本构成，分解还原成“直接材料”“直接人工”“制造费用”等原始成本项目，从而求得按原始成本项目反映的产成品成本资料。简单来说，就是将最终产成品的成本反映为各工序材料、人工和制造费用的过程。

其计算方法如下：

❶计算还原分配率。

还原分配率=本月产成品所耗上一步骤半成品成本合计÷本月上一步骤所产半成品成本合计

❷计算所耗半成品各成本项目还原值。

被还原半成品成本项目金额=本月上一步骤所产半成品成本项目×还原分配率

❸计算产成品还原后各成本项目原始金额。

经过成本还原，将各步骤相同成本项目金额相加，即可计算出产成品还原后各成本项目金额。

【例 8-5】沿用【例 8-4】数据，在第三车间生产成本明细账中，完工甲产品成本（39 450元）由以下成本项目构成：半成品（31 050元）、直接人工（2 400元）、制造费用（6 000元）。这样的成本构成不能从整个企业角度反映产品的真实消耗，需要进行成本还原。

分析：成本还原是按照反工艺顺序，从最后一个步骤开始进行的。根据本例的情况，需要将第三车间完工产品中的半成品综合成本向第二步骤进行还原，分解成第二车间的半成品、直接人工和制造费用；然后，将第二车间的半成品向第一步骤进行还原，分解成第一车间的直接材料、直接人工和制造费用。总的还原次数为两次。

（1）第一次还原（第三车间向第二步骤进行还原）：

还原分配率=31 050÷41 400=0.75

甲产品所耗B半成品中的A半成品=31 200×0.75=23 400（元）

甲产品所耗B半成品中的直接人工=3 600×0.75=2 700（元）

甲产品所耗B半成品中的制造费用=6 600×0.75=4 950（元）

（2）第二次还原（第二车间向第一步骤进行还原）：

还原分配率=23 400÷37 440=0.625

B半成品所耗A半成品中的直接材料=24 000×0.625=15 000（元）

B半成品所耗A半成品中的直接人工=4 800×0.625=3 000（元）

B半成品所耗A半成品中的制造费用=8 640×0.625=5 400（元）

（3）甲产品原始成本项目构成：

直接材料=15 000元

直接人工=3 000+2 700+2 400=8 100（元）

制造费用=5 400+4 950+6 000=16 350（元）

完工成本合计=15 000+8 100+16 350=39 450（元）

成本还原计算过程还可以通过编制成本还原计算表进行，具体见表 8-43。

表 8-43 **成本还原计算表** 金额单位：元

行次	项　目	还原分配率	半成品	直接材料	直接人工	制造费用	合　计
1	还原前产成品成本		31 050		2 400	6 000	39 450
2	第二步骤半成品成本		31 200		3 600	6 600	41 400
3	第一次成本还原	0.75 （31 050÷41 400）	23 400		2 700	4 950	31 050
4	第一步骤半成品成本			24 000	4 800	8 640	37 440
5	第二次成本还原	0.625 （23 400÷37 440）		15 000	3 000	5 400	23 400
6	还原后产成品总成本			15 000	8 100	16 350	39 450
7	还原后产成品单位成本			100	54	109	263

综合结转分步法的优点在于便于分析和考核各步骤所耗半成品费用水平，有利于加强企业内部成本控制；缺点在于成本还原工作量较大。

经验总结

在使用综合结转分步法后，完工产品成本由最后一个车间提供，其成本构成存在很大的诟病，即完工产品的“直接材料”成本项目中包含了上面工序的加工费用，并非单纯的材料消耗；而从最后工序看到的人工及制造费用也只是代表了当前工序加工费用的情况，不能代表完整工序的情况。由此就有必要将最后车间完工产品的“直接材料”成本项目按反工艺顺序进行还原，将这个综合性项目拆解成反映上道工序消耗的料、工、费，直至第一工序。

成本还原的对象：完工产品的“直接材料”成本项目。

成本还原的方法：还原分配率法。

成本还原的次数：N-1次（N为工序个数）。

成本还原的目的：真实再现完工产品的原始成本构成。

2）分项结转分步法

分项结转分步法，是指将各生产步骤所耗上一步骤半成品成本，分别按“直接材料”“直接人工”“制造费用”等成本项目转入各该步骤产品成本明细账，并与该步骤相同成本项目合并计算产品成本的一种方法。如果半成品通过半成品仓库收发，在自制半成品明细账中登记半成品成本时，也要按照成本项目分别登记。

微课

成本计算的分步法：分项结转分步法

分项结转半成品成本时，可以按照半成品的实际成本结转，也可以按照半成品的计划成本结转，然后按成本项目分别调整成本差异。由于后一种方法计算工作量较大，所以一般采用按实际成本分项结转的方法。

【例8-6】红高粱公司大量大批生产甲产品，该产品需要经过三个生产车间（步骤），第一车间（步骤）投入原材料后生产出A半成品，第二车间（步骤）对A半成品进一步加工生产出B半成品，第三车间（步骤）对B半成品进一步加工生产出甲产成品。该公司采用分项结转分步法计算产品成本，半成品在各生产步骤之间直接移交，并按实际成本结转。原材料在第一步骤生产开始时一次性投入，各步骤月末在产品的完工程度均为50%。

分析：按照产品品种和生产步骤开设生产成本明细账，并按成本项目设置专栏。

根据上述情况，生产部门需要开设的账户见表8-44。

表8-44　**生产部门账户开设一览表**

生产部门	会计账户
第一车间	生产成本——基本生产成本——第一车间 制造费用——一车间
第二车间	生产成本——基本生产成本——第二车间 制造费用——二车间
第三车间	生产成本——基本生产成本——第三车间 制造费用——三车间

其中，各车间的产品成本明细账内应开设“直接材料”“直接人工”“制造费用”等成本项目专栏；制造费用明细账内则应根据业务需要设置“材料费”“职工薪酬”“折旧费”等费用项目专栏。

红高粱公司2025年3月份有关成本计算资料如下：

（1）各车间本月产品产量见表8-45。

表8-45 各车间产品产量资料表

项 目	本月投产	本月完工	月末在产品
第一车间（A半成品）	280件	240件	40件
第二车间（B半成品）	240件	200件	40件
第三车间（甲产成品）	200件	150件	50件

（2）各车间本月生产费用见表8-46。

表8-46 生产费用汇总表 单位：元

项 目	直接材料	直接人工	制造费用	合 计
第一车间（A半成品）	28 000	5 200	9 360	42 560
第二车间（B半成品）		3 560	7 860	11 420
第三车间（甲产成品）		2 900	7 050	9 950
合 计	28 000	11 660	24 270	63 930

分析：根据本月生产费用发生的原始凭证编制费用分配表并分配各项要素费用，编制记账凭证并登记各种费用成本明细账。

（3）按分项结转分步法登记各车间产品成本明细账，见表8-47至表8-49。

表8-47 生产成本明细账（一）

车间名称：第一车间　　投产量：280件　　在产品数量：40件

产品名称：A半成品　　完工产量：240件　　金额单位：元

项 目	直接材料	直接人工	制造费用	合 计
本月生产费用	28 000	5 200	9 360	42 560
合 计	28 000	5 200	9 360	42 560
单位产品成本	100	20	36	156
完工半成品成本	24 000	4 800	8 640	37 440
月末在产品成本	4 000	400	720	5 120

第一车间生产成本明细账中单位产品成本的计算如下：

直接材料=28 000÷（240+40）=100（元/件）

直接人工=5 200÷（240+40×50%）=20（元/件）

制造费用=9 360÷（240+40×50%）=36（元/件）

完工半成品按实际成本移交至第二车间，应编制会计分录如下：

借：生产成本——基本生产成本——第二车间（直接材料） 24 000
　　　　　　　　　　　　　　——第二车间（直接人工） 4 800
　　　　　　　　　　　　　　——第二车间（制造费用） 8 640
　贷：生产成本——基本生产成本——第一车间 37 440

表 8-48 生产成本明细账（二）

车间名称：第二车间　投产量：240件　在产品数量：40件

产品名称：B半成品　完工产量：200件　金额单位：元

项　目	直接材料	直接人工	制造费用	合　计
第一车间转入A半成品成本	24 000	4 800	8 640	37 440
本月本车间生产费用		3 560	7 860	11 420
合　计	24 000	8 360	16 500	48 860
单位产品成本	100	38	75	213
完工半成品成本	20 000	7 600	15 000	42 600
月末在产品成本	4 000	760	1 500	6 260

第二车间生产成本明细账中单位产品成本的计算如下：

直接材料=24 000÷（200+40）=100（元/件）

直接人工=8 360÷（200+40×50%）=38（元/件）

制造费用=16 500÷（200+40×50%）=75（元/件）

完工半成品按实际成本移交至第三车间，应编制会计分录如下：

借：生产成本——基本生产成本——第三车间（直接材料） 20 000
　　　　　　　　　　　　　　——第三车间（直接人工） 7 600
　　　　　　　　　　　　　　——第三车间（制造费用） 15 000
　贷：生产成本——基本生产成本——第二车间 42 600

表 8-49 生产成本明细账（三）

车间名称：第三车间　投产量：200件　在产品数量：50件

产品名称：甲产品　完工产量：150件　金额单位：元

项　目	直接材料	直接人工	制造费用	合　计
第二车间转入B半成品成本	20 000	7 600	15 000	42 600
本月本车间生产费用		2 900	7 050	9 950
合　计	20 000	10 500	22 050	52 550
单位产品成本	100	60	126	286
完工产品成本	15 000	9 000	18 900	42 900
月末在产品成本	5 000	1 500	3 150	9 650

第三车间生产成本明细账中单位产品成本的计算如下：

直接材料=20 000÷（150+50）=100（元/件）

直接人工=10 500÷（150+50×50%）=60（元/件）

制造费用=22 050÷（150+50×50%）=126（元/件）

完工产品按实际成本移交至仓库，应编制会计分录如下：

借：库存商品——甲产品　　42 900

　贷：生产成本——基本生产成本——第三车间　　42 900

课堂讨论

同学们想一想，综合结转分步法和分项结转分步法在第一步骤进行成本核算时有区别吗？

提示：综合结转分步法和分项结转分步法的区别主要在于半成品向下一步骤结转时的反映方法不同，第一步骤的核算及反映方式并没有什么不同。

分项结转分步法的优点在于不需要进行成本还原就可以直接、正确地提供按原始成本项目反映的产成品成本资料，便于从整个企业角度考核和分析产品成本计划的执行情况；缺点在于成本结转工作比较复杂。

4.4　平行结转分步法

微课

成本计算的分步法：平行结转分步法

平行结转分步法主要适用于管理上不要求计算和结转半成品成本的多步骤生产的企业，特别是装配式大量大批多步骤生产的企业。举例来说，机械制造企业的车间一般按生产工艺过程设置，设有铸工、锻工、加工、装配等车间。铸工车间利用生铁、钢、铜等各种原料熔铸各种铸件；锻工车间利用各种外购钢材锻造各种锻件。铸件和锻件都是用来进一步加工的毛坯。加工车间对各种铸件、锻件、外购半成品和外购材料进行加工，制造各种产品的零件和部件；然后转入装配车间进行装配，生产各种机械产品。在这种生产工艺下，一方面半成品对外销售的情况不多，无须专门计算半成品成本；另一方面半成品种类较多，为加快核算效率，管理上也不要求计算半成品成本。为计算最终产成品成本，只需要将各步骤应计入同一产成品成本的份额平行结转、汇总即可，即平行结转分步法。

采用平行结转分步法计算产品成本时，不计算各步骤所产半成品成本，也不计算各步骤所耗上一步骤半成品成本，即便各步骤之间存在真实的半成品移交，在各步骤之间也不结转半成品成本，即半成品成本不随半成品实物转移而结转。

【例 8-7】红太阳公司大量大批生产甲产品，该产品生产需要连续经过两个生产车间（两个生产步骤），第一车间生产出甲半成品，由第二车间进一步加工成甲产成品。2025 年 1 月两个生产步骤消耗如下：

第一车间发生直接材料 500 元，直接人工 300 元，制造费用 200 元。

第二车间发生直接人工 200 元，制造费用 100 元。

第二车间每生产一件产成品需要第一车间提供一件半成品。原材料在生产之初一次性投入，各车间在产品加工程度为本工序的 50%。

①若当月第一车间投产 50 件甲半成品，全部加工完成后由第二车间进一步加工为 50 件甲产成品，则这 50 件产成品成本的计算过程如图 8-2 所示。

第一车间（生产对象为50件半成品）
直接材料：500元
直接人工：300元
制造费用：200元
应计入产成品成本份额（50件）：1 000元

第二车间（生产对象为50件产成品）
直接人工：200元
制造费用：100元
应计入产成品成本份额（50件）：300元

完工产品成本（50件）：1 000+300=1 300（元）

图8-2　完工产品成本计算

分析：由于两个车间都完成了各自的任务，所以本月第一车间发生的1 000元以及第二车间发生的300元消耗，都应计入产品的成本。本例的计算思路是以各步骤为最终产品所作贡献为突破口，分别核算，平行汇总，从而实现计算产成品成本的目的。

完工产品成本结转入库，应编制会计分录如下：

借：库存商品——甲产品　　1 300
　贷：生产成本——基本生产成本——第一车间　　1 000
　　　　　　　　　　　　　　　——第二车间　　300

②若当月第一车间投产50件甲半成品，加工完成30件半成品后由第二车间进一步加工为30件甲产成品，第一车间月末有20件在产品，其加工程度为50%，则最终完工的30件产成品成本的计算过程如图8-3所示。

第一车间（生产对象为50件半成品）
直接材料：500元
直接人工：300元
制造费用：200元
在产品成本（20件在产品）：325元
应计入产成品份额（30件）：675元

第二车间（生产对象为30件产成品）
直接人工：200元
制造费用：100元
应计入产成品份额（30件）：300元

完工产品成本（30件）：675+300=975（元）

图8-3　完工产品成本计算

分析：由于第二车间发生的消耗全部用于生产30件产成品，所以300元应计入产成品成本。对于第一车间，发生的1 000元消耗形成了两种状态的产品：一部分是该车间未完工的20件在产品，另一部分是构成最终产品的30件半成品。显然，只有后者应计入产成品成本，所以使用约当产量比例法，将该工序的1 000元进行分配，计算过程如下：

直接材料分配率=500÷50=10（元/件）

直接人工分配率=300÷（20×50%+30）=7.5（元/件）

制造费用分配率=200÷（20×50%+30）=5（元/件）

第一车间30件半成品成本=30×（10+7.5+5）=675（元）

第一车间20件在产品成本=1 000−675=325（元）

完工产品成本结转入库，应编制会计分录如下：

借：库存商品——甲产品	975
贷：生产成本——基本生产成本——第一车间	675
——第二车间	300

值得注意的是，在上述计算过程中，我们已经脱离了生产步骤顺序的限制，先确定了第二车间应计入产成品成本的部分，然后确定了第一车间应计入产成品成本的部分。由此说明，在平行结转分步法下，各生产步骤的计算是可以不按步骤顺序进行的，即可以同时进行，所以这种方法能极大地提高核算效率。

③若当月第一车间投产50件甲半成品，全部加工为半成品后交由第二车间进行进一步加工。月末，第二车间生产出30件甲产成品，另外20件在产品的加工程度为50%，则完工的30件产成品成本的计算过程如图8-4所示。

第一车间（生产对象为50件半成品）
直接材料：500元
直接人工：300元
制造费用：200元
在产品成本（20件完工半成品）：400元
应计入产成品成本份额（30件）：600元

第二车间（生产对象为50件产成品）
直接人工：200元
制造费用：100元
在产品成本（20件在产品）：75元
应计入产成品成本份额（30件）：225元

完工产品成本（30件）：600+225=825（元）

图8-4　完工产品成本计算

分析：第一车间消耗1 000元并完成了50件半成品的生产，即每件半成品成本为20元（1 000÷50），由于本月最终形成的是30件产成品，所以第一车间只有30件半成品成本（价值600元）有资格计入产成品成本，剩下的20件半成品（价值400元）虽然被移交给了第二车间，但所对应的费用却还留在第一车间没被转出，即第一车间有400元的月末余额。第二车间消耗300元加工50件半成品，月末需要将300元在本步骤形成的产成品和在产品之间进行分配，计算过程如下：

直接人工分配率=200÷（20×50%+30）=5（元/件）

制造费用分配率=100÷（20×50%+30）=2.5（元/件）

第二车间30件产成品成本=30×（5+2.5）=225（元）

第二车间20件在产品成本=300−225=75（元）

完工产品成本结转入库，应编制会计分录如下：

借：库存商品——甲产品	825
贷：生产成本——基本生产成本——第一车间	600
——第二车间	225

需要注意的是，在上述计算过程中，第一车间完成的20件半成品虽然已移交给下一生产步骤，但是费用关系却没被转出，说明半成品的实物和价值严重脱离，这正是平行结转分步法的致命缺陷。当生产进入到下一个月份时，这一矛盾就会更加明显，

第一车间的期初余额400元和本工序的期初在产品实物无法对应，真正的实物其实已被移交至第二车间。所以，在使用这种方法计算产品成本时，要从整个企业的角度全面控制实物的传递和管理，要求会计人员具备较强的业务素质。

④若当月第一车间投产50件甲半成品，形成30件半成品后由第二车间进行进一步加工，第一车间月末有20件在产品。第二车间经过进一步加工，月末形成10件甲产成品，本工序月末也有20件在产品。两个车间在产品的加工程度均为该工序的50%，则完工的10件产成品成本的计算过程如图8-5所示。

第一车间（生产对象为50件半成品）

直接材料：500元
直接人工：300元
制造费用：200元

广义在产品成本（20件半成品+20件在产品）：775元

应计入产成品成本份额（10件）：225元

第二车间（生产对象为30件产成品）

直接人工：200元
制造费用：100元

在产品成本（20件在产品）：150元

应计入产成品成本份额（10件）：150元

完工产品成本（10件）：225+150=375（元）

图8-5　完工产品成本计算

分析：第一车间本月消耗1 000元，月末形成30件半成品和20件第一车间在产品。在完成的30件半成品中，只有10件半成品成本有资格计入产成品成本（因为本月产成品只有10件），采用约当产量比例法进行分配，计算过程如下：

直接材料分配率=500÷50=10（元/件）

直接人工分配率=300÷（20×50%+30）=7.5（元/件）

制造费用分配率=200÷（20×50%+30）=5（元/件）

第一车间10件半成品成本=10×（10+7.5+5）=225（元）

第一车间20件半成品及20件在产品成本=1 000−225=775（元）

分析：第二车间本月消耗300元用于加工30件半成品，月末形成10件产成品和20件该生产步骤在产品。采用约当产量比例法将300元分配给这两种状态的产品，计算过程如下：

直接人工分配率=200÷（20×50%+10）=10（元/件）

制造费用分配率=100÷（20×50%+10）=5（元/件）

第二车间10件产成品成本=10×（10+5）=150（元）

第二车间20件在产品成本=300−150=150（元）

完工产品成本结转入库，应编制会计分录如下：

借：库存商品——甲产品	375	
贷：生产成本——基本生产成本——第一车间		225
——第二车间		150

由上可知，采用平行结转分步法，一是要确定各生产步骤的费用消耗情况，二是要计算各生产步骤应计入产成品的成本，其中后者是解决问题的关键。为了计算各工序发生的费用中应计入产成品成本的份额，必须将每一生产步骤发生的费用划分为耗

用于产成品部分和尚未最后制成在产品部分。得出相应计算公式如下：

$$\frac{\text{某生产步骤应计入}}{\text{产成品成本份额}}=\frac{\text{产成品}}{\text{数量}}\times\frac{\text{单位产成品耗用}}{\text{该步骤半成品数量}}\times\frac{\text{该步骤}}{\text{半成品单位成本}}$$

上式中，该步骤半成品单位成本要分成本项目分别核算，具体按下列公式计算：

某步骤半成品单位成本=该步骤生产费用合计数÷（产成品数量+广义在产品数量）

其中，产成品数量是指最终完工的产品数量；**广义在产品数量是指月末从当前工序开始至最后工序的所有工序未完工的产品数量。**如果企业在各工序之间是通过自制半成品仓库对半成品进行管理的，还要考虑这一部分在仓库中而实际仍未完工的产品数量的影响。广义在产品包括：❶尚在本工序加工的在产品；❷本工序已完工转入半成品仓库的半成品；❸已从半成品仓库转到以后各工序进一步加工、但尚未最后制成的半成品。

特别提示

狭义在产品是指针对某个工序而言未完工的产品。广义在产品是指针对整个工艺而言未完工的产品。从这个角度来看，除了完工产品以外，其余停留在工序线上的在产品以及线下入库完工的半成品，都属于广义在产品之列。

总结来看，平行结转分步法的计算程序可以体现为以下三个环节：

（1）按产品生产步骤（或车间、工序）和产品品种开设生产成本明细账，各步骤成本明细账按成本项目归集本步骤发生的生产费用，但不包括耗用上一步骤半成品的成本。

（2）月末，将各步骤归集的生产费用在产成品与广义在产品之间进行分配，计算各步骤应计入产成品成本的份额。

（3）将各步骤应计入产成品成本的份额平行相加汇总后，就得到产成品总成本。总成本除以完工产品数量，即为单位成本。将各步骤生产费用总额减去本步骤应计入产成品成本的费用份额，即为本步骤期末在产品成本。

【例8-8】丰盛园公司大量大批生产甲产品，该产品生产需要连续经过三个生产车间（三个生产步骤），半成品不通过半成品仓库交接。下一车间每生产一件产品需要上一车间提供一件半成品。原材料在生产之初一次性投入，各车间在产品加工程度为本工序的50%，采用平行结转分步法计算甲产品成本。2025年3月三个车间相关数据资料见表8-50、表8-51。

表8-50 **各车间产品产量资料表** 计量单位：件

项　目	第一车间	第二车间	第三车间	产成品
月初在产品	120		40	
本月投产	400	440	380	
本月完工	440	380	400	400
月末在产品	80	60	20	

表 8-51　　生产费用汇总表　　单位：元

项　目		直接材料	直接人工	制造费用	合　计
第一车间	月初在产品成本	21 000	10 640	8 000	39 640
	本月发生费用	113 400	26 800	15 400	155 600
第二车间	月初在产品成本		8 000	6 000	14 000
	本月发生费用		24 400	15 600	40 000
第三车间	月初在产品成本		4 540	4 000	8 540
	本月发生费用		17 600	11 580	29 180

分析：根据本月生产费用发生的原始凭证编制费用分配表并分配各项要素费用，编制记账凭证并登记各种费用成本明细账。

按平行结转分步法登记各车间产品成本明细账，见表 8-52 至表 8-54。

表 8-52　　生产成本明细账（一）

车间名称：第一车间　　金额单位：元

项　目	直接材料	直接人工	制造费用	合　计
月初在产品成本	21 000	10 640	8 000	39 640
本月生产费用	113 400	26 800	15 400	155 600
合　计	134 400	37 440	23 400	195 240
约当产量（件）	560 [400+(80+60+20)]	520 [400+(80×50%+60+20)]	520 [400+(80×50%+60+20)]	
单位产品成本	240	72	45	357
应计入完工产品的份额	96 000	28 800	18 000	142 800
月末在产品成本	38 400	8 640	5 400	52 440

单位产品成本计算如下：

直接材料=134 400÷［400+（80+60+20）］=240（元/件）

直接人工=37 440÷［400+（80×50%+60+20）］=72（元/件）

制造费用=23 400÷［400+（80×50%+60+20）］=45（元/件）

应计入完工产品的份额计算如下：

直接材料=240×400=96 000（元）

直接人工=72×400=28 800（元）

制造费用=45×400=18 000（元）

第一车间应计入完工产品成本的份额=96 000+28 800+18 000=142 800（元）

表 8-53　　生产成本明细账（二）

车间名称：第二车间　　　　金额单位：元

项　目	直接人工	制造费用	合　计
月初在产品成本	8 000	6 000	14 000
本月生产费用	24 400	15 600	40 000
合　计	32 400	21 600	54 000
约当产量（件）	450 ［400+（60×50%+20）］	450 ［400+（60×50%+20）］	
单位产品成本	72	48	120
应计入完工产品的份额	28 800	19 200	48 000
月末在产品成本	3 600	2 400	6 000

单位产品成本计算如下：

直接人工=32 400÷［400+（60×50%+20）］=72（元/件）

制造费用=21 600÷［400+（60×50%+20）］=48（元/件）

应计入完工产品成本的份额计算如下：

直接人工=72×400=28 800（元）

制造费用=48×400=19 200（元）

第二车间应计入完工产品的份额=28 800+19 200=48 000（元）

表 8-54　　生产成本明细账（三）

车间名称：第三车间　　　　金额单位：元

项　目	直接人工	制造费用	合　计
月初在产品成本	4 540	4 000	8 540
本月生产费用	17 600	11 580	29 180
合　计	22 140	15 580	37 720
约当产量（件）	410（400+20×50%）	410（400+20×50%）	
单位产品成本	54	38	92
应计入完工产品的份额	21 600	15 200	36 800
月末在产品成本	540	380	920

单位产品成本计算如下：

直接人工=22 140÷（400+20×50%）=54（元/件）

制造费用=15 580÷（400+20×50%）=38（元/件）

应计入完工产品的份额计算如下：

直接人工=54×400=21 600（元）

制造费用=38×400=15 200（元）

第三车间应计入完工产品成本的份额=21 600+15 200=36 800（元）

分析：根据各车间产品成本明细账编制产品成本汇总表，见表 8-55。

表 8-55　　甲产品成本汇总表　　金额单位：元

项　目	产量（件）	直接材料	直接人工	制造费用	合　计
第一车间	400	96 000	28 800	18 000	142 800
第二车间	400		28 800	19 200	48 000
第三车间	400		21 600	15 200	36 800
合　计	400	96 000	79 200	52 400	227 600
单位成本	400	240	198	131	569

编制会计分录如下：

借：库存商品——甲产品　　227 600
　贷：生产成本——基本生产成本——第一车间　　142 800
　　　　　　　　　　　　　　——第二车间　　48 000
　　　　　　　　　　　　　　——第三车间　　36 800

平行结转分步法与逐步结转分步法相比较，具有以下优点：

（1）采用这一方法，各步骤可以同时计算产品成本，并将应计入产成品成本的份额平行结转、汇总，进而计算产成品成本，不必逐步结转半成品成本，从而简化和加速成本计算工作。

（2）采用这一方法，一般是按成本项目平行结转、汇总各步骤成本中应计入产成品成本的份额，因而能够直接提供按原始成本项目反映的产成品成本资料，不必进行成本还原。

但是，由于平行结转分步法在各步骤不计算、也不结转半成品成本，因而存在以下缺点：

（1）不能提供各步骤半成品成本资料及各步骤所耗上一步骤半成品费用资料，不能全面地反映各步骤生产耗费的水平，不利于各步骤的成本管理。

（2）由于各步骤之间不结转半成品成本，使半成品实物转移与费用结转脱节，因而不能为各步骤在产品的实物管理和资金管理提供资料。

从上述对比分析中可以看出，平行结转分步法的优缺点正好与逐步结转分步法的优缺点相反。因此，平行结转分步法只宜在半成品种类较多、逐步结转半成品成本工作量较大、管理上又不要求提供各步骤半成品成本资料的情况下采用。在采用平行结转分步法时，要注意加强各步骤在产品收发、结存的数量核算，以便为在产品的实物管理和资金管理提供资料，弥补这一方法的不足。

党的二十大报告强调创新是引领发展的第一动力，这与成本会计中的创新理念相呼应。成本会计需要不断创新方法和手段，提高成本核算和管理的准确性和效率。

项目概要

不同生产类型和管理要求的企业对成本计算需求不一样，本项目实践了三种计算成本的基本方法——品种法、分批法、分步法，并重点对这三种方法的特点、适用范围、计算程序进行了分析。

职业能力训练

一、单项选择题

职业能力训练

单项选择题

1. 制造业企业的生产按其生产工艺过程的特点，可以分为（　　）。

A. 简单生产和单步骤生产　　B. 单步骤生产和多步骤生产

C. 复杂生产和多步骤生产　　D. 大批大量生产和单件生产

2. 区别不同成本计算方法的最主要标志是（　　）。

A. 生产工艺过程的特点　　B. 产品成本计算对象

C. 产品成本计算期　　D. 生产组织的特点

3. 产品成本计算的最基本方法是（　　）。

A. 分批法　　B. 分步法　　C. 品种法　　D. 分类法

4. 管理上要求分步计算半成品成本时，应当选用（　　）。

A. 分批法　　B. 平行结转分步法

C. 品种法　　D. 逐步结转分步法

5. 在分步法中，必须进行成本还原的方法是（　　）。

A. 逐步结转分步法　　B. 分项结转分步法

C. 综合结转分步法　　D. 平行结转分步法

6. 在采用分步法计算产品成本时，半成品已经转移、但半成品成本不结转的成本计算方法是（　　）。

A. 综合结转分步法　　B. 分项结转分步法

C. 逐步结转分步法　　D. 平行结转分步法

7. 在逐步结转分步法中，“在产品”的含义是指（　　）。

A. 自制半成品　　B. 狭义在产品

C. 广义在产品　　D. 产成品

8. 在平行结转分步法中，“在产品”的含义是指（　　）。

A. 自制半成品　　B. 狭义在产品

C. 广义在产品　　D. 产成品

9. 下列适用分批法的企业或车间是（　　）。

A. 大批量单步骤生产企业　　B. 多步骤连续式大批量生产企业

C. 单件小批量单步骤生产企业　　D. 多步骤装配式大批量生产企业

10. 逐步结转分步法实际上是（　　）的多次连续使用。

A. 分项结转分步法　　B. 品种法

C. 平行结转分步法　　D. 分批法

二、多项选择题

职业能力训练

多项选择题

1.成本计算方法应根据（　　）来确定。

A.生产工艺过程的特点　　B.企业管理要求

C.产品成本计算期　　D.生产组织的特点

2.产品成本计算的基本方法有（　　）。

A.分批法　　B.分步法　　C.品种法　　D.分类法

3.品种法适用的情形有（　　）。

A.小批单件生产

B.大量大批单步骤生产

C.大量大批多步骤生产，但管理上不需要分步骤计算产品成本

D.大量大批多步骤生产，管理上需要分步骤计算产品成本

4.采用平行结转分步法，（　　）。

A.各步骤可以同时计算产品成本　　B.不能提供半成品成本资料

C.费用结转和半成品结转不同步　　D.必须进行成本还原

5.品种法是成本计算最基本的方法，是因为（　　）。

A.品种法最终都要计算出各产品品种的成本

B.品种法定期按月计算成本

C.品种法成本计算程序是成本计算的一般程序

D.品种法不需要进行费用分配

6.采用简化分批法，（　　）。

A.直接计入费用在发生时，应同时记入基本生产成本二级账及其所属生产成本明细账

B.间接计入费用在发生时，应同时记入基本生产成本二级账及其所属生产成本明细账

C.间接计入费用在发生时，应记入基本生产成本二级账，不记入其所属生产成本明细账

D.完工产品应负担的间接计入费用，应记入各完工批次的生产成本明细账

三、判断题

职业能力训练

判断题

1.制造业企业按其生产组织的特点可分为大量生产、成批生产和单件生产。（　　）

2.成本计算的基本方法一般是以成本计算对象命名的。（　　）

3.从生产工艺过程来看，品种法只能适用于单步骤生产类型的企业和车间。（　　）

4.分批法也称订单法，主要因为其成本计算对象是产品的批别或订单。（　　）

5.平行结转分步法特别适用于装配式大批大量多步骤生产的企业和车间。（　　）

6.逐步结转分步法与平行结转分步法的主要区别在于是否计算半成品成本。（　　）

7.采用平行结转分步法，其各生产步骤应转出的产成品份额，应以最终完工产成品的数量为基数计算。（　　）

8.采用逐步结转分步法，不论综合结转还是分项结转，对于第一步骤产品成本明细账的登记方法是一样的。（　　）

9. 简化分批法也称不分批计算完工产品成本分批法。 （　　）

10. 分步法中能直接反映产成品成本的原始构成项目的成本计算方法是逐步综合结转分步法。 （　　）

四、技能训练题

技能训练一

职业能力训练

技能训练题

【目的】掌握品种法的计算和账务处理方法。

【资料】某企业只有一个产品生产车间，单步骤大量生产甲、乙两种产品，月末在产品的完工程度均为50%。甲产品耗用工时为4 000小时，乙产品耗用工时为4 600小时。该企业2025年3月份有关资料见表8-56、表8-57。

表 8-56　　产量资料表　　单位：件

产品名称	月初在产品	本月投入	本月完工产品	月末在产品
甲产品	50	700	450	300
乙产品	70	580	550	100

表 8-57　　月初在产品成本　　单位：元

产品名称	直接材料	直接人工	制造费用
甲产品	2 000	400	400
乙产品	900	700	400

本月发生的生产费用如下：

（1）材料费用：生产甲产品耗用A材料4 000元，生产乙产品耗用A材料5 000元，甲、乙产品共同耗用B材料21 120元。甲、乙产品耗用的原材料均系开工时一次性投入。

（2）职工薪酬：生产工人薪酬为17 200元，生产车间管理人员薪酬为2 000元。

（3）其他费用：生产车间机器设备折旧费为1 000元，生产车间办公费为400元，生产车间水电费为900元。办公费和水电费均以银行存款支付。

有关费用的分配方法如下：

（1）甲、乙产品共同耗用的材料费用按产品数量分配。

（2）生产工人薪酬按工时分配。

（3）车间制造费用按工时分配。

【要求】

（1）编制材料费用分配、职工薪酬分配、其他费用分配的相关会计分录。

（2）编制制造费用分配的相关会计分录。

（3）计算甲、乙完工产品成本，编制完工产品入库的相关会计分录。

技能训练二

【目的】掌握简化分批法的计算和账务处理方法。

【资料】某企业采用简化分批法计算产品成本，相关资料如下：

（1）3月份投产的产品批号及产品完工情况为：

#1001 批号：A 产品 30 件，3 月 1 日投产，3 月 25 日完工。

#1002 批号：B 产品 20 件，3 月 5 日投产，月末完工 10 件。

#1003 批号：C 产品 10 件，3 月 15 日投产，尚未完工。

（2）各批号的原材料费用（系生产开始时一次性投入）和生产工时为：

#1001 批号：原材料 12 000 元，工时 3 200 小时。

#1002 批号：原材料 7 360 元，工时 1 500 小时（其中，完工产品 10 件，工时 960 小时；在产品 10 件，工时 540 小时）。

#1003 批号：原材料 2 800 元，工时 5 560 小时。

（3）月末全部产品直接人工费用 7 182 元，制造费用 11 286 元。

【要求】计算累计间接计入费用分配率，并据以计算完工批次产品成本，编制产成品成本结转的相关会计分录。

技能训练三

【目的】掌握综合结转分步法的计算和账务处理方法。

【资料】某企业大量大批生产甲产品，分两个步骤连续加工，采用综合结转分步法，半成品在各步骤成本明细账之间直接结转。该企业有关成本资料见表 8-58、表 8-59。

表 8-58　第一步骤生产成本明细账

产品名称：甲半成品　　金额单位：元

项　目	产量（件）	直接材料	直接人工	制造费用	合　计
月初在产品		7 500	1 500	2 100	11 100
本月发生		13 800	9 500	7 200	30 500
合　计					
完工半成品	25				
月末在产品		4 550	1 000	1 800	7 350

表 8-59　第二步骤生产成本明细账

产品名称：甲产品　　金额单位：元

项　目	产量（件）	半成品	直接人工	制造费用	合　计
月初在产品		10 060	3 000	4 040	17 100
本月发生			8 800	9 800	
合　计					
完工产成品	5				
月末在产品		13 485	3 500	5 140	22 125

【要求】

（1）按题中所示完成上述表格内容。

（2）编制甲半成品及产成品成本结转的相关会计分录。

（3）将甲产品中的半成品成本进行还原。

技能训练四

【目的】掌握成本还原的计算方法。

【资料】某企业采用综合结转分步法分三个步骤计算产品成本，各步骤的成本计算资料见表8-60。

表8-60　各步骤完工半成品、产成品成本　单位：元

生产步骤	半成品	直接材料	直接人工	制造费用	合　计
第一步骤完工半成品成本	—	40 000	16 000	4 000	60 000
第二步骤完工半成品成本	70 000	—	8 000	3 000	81 000
第三步骤完工产成品成本	77 760	—	4 000	12 000	93 760

【要求】根据上述资料进行成本还原。

技能训练五

【目的】掌握平行结转分步法的计算和账务处理方法。

【资料】某企业大量生产甲产品，分三个步骤连续进行，采用平行结转分步法。材料在第一步骤生产开始时一次性投入，各步骤在产品的加工程度均按50%计算。各步骤生产费用在完工产品和广义在产品之间的分配采用约当产量比例法进行，有关产量和费用资料见表8-61至表8-63。

表8-61　甲产品产量记录　计量单位：件

项　目	第一步骤	第二步骤	第三步骤
月初在产品	20	30	40
本月投入	100	80	60
本月完工	80	60	70
月末在产品	40	50	30

表8-62　甲产品月初在产品成本　单位：元

项　目	直接材料	直接人工	制造费用
第一步骤	1 000	850	700
第二步骤		500	300
第三步骤		200	300

表8-63　甲产品本月生产费用　单位：元

项　目	直接材料	直接人工	制造费用
第一步骤	8 500	1 870	1 340
第二步骤		2 000	950
第三步骤		1 500	380

【要求】计算各步骤应计入产成品成本的份额，并编制产成品成本结转的相关会计分录。

项目九　计算产品成本的辅助方法

学习目标

素养目标

1. 树立成本中心意识，培养责任担当品格；
2. 树立成本绩效意识，培养持续改进理念。

知识目标

1. 理解分类法的特点、成本计算程序和适用范围；
2. 理解定额法的特点、成本计算程序和适用范围；
3. 理解标准成本法的特点、成本计算程序和适用范围。

能力目标

1. 能运用分类法进行成本核算；
2. 能运用定额法进行成本核算；
3. 能运用标准成本法进行成本核算。

思维导图

课前导入

白象食品股份有限公司创建于1997年，是一家以生产销售方便面、挂面、面粉为主的食品企业，在河南、河北、山东、四川、吉林、山西等多省布局12个优质面制品生产基地。在挂面大类下，推出纯净白面系列、健康营养系列和特色创新系列产品；在健康营养系列下，按配料又分为西红柿面、怀山药面、荞麦面、燕麦面、金丝鸡蛋面、绿豆面等多个品种产品。

针对企业这样的生产特点，如果按品种法分别核算每种产品成本，成本会计工作量势必非常繁重，有什么办法可以简化成本核算呢？

任务一 运用分类法进行成本核算

微课

成本计算的分类法

品种法、分批法和分步法是产品成本计算的基本方法，每个企业一定可以在这三种方法中选择一种作为企业核算成本的计算方法。但是在一些企业中，比如灯泡厂，生产各种款式和瓦数的钨丝灯、荧光灯和卤素灯，再如钢铁厂，生产各种型号和规格的生铁、钢锭和钢材，虽然其产品品种众多，但是却可以先将生产工艺、材料消耗等情况接近的产品划分为一类，进而按产品类别进行生产费用归集，然后再按一定标准在类内的各种产品之间进行费用分配，从而达到简化成本计算工作的目的。

1.1 认知分类法的特点及适用范围

产品成本计算的分类法，是指按产品类别归集生产费用，先计算各类产品的总成本，然后再分别计算出类内各种产品成本的一种方法。

分类法与企业生产类型无直接关系，只要是产品品种、规格繁多，又可以按照一定标准划分为若干类别的企业或车间，均可以采用分类法计算成本，如服装厂、食品厂、电子元件厂、鞋厂、灯泡厂等。这些企业虽然产品品种规格很多，但是各种规格产品有其类似之处，表现为：❶产品所耗用的原材料相同；❷生产工艺、生产技术相近；❸产品规格、性能相仿。因此，可将类似产品划分为若干个大类进行成本计算。

分类法的特点体现在：❶按照产品类别归集生产费用，计算该类产品成本；❷类内不同品种产品的成本按照一定的分配方法分配确定。分类法是一种辅助方法，需要结合品种法、分批法或分步法完成成本核算。

1.2 分类法成本计算程序

分类法的成本计算程序如下：

（1）根据产品所用原材料和工艺技术的不同，将产品划分为若干类别，按照产品的类别设立产品成本明细账，归集产品的生产费用，计算各类产品成本。

（2）选择合理的分配标准，在类内各种产品之间分配费用，计算类内各种产品成本。

同类产品内各种产品之间分配费用的标准，一般有定额费用、定额耗用量、售价，以及产品体积、长度和重量等。在选择分配标准时，应选择与产品各项耗费的高低有密切联系的分配标准。在类内各种产品之间分配费用时，各成本项目可以采用同一分配标准分配，也可以按照成本项目的性质，分别采用不同的分配标准，使分配结果更加合理。

此外，为了简化分配工作，也可以将分配标准折算成相对固定的系数，按照固定的系数在类内各种产品之间分配费用。在分类法中，按照系数分配类内各种产品成本的方法称为系数法。确定系数时，一般是在类内选择一种产销量大、生产稳定、规格折中的产品，将其作为标准产品，并将其系数定为“1”，再用其他各种产品的分配标准与标准产品的分配标准相比，其比率即为其他各种产品的系数；然后将各种产品的实际产量，按系数折算为标准产品产量（即总系数）进行费用分配。对于在产品，可以先按约当产量折算成该完工产品的产量，再按系数折算为标准产品产量参与分配计算。需要说明的是，系数一经确定，在一定时期内应保持相对稳定。

1.3　分类法成本计算举例

分类法下，划分类内各完工产品成本的方法一般有定额比例法和系数法。定额比例法在项目七已有所体现，在此重点介绍系数法。

使用系数法在类内各种产品之间进行成本分配，系数可按下列公式计算：

$$单位产品系数=\frac{该种产品的分配标准(定额成本、产量、体积等)}{标准产品的分配标准(定额成本、产量、体积等)}$$

$$某种产品总系数=该种产品实际产量\times该种产品单位产品系数$$

$$费用分配率=\frac{该类完工产品的总成本(分成本项目)}{各种产品总系数之和}$$

$$某种产品应分配的成本=该种产品总系数\times费用分配率$$

【例 9-1】太阳花公司主要从事糖果和膨化食品的生产，产品品种规格较多，成本计算采用分类法。该公司将全部产品划分为糖果和膨化食品两类，糖果类产品包括甲、乙、丙、丁四种。采用系数法分配类内各种产品成本。

分析：甲、乙、丙、丁四种产品生产工艺、材料消耗情况相近，可以划分为糖果类。每月先按类进行生产费用归集，月末在类内进行成本分配。

（1）2025 年 3 月，糖果类产品共发生以下消耗：直接材料 386 330 元，直接人工 228 480 元，制造费用 90 848 元。使用系数法在类内进行成本分配。

分析：在甲、乙、丙、丁四种产品中挑选一种具有一定代表性的产品作为标准产品（本例将乙产品作为标准产品），将其各项消耗作为系数“1”，再计算其他各种产品的系数。

（2）根据原材料消耗定额计算材料费用系数，根据工时定额计算工时系数，具体见表 9-1、表 9-2。

表 9-1　　材料费用系数表

产品名称	原材料消耗定额（千克）	材料费用系数
甲	54	54÷60=0.90
乙	60	1
丙	69.60	69.60÷60=1.16
丁	51	51÷60=0.85

表 9-2　　工时系数表

产品名称	工时定额（小时）	工时系数
甲	9.60	9.60÷12=0.80
乙	12	1
丙	13.20	13.20÷12=1.10
丁	10.80	10.80÷12=0.90

分析：结合各种产品的实际产量及其系数计算总系数，进行类内成本分配。

（3）在糖果类产品内进行各种产品的成本分配计算，见表9-3。

表9-3　成本计算表　金额单位：元

产品名称	实际产量（个）	单位系数		总系数		直接材料	直接人工	制造费用	总成本	单位成本
		材料费用系数	工时系数	材料费用	其他费用					
甲	1 200	0.90	0.80	1 080	960	37 800	20 160	8 016	65 976	54.98
乙	4 500	1	1	4 500	4 500	157 500	94 500	37 575	289 575	64.35
丙	2 800	1.16	1.10	3 248	3 080	113 680	64 680	25 718	204 078	72.89
丁	2 600	0.85	0.90	2 210	2 340	77 350	49 140	19 539	146 029	56.17
合计	—	—	—	11 038	10 880	386 330	228 480	90 848	705 658	—

其中：

直接材料分配率=386 330÷11 038=35

甲产品直接材料=1 080×35=37 800（元）

乙产品直接材料=4 500×35=157 500（元）

丙产品直接材料=3 248×35=113 680（元）

丁产品直接材料=2 210×35=77 350（元）

直接人工分配率=228 480÷10 880=21

甲产品直接人工=960×21=20 160（元）

乙产品直接人工=4 500×21=94 500（元）

丙产品直接人工=3 080×21=64 680（元）

丁产品直接人工=2 340×21=49 140（元）

制造费用分配率=90 848÷10 880=8.35

甲产品制造费用=960×8.35=8 016（元）

乙产品制造费用=4 500×8.35=37 575（元）

丙产品制造费用=3 080×8.35=25 718（元）

丁产品制造费用=2 340×8.35=19 539（元）

根据成本计算表，编制会计分录如下：

借：库存商品——甲　65 976
　　　　　　——乙　289 575
　　　　　　——丙　204 078
　　　　　　——丁　146 029
　贷：生产成本——基本生产成本——糖果类（直接材料）　386 330
　　　　　　　　　　　　　　　——糖果类（直接人工）　228 480
　　　　　　　　　　　　　　　——糖果类（制造费用）　90 848

经验总结

采用分类法计算产品成本，不仅能够简化成本计算工作，而且能够在产品品种规格繁多的情况下分类掌握产品成本的情况。但是，使用分类法也需要注意以下问题：一是对产品的分类，即应以所耗原材料和工艺技术过程是否相近为标准。在对产品分类时，类距不能定得过小，使成本计算工作复杂化；也不能定得过大，造成成本计算上的“大锅烩”，影响成本计算的准确性。二是在类内进行各种产品成本分配时，要谨慎选择标准产品。由于对类内各种产品成本的计算，都是按一定的分配标准按比例进行分配的，计算结果有一定的假定性。因此，在分类法下，标准产品和分配标准（或系数）的选定是否适当是一个关键性的问题。在产品结构、所耗原材料或工艺技术发生较大变化时，应及时修订分配系数，或另选分配标准，以保证成本计算的准确性。

任务二　运用定额法进行成本核算

2.1　认知定额法的特点及适用范围

微课

成本计算的定额法

定额法，是指以产品的定额成本为基础，加上（或减去）脱离定额差异、材料成本差异和定额变动差异来计算产品实际成本的一种成本计算辅助方法。定额法克服了前面述及的品种法、分批法、分步法和分类法在成本管理方面存在的缺陷，能及时揭示生产费用脱离定额的差异，是一种成本计算与成本管理相结合的方法。其特点表现为：

（1）事先制定产品的各项消耗定额、费用定额和定额成本，作为降低成本的目标。

（2）在发生生产耗费的当时，就将符合定额的费用和发生的差异分别核算，以加强对成本差异的日常核算、分析和控制。

（3）月末，在定额成本的基础上，加减各种成本差异，计算产品的实际成本。

需要指出的是，定额法不是一种独立的成本计算方法，必须与品种法、分步法、分批法等相结合使用。

定额法与生产类型没有直接关系，无论何种生产类型，只要企业需要且具备下列条件，都可采用定额法计算产品成本：

（1）企业的定额管理制度比较健全，定额管理工作基础较好。

（2）产品的生产已经定型，消耗定额比较准确、稳定。

2.2　定额法成本计算程序

采用定额法计算产品成本，实际成本的计算公式如下：

实际成本=定额成本±脱离定额差异±材料成本差异±定额变动差异

1）计算定额成本

定额成本，是指根据企业经营水平所确定的各种产品成本项目的耗费定额，即企业产品生产成本的现行定额，它反映了当期应达到的成本水平。采用定额法计算产品成本，必须先制定产品的原材料、工时等消耗定额，并根据各项消耗定额和原材料的计划单价、计划的工资率、计划的制造费用率等资料，计算产品的各项费用定额和产品的单位定额成本。产品定额成本的制定过程，既是对产品成本事前控制的过程，也是计算产品实际成本的基础，更是企业对生产费用进行事中控制和事后分析的依据。定额成本要按成本项目分别计算，从而与实际的成本项目保持一致。单位产品定额成本及各成本项目定额成本可用下列公式计算：

单位产品定额成本=直接材料定额成本+直接人工定额成本+制造费用定额成本

其中：

直接材料定额成本=直接材料消耗定额×材料计划单价

直接人工定额成本=产品生产工时消耗定额×计划小时工资率

制造费用定额成本=产品生产工时消耗定额×计划小时费用率

定额成本的计算一般是通过编制定额成本计算表进行的，企业的情况不同，具体编制方法也不同：在产品结构简单、零部件较少的情况下，可以先计算零件定额成本，然后再汇总计算部件定额成本，最后计算产品定额成本；如果产品的结构复杂、零部件较多，可以以产品为对象，直接计算确定产品定额成本。

2）计算脱离定额差异

脱离定额差异，是指生产过程中各项生产费用的实际支出脱离现行定额的差异。在生产费用发生时，企业应将实际生产费用划分为符合定额的费用和脱离定额的差异，分别编制定额凭证和差异凭证，从而达到控制生产费用支出的目的。脱离定额差异一般是按成本项目进行计算的，包括直接材料脱离定额差异、直接人工脱离定额差异和制造费用脱离定额差异。计算和分析脱离定额成本的差异是定额法的核心内容。

（1）直接材料脱离定额差异。

在各成本项目中，材料费用一般占有较大比重，而且属于直接计入费用，因而有必要也有可能在费用发生时按产品品种计算定额费用和脱离定额的差异。

从计算直接材料定额成本的计算公式来看，直接材料脱离定额差异应当包括两个部分，即由材料消耗差异引起的量差和由单价差异引起的价差。但在实际操作时，为了便于产品成本的分析和考核，一般单独计算产品成本应负担的材料成本差异（即价差）。也就是说，直接材料脱离定额差异仅体现为材料消耗量差异乘以材料计划单位成本，是产品生产中实际用料数量脱离现行定额而形成的差异（即量差）。

直接材料脱离定额差异的计算一般有三种方法：限额法、切割法和盘存法。

❶限额法。定额法下，材料的领用应该实行限额领料（或定额发料）制度，符合定额的材料应根据限额领料单等定额凭证领发。如果由于增加产量导致需要增加用料时，在追加限额手续后，可以根据定额凭证领发。但如果由于其他原因发生超额用料，则应填制专设的超额领料单等差异凭证以示区别，并经过一定的审批手续后领发，以控制日常用料。

特别提示

每批生产任务完成后，应根据车间剩余材料的情况编制退料手续。退料单也是一种差异凭证，并且退料单中的材料数额形成了直接材料脱离定额的节约差异。另外，在使用限额法时，要重点关注投产的产品数量是否等于规定产品的数量、所领材料的数量是否等于材料的实际消耗量。

【例 9-2】某企业车间限额领料单规定的产品数量为1 000件，每件产品的材料消耗定额为5千克，即领料限额为5 000千克。本月实际领料4 900千克，领料差异为少领100千克。材料计划单价为10元/千克。现假定以下三种情况：

第一种情况，本期投产产品数量符合限额领料单规定的产品数量，也是1 000件，且期初、期末均无余料。

材料定额消耗量=1 000×5=5 000（千克）

材料实际消耗量=4 900千克

材料脱离定额差异（数量）=4 900−5 000=−100（千克）

材料脱离定额差异（金额）=10×（−100）=−1 000（元）

第二种情况，本期投产产品的数量为1 000件，车间期初有余料100千克，期末有余料150千克。

材料定额消耗量=1 000×5=5 000（千克）

材料实际消耗量=4 900+100−150=4 850（千克）

材料脱离定额差异（数量）=4 850−5 000=−150（千克）

材料脱离定额差异（金额）=10×（−150）=−1 500（元）

第三种情况，本期投产产品的数量为900件，车间期初有余料100千克，期末有余料150千克。

材料定额消耗量=900×5=4 500（千克）

材料实际消耗量=4 900+100−150=4 850（千克）

材料脱离定额差异（数量）=4 850−4 500=350（千克）

材料脱离定额差异（金额）=10×350=3 500（元）

从以上计算可以看出，只有当产品投产数量等于规定的产品数量，且车间期初、期末均无余料或期初、期末余料数量相等时，领料差异才是材料脱离定额的差异。

❷切割法。对于一些需要进行切割才能使用的材料，如板材、棒材等，为了更好地控制用料差异，可以通过切割法进行核算，即通过专设的材料切割核算凭证“材料切割核算单”来核算材料脱离定额的差异。

“材料切割核算单”应按切割材料的批别开立，在核算单中要填明发交切割材料的种类、数额、消耗定额和应切割成的毛坯数量。切割完成后，要填写实际切割成的毛坯数量和实际消耗量。根据实际切割成的毛坯数量和消耗定额，计算出材料定额耗用量，再将此与材料实际消耗量相比较，进而确定材料脱离定额的差异。

【例 9-3】某企业车间发出材料1 000千克，切割成零件毛坯300个，每个零件消耗定额为3千克，材料计划单价为5元/千克。

材料定额消耗量=300×3=900（千克）

材料实际消耗量=1 000千克

材料脱离定额差异（数量）=1 000−900=100（千克）

材料脱离定额差异（金额）=5×100=500（元）

❸盘存法。盘存法下，需要根据完工产品的数量和在产品的数量计算产品投产数量；将产品投产数量乘以材料消耗定额，计算出材料定额消耗量；根据限额领料单、

超额领料单、退料单等凭证以及车间余料盘存资料，计算材料实际消耗量；最后将材料的定额消耗量与实际消耗量进行对比，进而确定材料脱离定额的差异。

【例 9-4】某企业车间生产甲产品，采用定额法进行成本核算。本月期初在产品 50 件，本月完工 650 件，期末在产品 80 件。材料在生产开始时一次性投入，材料消耗定额为每件 10 千克，计划单价为 6 元/千克。本月材料限额领料凭证登记数量为 6 800 千克，材料超额领料凭证登记数量为 400 千克，期末车间盘存余料为 200 千克。本月材料脱离定额差异的计算如下：

投产数量=650+80−50=680（件）

材料定额消耗量=680×10=6 800（千克）

材料实际消耗量=6 800+400−200=7 000（千克）

材料脱离定额差异（数量）=7 000−6 800=200（千克）

材料脱离定额差异（金额）=6×200=1 200（元）

编制会计分录如下：

借：生产成本——基本生产成本——甲产品（定额成本）(6 800×6)	40 800	
——甲产品（脱离定额差异）	1 200	
贷：原材料		42 000

（2）直接人工脱离定额差异。

企业工人工资的核算形式一般有两种：计时工资和计件工资。计件工资制度下，在计件工资以外所支付的工资均属于工资的脱离定额差异。对于脱离定额差异，应设置“工资补付单”等差异凭证，并注明产生差异的原因，以便根据工资差异凭证进行分析。计时工资制度下，工人工资脱离定额的差异在平时只以工时进行考核，等月末实际工人工资总额确定后可采用以下公式进行计算：

直接人工脱离定额差异=实际人工费用−定额人工费用

其中：

实际人工费用=实际产量的实际工时×实际小时工资率

定额人工费用=实际产量的定额工时×计划小时工资率

实际小时工资率=实际人工费用÷实际生产工时总数

计划小时工资率=计划产量的定额人工费用÷计划产量的定额生产工时总数

【例 9-5】某企业车间生产甲产品，采用定额法进行成本核算。本月计划工资总额 45 000 元，计划产量 600 件，单位工时定额 20 小时；实际工资总额 38 850 元，实际产量 500 件，实际生产工时 10 500 小时。

实际小时工资率=38 850÷10 500=3.70（元/小时）

计划小时工资率=45 000÷（600×20）=3.75（元/小时）

实际人工费用=38 850元

定额人工费用=500×20×3.75=37 500（元）

直接人工脱离定额差异=38 850−37 500=1 350（元）

编制会计分录如下：

借：生产成本——基本生产成本——甲产品（定额成本）　37 500
　　　　　　　　　　　　　——甲产品（脱离定额差异）　1 350
　贷：应付职工薪酬——工资　38 850

（3）制造费用脱离定额差异。

制造费用在日常核算中不能按照产品品种直接核算脱离定额差异，而只能按照费用发生的车间、部门和费用的项目计算脱离定额的差异，据以控制和监督费用的发生。月末确定实际制造费用总额后，可以比照计时工资制下直接人工费用的计算公式计算制造费用脱离定额差异。

【例 9-6】某企业车间生产甲产品，采用定额法进行成本核算。本月计划制造费用总额 154 000 元，计划产量 550 件，单位工时定额 10 小时；实际制造费用总额 148 770 元，实际产量 580 件，实际生产工时 5 510 小时。

实际小时制造费用率=148 770÷5 510=27（元/小时）

计划小时制造费用率=154 000÷（550×10）=28（元/小时）

实际制造费用=148 770元

定额制造费用=580×10×28=162 400（元）

制造费用脱离定额差异=148 770−162 400=−13 630（元）

编制会计分录如下：

借：生产成本——基本生产成本——甲产品（定额成本）　162 400
　贷：制造费用　148 770
　　　生产成本——基本生产成本——甲产品（脱离定额差异）　13 630

3）计算材料成本差异

材料成本差异，是指材料的实际成本与计划成本间的差额。采用定额法计算产品成本的企业，原材料的日常核算是按照计划成本来组织的，直接材料项目脱离定额差异，是指材料消耗数量的差异（量差），其金额为原材料消耗数量差异与其计划单位成本的乘积，不包括材料成本差异（价差）。因此，在月末计算产品的实际成本时，还必须将原材料的计划成本调整为实际成本，即计算和分配本月消耗的原材料应负担的材料成本差异。其计算公式如下：

某产品应负担的材料成本差异=（该产品材料定额成本±材料脱离定额差异）×材料成本差异率

【例 9-7】某企业车间生产甲产品，采用定额法进行成本核算。本月所耗原材料的定额成本为 153 000 元，脱离定额差异为超支 4 000 元。假设材料成本差异率为超支 5%，则应负担的材料成本差异额可计算如下：

应分配的材料成本差异额=（153 000+4 000）×5%=7 850（元）

编制会计分录如下：

借：生产成本——基本生产成本——甲产品（材料成本差异）　7 850
　贷：材料成本差异　7 850

4）计算定额变动差异

定额变动差异，是指企业对定额进行修改而产生的新旧定额之间的差异。它是定

额本身变动的结果，与生产费用的节约和超支无关。各项消耗定额的修改，一般在年初进行；若年度内需要修改，一般在月初进行。在有定额变动的月份，本月投入产品按新定额计算定额成本和脱离定额差异，但月初在产品定额成本是由上月末结转而来，仍然是按旧定额计算的，因此需要对月初在产品的旧定额成本进行调整并按新定额计算，使其能与本月新投产产品的定额成本计算口径一致。

各种消耗定额的变动，一般表现为不断下降的趋势，因而月初在产品定额变动的差异，通常表现为月初在产品定额成本的降低。在这种情况下，一方面应从月初在产品成本中扣除该项差异（定额成本调整数），即将月初在产品成本调整成为按新定额计算的成本；另一方面由于该项差异是月初在产品生产费用的实际支出，因此还应将该项差异计入本月产品成本（定额变动差异数）。相反，若消耗定额不是下降而是提高，那么在计算出定额变动差异后，应将此差异项加入月初在产品定额成本之中（定额成本调整数），同时从本月产品成本中予以扣除（定额变动差异数），因为实际上其并未发生这部分支出。

经验总结

定额降低时，定额成本调整数为负，定额变动差异数为正；定额提高时，定额成本调整数为正，定额变动差异数为负。定额成本调整数和定额变动差异数两者数额相等，正负号相反。

【例 9-8】某企业车间生产甲产品，采用定额法进行成本核算。本月月初有甲在产品 500 件，直接材料定额成本为每件 55 元，直接材料脱离定额差异为超支 1 000 元。从本月起，由于生产技术水平提高，直接材料定额成本降低为每件 50 元，本月投产 1 000 件，实际发生直接材料费用 52 000 元。月末 1 500 件产品全部完工。完工产品实际材料成本计算见表 9-4。

表 9-4　**成本计算表**　单位：元

项目		金额
月初在产品	定额成本	55×500=27 500
	脱离定额差异	1 000
月初在产品定额变动	定额成本调整数	（50−55）×500=−2 500
	定额变动差异数	（55−50）×500=2 500
本月生产费用	定额成本	50×1 000=50 000
	脱离定额差异	52 000−50 000=2 000

完工产品实际材料成本=定额成本+脱离定额差异+定额变动差异

$$=\left(\text{期初在产品按新定额计算成本}+\text{本期发生定额成本}\right)+\left(\text{期初在产品脱离定额差异}+\text{本期发生脱离定额差异}\right)+\text{定额变动差异}$$

$$=[(27\,500-2\,500)+50\,000]+(1\,000+2\,000)+2\,500$$

$$=80\,500\text{（元）}$$

2.3　定额法成本计算举例

采用定额法计算产品成本，其实际成本是由定额成本、脱离定额差异、材料成本差异和定额变动差异等四个要素构成的。生产费用的日常核算往往是分成本项目，并按定额成本和各种差异分别核算。脱离定额差异、材料成本差异和定额变动差异一般应按照定额成本比例，在月末完工产品和在产品之间进行分配。为了简化核算，有时也可以将各项差异全部由完工产品承担。

【例 9-9】某企业车间生产甲产品，采用定额法进行成本核算，有关资料及成本计算过程如下：

（1）甲产品产量记录见表 9-5。

表 9-5　产量记录　计量单位：件

产品名称	月初在产品	本月投产	月末完工产品	月末在产品
甲产品	20	80	70	30

（2）甲产品本月定额成本资料见表 9-6。

表 9-6　定额成本资料　金额单位：元

成本项目	计划单价	单位产品消耗定额	单位定额成本
直接材料	5	114 千克	570
直接人工	2	100 小时	200
制造费用	1	100 小时	100
合　计	8		870

（3）月初在产品成本资料见表 9-7。

表 9-7　月初在产品成本资料　单位：元

成本项目		直接材料	直接人工	制造费用	合　计
月初在产品（20 件）	定额成本	12 000	2 000	1 000	15 000
	脱离定额差异	400	100	80	580

另外，由于上月直接材料的单位产品消耗定额为 120 千克/件，按此标准核定的 20 件在产品定额成本为 12 000 元（120×5×20），再加上直接材料成本项目的脱离定额差异为 400 元，月初在产品直接材料成本项目的实际成本为 12 400 元（12 000+400）。

本月由于生产技术水平进步，将该项消耗定额进行了重新核定，新的单位产品消耗定额为 114 千克/件，则 20 件月初在产品定额成本应该重新核定为 11 400 元（114×5×20），而脱离定额差异仍为 400 元，此时计算直接材料成本项目的实际成本只有 11 800 元（11 400+400）。也就是说，由于定额自身的调整，产生了 600 元（12 400−11 800）的定额变动差异。

（4）本月投产发生生产费用资料见表 9-8。

表 9-8　本月投产发生生产费用资料　单位：元

成本项目		直接材料	直接人工	制造费用	合　计
本月生产费用	定额成本	45 600	16 000	8 000	69 600
	脱离定额差异	−1 000	200	−70	−870

另外，本月直接材料成本差异率为-1%，则根据本月发生定额及脱离定额差异情况，可以计算如下：

直接材料成本差异额=（45 600-1 000）×（-1%）=-446（元）

（5）其他资料如下：

①甲产品生产工艺为生产开始时一次性投料。

②脱离定额差异需要在完工产品和在产品之间进行分配，定额变动差异和材料成本差异全部由完工产品负担。

要求：采用定额法计算本月甲产品完工产品成本和月末在产品成本。

分析：定额法下，由于实际成本是根据定额成本、定额变动差异、材料成本差异以及脱离定额差异计算的，所以生产成本明细账也需要据此进行成本项目设计。

甲产品生产成本明细账见表9-9。

表 9-9 生产成本明细账

产品名称：甲产品　　　　单位：元

成本项目		直接材料	直接人工	制造费用	合　计
月初在产品	定额成本（1）	12 000	2 000	1 000	15 000
	脱离定额差异（2）	400	100	80	580
	定额成本调整（3）	-600			-600
	定额变动差异（4）	600			600
本月生产费用	定额成本（5）	45 600	16 000	8 000	69 600
	脱离定额差异（6）	-1 000	200	-70	-870
	材料成本差异（7）	-446			-446
合　计	定额成本（8）=（1）+（3）+（5）	57 000	18 000	9 000	84 000
	脱离定额差异（9）=（2）+（6）	-600	300	10	-290
	材料成本差异（10）=（7）	-446			-446
	定额变动差异（11）=（4）	600			600
完工产品成本	定额成本（12）	39 900	14 000	7 000	60 900
	脱离定额差异（13）	-418.95	233.80	7.70	-177.45
	材料成本差异（14）=（10）	-446			-446
	定额变动差异（15）=（11）	600			600
	实际成本（16）=（12）+（13）+（14）+（15）	39 635.05	14 233.80	7 007.70	60 876.55
月末在产品成本	定额成本（17）	17 100	4 000	2 000	23 100
	脱离定额差异（18）=（9）-（13）	-181.05	66.20	2.30	-112.55

完工产品成本中的脱离定额差异的计算过程如下：

直接材料脱离定额差异率=−600÷57 000×100%=−1.05%

直接材料脱离定额差异=−1.05%×39 900=−418.95（元）

直接人工脱离定额差异率=300÷18 000×100%=1.67%

直接人工脱离定额差异=1.67%×14 000=233.80（元）

制造费用脱离定额差异率=10÷9 000×100%=0.11%

制造费用脱离定额差异=0.11%×7 000=7.70（元）

注：计算结果保留至小数点后两位。

采用定额法计算产品成本，其优点就是可以在完成成本会计核算职能的基础上，充分发挥成本会计控制和监督的职能。在计算产品实际成本的同时，完成成本计划编制、定额考核、差异分析等工作，有利于加强成本控制和进一步挖掘企业降低成本的潜力。采用定额法计算产品成本的主要缺点就是核算工作量大。

任务三 运用标准成本法进行成本核算

3.1 认知标准成本法的特点及适用范围

标准成本法，是一种对比标准成本与实际成本差异，并对成本差异进行因素分析，据以加强成本控制的方法。标准成本法为绩效管理和成本控制提供了参照指标。通过对比实际发生的成本是提高还是降低，可以判断资源是否得到有效利用。通过因素分析对生产和管理过程进行调整和改进以达到控制成本、提高效率、增加利润的目的，是一种成本计算与成本管理相结合的方法。

标准成本法适用于连续进行大批量生产、技术工艺相对固定、管理较为成熟并且生产经营活动可以明确计量的企业，如机械制造业、服装业、运输业、建筑业、食品制造业等。

标准成本法应具备三个元素：标准成本、实际成本和成本差异。其特点在于：

第一，制定遵循科学性、客观性、稳定性的标准成本。标准成本应当是在目前生产技术水平和正常生产经营条件下，经过调查研究、技术分析预先制定的可供参照的指标水平。

第二，明确确认并准确计量实际发生的生产耗费。

第三，计算标准成本与实际成本之间的差异，采用因素分析法追踪差异产生的原因，为成本管理提供依据。企业应当发展有利差异因素，规避不利差异因素，合理分配资源，高效考核并激励员工。

标准成本法下，产品成本明细账只计算各种产品的标准成本，不计算实际成本。企业的原材料、在产品、产成品和销售产品成本按照标准成本入账，实际成本与标准成本之间的差异通过差异账户归集，在月末编制成本差异汇总表。

在会计期末，对各差异账户余额进行归集，可采用以下处理方法：当差异金额较小时，将全部金额转入“主营业务成本”账户，反映当期损益。或者按照标准成本比例在在产品、产成品和销售产品之间进行分配，以反映真实成本状况。

3.2 标准成本法成本计算程序

1）计算标准成本

标准成本由直接材料、直接人工、制造费用的标准成本构成。各个成本项目的标准成本，通常是由用量标准和价格标准两个因素决定。

成本项目的标准成本=用量标准×价格标准

其中，直接材料的用量标准是指生产完成单位产品耗用的各项原材料数量，其中包括合理损耗。直接材料的价格标准以取得原材料的完全成本为依据，包括买价（除折扣）、税费、运费、装卸费及入库前的挑选整理等费用。直接材料标准成本的计算公式如下：

$$\text{直接材料标准成本}=\sum(\text{直接材料用量标准}\times\text{直接材料价格标准})$$

直接人工用量标准是指在当前生产条件和技术水平下，生产单位产品各工序所耗用的直接人工工时之和，包括合理的停工、休息及废品损耗工时。直接人工标准成本的计算公式如下：

直接人工标准成本=单位产品工时标准×小时工资率标准

标准成本法需将制造费用分为变动制造费用和固定制造费用两类。变动制造费用，是指随产量增加而发生变动的制造费用。例如，生产产品发生的水电费、为生产提供的辅助材料的消耗、车间管理人员与产量挂钩的工资部分等。固定制造费用，指的是不随生产情况发生变动的制造费用。也就是说，无论是否生产，无论产量多大，这部分费用是不变的。例如，生产车间的租金、机器设备的折旧、车间管理人员的固定工资部分等。有关制造费用标准成本的计算公式如下：

变动制造费用标准成本=单位产品工时标准×变动制造费用分配率

$$\text{变动制造费用分配率}=\frac{\text{变动制造费用预算总额}}{\text{标准总工时}}$$

固定制造费用标准成本=单位产品工时标准×固定制造费用分配率

$$\text{固定制造费用分配率}=\frac{\text{固定制造费用预算总额}}{\text{标准总工时}}$$

2）计算成本差异

成本差异是指实际生产经营发生的成本与预先制定的标准成本之间的差额。成本差异包括直接材料差异、直接人工差异和制造费用差异。实际成本低于标准成本形成的节约差为有利差异，实际成本高于标准成本形成的超额差为不利差异。

计算成本差异的通用公式为：

成本差异=实际成本−标准成本

差异的形成原因分为价格差异和数量差异。其计算公式如下：

标准成本=标准用量×标准价格　①

实际投入的标准成本=实际用量×标准价格　②

实际成本=实际用量×实际价格　③

②−①=数量差异（量差）

③−②=价格差异（价差）

①−③=成本差异总额=量差+价差

标准成本法成本差异分析通用模式如图9-1所示。

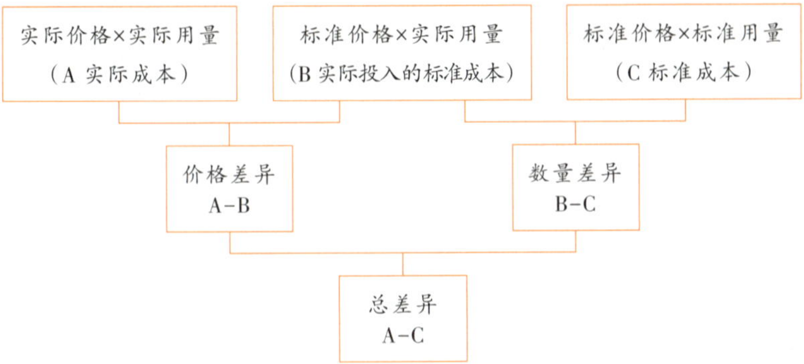

图9-1　标准成本法成本差异分析通用模式

特别提示

成本差异计算采用比较法和因素分析法，按先数量因素后质量因素、先实物指标后价值指标的原则进行连环替代，即先量差后价差的顺序，替代顺序不得随意变更。

（1）直接材料成本差异计算。

直接材料成本差异是指生产一定数量的产品所耗用的直接材料实际成本和直接材料标准成本的差额，由直接材料数量差异和价格差异构成。账务处理时设置“直接材料数量差异”（材料量差）、“直接材料价格差异”（材料价差）两个账户，借方登记超支差（不利差异），贷方登记节约差（有利差异）和差异转销额。其计算公式如下：

直接材料数量差异=实际用量×标准价格-标准用量×标准价格
=标准价格×（实际用量-标准用量）
直接材料价格差异=实际用量×实际价格-实际用量×标准价格
=实际用量×（实际价格-标准价格）

在分析直接材料成本差异时应从实际情况出发，从多个部门角度探求原因，以便采取针对性的措施。直接材料成本差异受标准成本本身的影响，如果制定标准过于严苛，那么差异必将存在。在标准成本科学合理的前提下，直接材料的数量差异应由生产车间主管承担主要责任，生产部门是否定期进行员工培训、是否进行有效监督、是否按时对机器设备进行维护等，都将导致直接材料产生数量差异。此外，人力资源部门是否录用合格工人、采购部是否采购合格原材料也会造成直接材料成本的数量差异。直接材料的价格差异应由采购经理承担主要责任。采购人员的议价能力、职业操守、购买方式、供应商选择、交货方式、运输工具和材料质量等都会影响原材料的实际价格。另外，宏观因素如市场供求变化也会导致直接材料成本的价格差异。

【例9-10】嘉实公司8月份计划生产A产品共2 000件，实际生产A产品2 200件。实际消耗甲材料13 000千克，甲材料单价为16.5元/千克。A产品的标准成本数据见表9-10。计算嘉实公司A产品8月份直接材料成本差异，并编制会计分录。

表 9-10　　嘉实公司A产品标准成本　　金额单位：元

成本项目	标准用量	标准价格	金额
直接材料			
甲材料	6 千克	15	90
直接人工	1.5 小时	12	18
变动制造费用	1.5 小时	6	9
固定制造费用	1.5 小时	4	6

直接材料数量差异=15×（13 000−2 200×6）= −3 000（元）（有利差异）

直接材料价格差异=13 000×（16.5−15）=19 500（元）（不利差异）

A产品直接材料成本差异=−3 000+19 500=16 500（元）（不利差异）

编制会计分录如下：

借：生产成本——基本生产成本——A产品（直接材料）　198 000
　　直接材料价格差异　19 500
　贷：原材料——甲材料　214 500
　　　直接材料数量差异　3 000

（2）直接人工成本差异计算。

直接人工成本差异是指生产一定数量的产品直接人工实际成本和直接人工标准成本的差额，由直接人工效率差异（数量差异）和工资率差异（价格差异）构成。账务处理时应设置“直接人工效率差异”（人工量差）、“直接人工工资率差异”（人工价差）两个账户，借方登记超支差（不利差异），贷方登记节约差（有利差异）和差异转销额。其计算公式如下：

直接人工效率差异=实际工时×标准工资率−标准工时×标准工资率
　　　　　　　　=标准工资率×（实际工时−标准工时）

直接人工工资率差异=实际工时×实际工资率−实际工时×标准工资率
　　　　　　　　　=实际工时×（实际工资率−标准工资率）

直接人工的成本差异同样受标准成本本身的影响。其中，直接人工效率差异与生产员工技术熟练度、机器设备运转情况以及原材料的利用效率有关。过分强调该差异可能导致生产管理者为了避免返工和加班，牺牲产品质量，因此要结合产品质量分析该差异。直接人工工资率差异受用工市场供求情况、工作时间段、用工结构等因素影响。

【例 9-11】嘉实公司 8 月份计划生产 A 产品 2 000 件，实际生产 2 200 件，实际发生工时 3 100 小时，实际支付工资 46 500 元。A 产品的标准成本数据见表 9-10。

要求：计算嘉实公司 A 产品 8 月份直接人工成本差异，并编制相应会计分录。

标准工时=2 200×1.5=3 300（小时）

实际工资率=46 500÷3 100=15（元/小时）

直接人工效率差异=12×（3 100−3 300）=−2 400（元）（有利差异）

直接人工工资率差异= 3 100×（15−12）=9 300（元）（不利差异）

A产品直接人工成本差异=-2 400+9 300=6 900（元）（不利差异）

编制会计分录如下：

借：生产成本——基本生产成本——A产品（直接人工）　　39 600
　　直接人工工资率差异　　9 300
　贷：应付职工薪酬　　46 500
　　　直接人工效率差异　　2 400

（3）变动制造费用成本差异计算。

变动制造费用成本差异是指生产一定数量的产品变动制造费用实际成本和变动制造费用标准成本的差额，由变动制造费用效率（数量）差异和耗费（价格）差异构成。账务处理时设置“变动制造费用效率差异”（变动制造费用量差）、“变动制造费用耗费差异”（变动制造费用价差）两个账户，借方登记不利差异，贷方登记有利差异。

变动制造费用的组成项目很多，如间接材料、间接人工、水电费、维修费等。这些项目的价格变动会影响变动制造费用的耗费差异。而变动制造费用效率差异与直接人工效率差异直接相关，如果二者成正比，那么，变动制造费用效率差异也是由于直接人工的高效或低效引起，故生产部门对这部分差异负主要责任。

变动制造费用效率差异=实际工时×标准分配率-标准工时×标准分配率

=标准分配率×（实际工时-标准工时）

变动制造费用耗费差异=实际工时×实际分配率-实际工时×标准分配率

=实际工时×（实际分配率-标准分配率）

【例9-12】嘉实公司8月份计划生产A产品2 000件，实际生产2 200件，实际发生工时3 100小时，实际发生变动制造费用17 050元，变动制造费用以直接人工工时为分配标准。A产品的标准成本数据见表9-10。计算嘉实公司A产品8月份变动制造费用成本差异，并编制会计分录。

标准工时=2 200×1.5=3 300（小时）

实际分配率=17 050÷3 100=5.5（元/小时）

变动制造费用效率差异= 6×（3 100-3 300）= - 1 200（元）（有利差异）

变动制造费用耗费差异= 3 100×（5.5-6）= -1 550（元）（有利差异）

A产品变动成本差异=-1 200-1 550= -2 750（元）（有利差异）

编制会计分录如下：

借：生产成本——基本生产成本——A产品（制造费用）　　19 800
　贷：制造费用　　17 050
　　　变动制造费用效率差异　　1 200
　　　变动制造费用耗费差异　　1 550

（4）固定制造费用成本差异计算。

固定制造费用成本差异是指生产一定数量的产品所耗费的实际固定制造费用与标准制造费用的差额。在进行账务处理时应设置“固定制造费用预算差异”（耗费差异）和“固定制造费用能量差异”（以两差异法为例）账户，借方登记不利差异，贷方登记有利差异。其计算公式如下：

固定制造费用差异=固定制造费用实际成本-固定制造费用标准成本

$$固定制造费用标准分配率=\frac{预算固定制造费用}{预算产量标准工时}$$

$$固定制造费用实际分配率=\frac{实际固定制造费用}{实际工时}$$

固定制造费用构成项目有很多，对其进行逐项对比才能探求差异原因。通常，这类费用难以在短期内进行调控。在实际账务处理中，企业经常出于工作量和成本考虑，按照生产车间划分制造费用，而不再细分为变动制造费用和固定制造费用。

固定制造费用差异的计算有两种方法，即两差异法和三差异法。

❶两差异法。

两差异法是指将固定制造费用成本差异拆解为固定制造费用预算差异和固定制造费用能量差异。

固定制造费用预算差异，是指固定制造费用预算金额与实际金额之间的差额，其公式为：

固定制造费用预算差异=固定制造费用实际数-固定制造费用预算数

固定制造费用能量差异，是指在标准分配率下，实际产量和计划产量不同引起的差额，其公式为：

固定制造费用能量差异=固定制造费用标准分配率×（计划产量标准工时-实际产量标准工时）

【例 9-13】嘉实公司 8 月份计划生产 A 产品 2 000 件，实际生产 2 200 件，实际耗用工时 3 100 小时，固定制造费用预算数为 12 000 元，实际发生固定制造费用 13 500 元。A 产品的标准成本数据见表 9-10。要求：使用两差异法计算嘉实公司 8 月份固定制造费用成本差异，并编制相关分录。

固定制造费用预算差异=13 500-12 000=1 500（元）（不利差异）

固定制造费用能量差异=4×（1.5×2 000-1.5×2 200）=-1 200（元）（有利差异）

固定制造费用总差异=1 500-1 200=300（元）（不利差异）

编制会计分录如下：

借：生产成本——基本生产成本——A 产品（制造费用）	13 200	
固定制造费用预算差异	1 500	
贷：制造费用		13 500
固定制造费用能量差异		1 200

❷三差异法。

三差异法将固定制造费用成本差异拆解为预算差异、效率差异、能力差异，也就是将两差异法中的能量差异进一步拆解为效率差异和能力差异。

三差异法的预算差异与两差异法相同，其计算公式如下：

固定制造费用预算差异=固定制造费用实际数-固定制造费用预算数

固定制造费用效率差异=固定制造费用标准分配率×（实际工时-实际产量标准工时）

固定制造费用能力差异=固定制造费用标准分配率×（计划产量标准工时-实际工时）

【例 9-14】 接【例 9-13】，使用三差异法计算嘉实公司 8 月份固定制造费用成本差异。

固定制造费用预算差异=13 500-12 000=1 500（元）（不利差异）

固定制造费用效率差异=4×（3 100-2 200×1.5）=-800（元）（有利差异）

固定制造费用能力差异=4×（2 000×1.5-3 100）=-400（元）（有利差异）

固定制造费用总差异=1 500-800- 400=300（元）（不利差异）

编制会计分录如下：

借：生产成本——基本生产成本——A 产品（制造费用）	13 200	
固定制造费用预算差异	1 500	
贷：制造费用		13 500
固定制造费用效率差异		800
固定制造费用能力差异		400

特别提示

固定制造费用是指在生产型企业，为制造产品所付出的固定成本费用。其表现形式常见为厂房的租金、生产设备的折旧、管理人员工资的分摊等。变动制造费用是指与产品生产数量存在依存关系，随产量、工时变动而呈正比例变动的那部分制造费用，其表现形式一般有为生产发生的水电费、为生产提供的辅助材料（如润滑油）的消耗等。

3.3　标准成本法成本计算举例

【例 9-15】 某企业专门生产甲产品，8 月份计划生产 22 件，实际产量 20 件，实际耗用原材料 900 千克，实际人工工时 950 小时。甲产品本月实际成本为 17 550 元。其中：直接材料 9 000 元，直接人工 3 325 元，变动制造费用 2 375 元，固定制造费用 2 850 元。单位产品标准成本见表 9-11。

表 9-11　　产品单位产品标准成本　　金额单位：元

成本项目	标准用量	标准价格
直接材料	50 千克	9
直接人工	45 小时	4
变动制造费用	45 小时	3
固定制造费用	45 小时	2

要求：使用标准成本法分析甲产品当月的成本差异（其中固定制造费用使用三差异法），登记甲产品成本差异汇总表，并编制会计分录。

直接材料数量差异=9×（900-20×50）=-900（元）（有利差异）

直接材料价格差异=900×（9 000÷900-9）=900（元）（不利差异）

直接人工效率差异=4×（950-20×45）=200（元）（不利差异）

直接人工工资率差异=950×（3 325÷950-4）=-475（元）（有利差异）

变动制造费用效率差异=3×（950-20×45）=150（元）（不利差异）

变动制造费用耗费差异=950×（2 375÷950-3）=-475（元）（有利差异）

固定制造费用预算差异=2 850−22×45×2=870（元）（不利差异）

固定制造费用效率差异= 2×（950−20×45）=100（元）（不利差异）

固定制造费用能力差异= 2×（22×45−950）=80（元）（不利差异）

登记的甲产品成本差异汇总表见表 9-12。

表 9-12 甲产品成本差异汇总表

差异账户名称	借方	贷方
直接材料价格差异	900	
直接材料数量差异		900
直接人工工资率差异		475
直接人工效率差异	200	
变动制造费用耗费差异		475
变动制造费用效率差异	150	
固定制造费用预算差异	870	
固定制造费用能力差异	80	
固定制造费用效率差异	100	
合计	2 300	1 850
成本差异净额	450	

编制会计分录如下：

（1）直接材料成本差异分录：

借：生产成本——基本生产成本——甲产品（直接材料）	9 000	
直接材料价格差异	900	
贷：原材料		9 000
直接材料数量差异		900

（2）直接人工成本差异分录：

借：生产成本——基本生产成本——甲产品（直接人工）	3 600	
直接人工效率差异	200	
贷：应付职工薪酬		3 325
直接人工工资率差异		475

（3）制造费用成本差异分录：

借：生产成本——基本生产成本——甲产品（制造费用）	4 500	
变动制造费用效率差异	150	
固定制造费用预算差异	870	
固定制造费用能力差异	80	
固定制造费用效率差异	100	
贷：制造费用		5 225
变动制造费用耗费差异		475

（4）期末结转差异：

借：主营业务成本/其他业务成本	450	
直接材料数量差异	900	
直接人工工资率差异	475	
变动制造费用耗费差异	475	
贷：直接材料价格差异		900
直接人工效率差异		200
变动制造费用效率差异		150
固定制造费用预算差异		870
固定制造费用能力差异		80
固定制造费用效率差异		100

项目概要

本项目实践了产品成本计算的三种辅助方法——分类法、定额法和标准成本法，并重点对这三种方法的特点、适用范围、成本计算程序进行了分析。

职业能力训练

一、单项选择题

职业能力训练

单项选择题

1.下列属于产品成本计算的辅助方法的是（　　）。

A.分批法　　B.分步法　　C.品种法　　D.分类法

2.采用分类法的目的在于（　　）。

A.准确计算各种产品成本　　B.简化各类产品成本计算

C.简化各种产品成本计算　　D.分步骤计算产品成本

3.产品生产过程中各项实际生产费用脱离定额的差异称为（　　）。

A.定额成本　　B.脱离定额差异

C.材料成本差异　　D.定额变动差异

4.下列需要计算定额变动的产品是（　　）。

A.本月完工产品　　B.本月在产品

C.本月投入产品　　D.月初在产品

5.产品品种规格繁多，且品种规格相近、工艺过程基本相同的产品，可以采用（　　）计算成本。

A.分批法　　B.分步法　　C.品种法　　D.分类法

6.某企业采用分类法计算产品成本，类内三种产品的材料费用定额为甲产品80 000元、乙产品100 000元、丙产品120 000元，其中乙产品为标准产品，则甲产品的材料费用系数为（　　）。

A.1.20　　B.0.80　　C.1　　D.1.25

7.下列方法中，既是产品成本计算方法，又是成本控制方法的是（　　）。

A.分批法　　B.分类法　　C.分步法　　D.定额法

8. 在成本差异分析中，数量差异的大小是（　　）。

A. 由用量脱离标准的程度以及实际价格高低所决定的

B. 由用量脱离标准的程度以及标准价格高低所决定的

C. 由价格脱离标准的程度以及实际用量高低所决定的

D. 由价格脱离标准的程度以及标准数量高低所决定的

9. 本月生产A产品8 000件，实际耗用甲材料32 000千克，实际价格为40元/千克。生产一件A产品的甲材料标准用量为3千克，标准价格为45元/千克，其直接材料数量差异为（　　）元。

A. 360 000　　B. 320 000　　C. 200 000　　D. −160 000

10. 计算数量差异要以（　　）为基础。

A. 标准价格　　B. 实际价格　　C. 标准成本　　D. 实际成本

二、多项选择题

职业能力训练

多项选择题

1. 材料脱离定额差异的计算方法有（　　）。

A. 加权平均法　　B. 限额法　　C. 切割法　　D. 盘存法

2. 分类法的优点有（　　）。

A. 便于成本日常控制　　B. 可以简化成本计算工作

C. 计算结果非常精确　　D. 可以分类掌握产品成本情况

3. 采用系数法时，被选定作为标准产品的产品，应具备的条件包括（　　）。

A. 产量较小　　B. 生产比较稳定

C. 产量较大　　D. 规格折中

4. 定额成本法下，产品的实际成本由（　　）组成。

A. 定额成本　　B. 脱离定额差异

C. 材料成本差异　　D. 定额变动差异

5. 可以套用“数量差异”和“价格差异”模式的成本项目有（　　）。

A. 直接材料　　B. 直接人工

C. 变动制造费用　　D. 固定制造费用

6. 关于直接材料成本差异分析，下列说法正确的有（　　）。

A. 价格差异是由标准用量和价格脱离标准的程度决定的

B. 数量差异是由标准价格和实际用量脱离标准的程度决定的

C. 数量差异是由实际价格和实际用量脱离标准的程度决定的

D. 价格差异是由实际用量和价格脱离标准的程度决定的

7. 在确定直接人工正常标准成本时，标准工时包括（　　）。

A. 直接加工操作必不可少的时间　　B. 必要的工间休息

C. 调整设备的时间　　D. 不可避免的废品耗用工时

8. 下列成本差异中，通常应由生产部门负责的有（　　）。

A. 直接材料价格差异　　B. 直接人工效率差异

C. 直接人工工资率差异　　D. 变动制造费用效率差异

三、判断题

职业能力训练

判断题

1. 分类法下，在确定系数时，一般在同类产品中选择一种产量较大、生产较为稳定、规格折中的产品作为标准产品。（　）

2. 在计算月初在产品定额变动差异时，若是定额降低的差异，应从月初在产品定额成本中减去，同时加入本月产成品成本中。（　）

3. 分类法与生产类型有直接关系，因而可以在各种类型的企业中应用。（　）

4. 定额变动差异，是指企业对定额进行修改而产生的新旧定额之间的差异，它会影响实际成本。（　）

5. 定额法下，脱离定额差异一般需要在月末完工产品和在产品之间进行分配。（　）

6. 价格差异要以标准数量为基础。（　）

7. 当重要原材料的价格发生重大变化时，要对基本标准成本进行修订。（　）

8. 直接材料的价格差异通常应由生产部门负责。（　）

四、技能训练题

职业能力训练

技能训练题

技能训练一

【目的】掌握分类法的计算方法。

【资料】某制造业企业生产的甲、乙、丙三种产品，由于所耗的原材料品种相同，生产工艺过程基本相近，成本计算时合并作为A类产品并采用分类法计算成本。其中，原材料按照系数法分配计算，甲产品为标准产品；其他费用按照定额工时比例分配。2025年3月A类产品的成本计算单和有关的产量及定额资料见表9-13、表9-14。

表 9-13　　产品成本计算单

产品类别：A类　　2025年3月　　单位：元

成本项目	直接材料	直接人工	制造费用	合　计
月初在产品成本	30 000	12 000	6 000	48 000
本月发生费用	110 000	48 000	46 000	204 000
生产费用合计	140 000	60 000	52 000	252 000
完工产品成本	128 400	57 380	48 320	234 100
月末在产品	11 600	2 620	3 680	17 900

表 9-14　　产量及定额资料

产品名称	实际产量（件）	单位产品材料消耗定额（千克）	单位产品工时定额（小时）
甲	2 400	20	40
乙	1 800	18	32
丙	2 000	24	44

【要求】计算各种产品的总成本和单位成本。

技能训练二

【目的】掌握定额法的计算方法。

【资料】某企业甲产品采用定额法计算成本。本月有关甲产品原材料费用的资料如下：

（1）月初在产品定额费用为1 400元，月初在产品脱离定额的差异为节约20元，月初在产品定额费用调整为降低20元，定额变动差异全部由完工产品负担。

（2）本月定额费用为5 600元，本月脱离定额的差异为节约400元。

（3）本月原材料成本差异为节约2%，材料成本差异全部由完工产品负担。

（4）本月完工产品的定额费用为6 000元。

【要求】

（1）计算月末在产品原材料定额费用。

（2）分配原材料脱离定额差异。

（3）计算本月原材料费用应分配的材料成本差异。

（4）计算本月完工产品和月末在产品应负担的原材料实际费用。

技能训练三

【目的】练习标准成本法下直接材料和直接人工成本差异的计算和分析。

【资料】某企业2025年10月实际生产A产品10 000件。直接材料和人工耗用情况见表9-15。

表9-15 相关资料表

项目	标准用量/件	实际用量	标准价格	实际价格
直接材料	2.75千克/件	3千克/件	8元	7元
直接人工	4小时/件	3.5小时/件	20元	21元

【要求】

（1）计算该企业10月生产的直接材料、直接人工成本差异，判断是有利差异还是不利差异。

（2）编制相关会计分录。

技能训练四

【目的】练习标准成本法下制造费用成本差异的计算和分析。

【资料】某企业甲产品单位工时标准为2小时/件，变动制造费用标准分配率为5元/小时，固定制造费用标准分配率为8元/小时。本月预算产量为10 000件，实际生产12 000件，实际工时为21 600小时，变动制造费用与固定制造费用的实际数分别为110 160元和250 000元。

【要求】

（1）计算变动制造费用成本差异。

（2）使用三差异法计算并分析固定制造费用成本差异。

成本管理篇

项目十　编制与分析成本报表

学习目标

素养目标

1. 树立成本分析意识，培养数据挖掘能力；
2. 树立成本预警意识，培养变化应对能力。

知识目标

1. 理解成本报表的含义、作用、种类；
2. 熟悉各种成本报表的内容和特点。

能力目标

1. 能编制成本报表；
2. 能根据成本报表进行数据分析。

思维导图

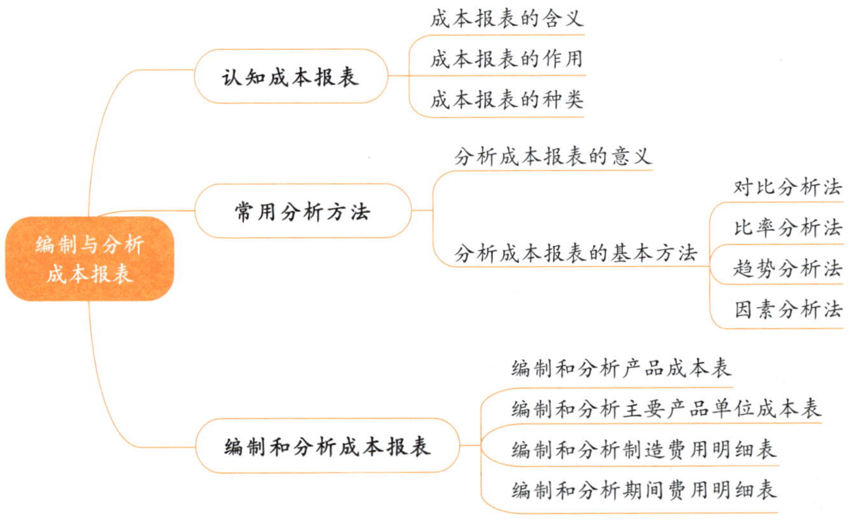

课前导入

联想前总裁柳传志把PC业务比喻成“拧毛巾”的买卖，他说：“一分利润、半点效益都是‘挤’出来的。”华为总裁任正非也说：“只要毛巾能拧出水来，就说明还有竞争空间；毛巾拧断了，企业也就完了；只有毛巾拧干了，毛巾还不断，这才是最佳状态。”通用汽车公司第八任总裁阿尔弗雷德·斯隆在谈天下商战时，强调最重要的八个字就是：与众不同，成本领先。作为成本会计的重要职能，成本控制和成本分析在企业中发挥的作用日益凸显，而成本报表就是进行成本控制、分析的重要数据资料。

任务一　认知成本报表

1.1　成本报表的含义

提起会计报表，人们往往会想到资产负债表、利润表、现金流量表等，实际上这些属于对外报送的报表，而还有一些报表则主要为企业内部管理需要而编制的，成本报表即属于此类。**成本报表是根据日常成本核算资料及其他有关资料编制的，反映企业一定时期内产品成本水平和费用支出情况，据以分析企业成本计划执行情况和结果的报告文件。**通俗来说，成本报表是给“自己人”看的，所以在报表格式、报送时间等方面具有较大的灵活性，正确、及时地编制成本报表是成本会计的一项重要内容。

微课

成本报表的编制和分析

为了使企业管理人员正确运用成本报表提供的数据进行分析，并根据分析的结果做出正确的决策，编制成本报表时，必须做到数字真实、计算准确、内容完整、报送及时。

1.2　成本报表的作用

成本报表的作用主要有：

（1）综合反映企业报告期内产品成本和费用水平。

（2）反映企业成本计划的完成情况。

（3）为制订新一轮成本计划提供依据。

（4）为企业成本决策提供数据信息。

（5）为企业部门、员工业绩考核提供依据。

1.3　成本报表的种类

企业会计准则、制度对成本报表没有明确规定，这使得成本报表具有灵活性和多样性的特点。对于生产型企业来说，一般有以下几种成本报表需要编制：

（1）产品成本表。

（2）主要产品单位成本表。

（3）制造费用明细表。

（4）期间费用明细表。

企业对外的财务会计报告主要有年报、半年报、季报和月报。为了及时向企业有关管理部门提供成本信息以满足企业生产经营管理的需要，特别是成本控制的需要，成本报表除了上述报表形式外，应更注重旬报、周报，甚至日报和班报等形式，同时根据需要还可以进行不定期成本报表的编制。

任务二　常用分析方法

2.1　分析成本报表的意义

成本报表分析是为了满足企业对成本状况的了解及经营决策制定的需要，以成本报表为分析的主要对象，并结合其他有关核算、计划和统计资料，采用一定的方法解剖成本变动原因、经营管理缺陷及业绩的管理活动。成本报表分析是成本核算工作的继续，是成本会计的重要组成部分。

通过成本报表的分析，可以进一步明确企业的成本费用状况，可以全面、正确评价企业内部各部门、各单位成本责任的履行情况，揭示和测定各因素变动对成本的影响程度，同时为编制成本计划、进行成本预测和决策等提供数据资料。

2.2 分析成本报表的基本方法

在成本分析中，可供采用的技术方法很多，具体采用什么方法，应根据分析的目的和掌握的数据资料等情况而定。常用的分析方法有：对比分析法、比率分析法、趋势分析法、因素分析法等。

1）对比分析法

对比分析法是成本报表分析中最常用的一种基本方法，它是将两个或两个以上相关的不同时期（或不同情况下）的成本指标数据进行对比，揭示客观存在的差异，借以了解经济活动的成绩和问题的一种分析方法。对比分析法中用于比较的对象由于分析目的不同而有所不同，常用的有以下几种比较形式：

（1）实际数与计划数或定额数对比，可以揭示计划或定额的执行情况。对比的结果可以是绝对数，也可以是相对数。

差异额=实际数−计划数

差异率=（实际数−计划数）÷计划数

（2）本期实际数与前期实际数或以往年度同期实际数对比，可以考察经济业务的发展变化情况。

（3）本期实际数与本企业的历史先进水平对比，或本企业实际数与国内外同行业的先进水平对比，可以发现与先进水平之间的差距。

在运用这种分析方法时，应该注意指标的可比性，即对比分析法只适用于同质指标的数量对比。

2）比率分析法

比率分析法是通过计算指标之间的比率，来考察企业经济活动相对效益的一种分析方法。比率分析法主要有相关比率分析法和构成比率分析法。

相关比率分析法是通过计算两个性质不同而又相关的指标的比率进行数量分析的方法。典型的相关比率分析指标如下：

成本利润率=利润÷成本费用×100%

销售利润率=利润÷销售收入×100%

构成比率分析法是通过计算某项指标的各组成部分占总体的比重进行数量分析的方法。典型的构成比率分析指标如下：

直接材料成本比率=直接材料成本÷产品成本×100%

直接人工成本比率=直接人工成本÷产品成本×100%

3）趋势分析法

趋势分析法是根据企业连续几个会计期间成本资料采用列表或绘制统计图的形式来反映，并借以观察企业成本增减变动趋势及变动程度的一种分析方法。趋势分析法可以分为两种：一是定基动态比率；二是环比动态比率。

（1）定基动态比率，即以某一时期的数值作为固定的基期指标数值，将其他的各期数值与其对比来分析。其计算公式为：

定基动态比率=分析期数值÷固定基期数值

（2）环比动态比率，即以每一分析期的前期数值为基期数值而计算出来的动态比率。其计算公式为：

环比动态比率=分析期数值÷前期数值

【例10-1】某企业生产甲产品，2021—2025年各年的单位成本见表10-1。

表10-1　甲产品单位成本表　单位：元

年　度	2021	2022	2023	2024	2025
单位成本	1 000	989	990	970	850

甲产品单位成本表表明，甲产品的单位成本总趋势是逐年降低的，为了进一步说明成本降低的程度，可计算两种趋势百分比。

定基动态比率的计算结果见表10-2。

表10-2　定基趋势计算表

年　度	2021	2022	2023	2024	2025
定基动态比率	1 000÷1 000×100%=100%	989÷1 000×100%=98.90%	990÷1 000×100%=99%	970÷1 000×100%=97%	850÷1 000×100%=85%

环比动态比率的计算结果见表10-3。

表10-3　环比趋势计算表

年　度	2022	2023	2024	2025
环比动态比率	989÷1 000×100%=98.90%	990÷989×100%=100.10%	970÷990×100%=97.98%	850÷970×100%=87.63%

4）因素分析法

因素分析法是把综合性指标分解为各个因素，研究诸因素变动对综合指标变动影响程度的分析方法。其具体方法主要有连环替代法和差额计算法。

（1）连环替代法。

连环替代法是用来计算几个相互联系的因素对综合经济指标的变动影响程度的一种分析方法。其基本要点是：

❶ 将综合经济指标在计算公式的基础上进行分解或扩展，得出各影响因素与分析指标之间的关系式。

❷ 在计算某一因素对综合指标的影响时，假定其他因素不变。

❸ 确定各个因素的替代顺序，然后按照这一顺序替代计算。

特别提示

替代顺序确定的一般原则是：先数量，后质量；先分子，后分母。替代顺序一经确定，不应随意变更。

假设某一经济指标N是由相互联系的A、B、C三个因素组成，关系式为：$N=A\times B\times C$。其计划指标N_0是由A_0、B_0、C_0三个因素综合影响的结果，其实际指标N_1是由A_1、B_1、

C_1三个因素综合影响的结果，即：

计划指标$N_0 = A_0 \times B_0 \times C_0$

实际指标$N_1 = A_1 \times B_1 \times C_1$

两个时期指标的差异数（N_1-N_0）即为分析对象。设连环替代顺序依次为A、B、C，那么三个因素变动对指标N变动的影响计算过程如下：

$N_0 = A_0 \times B_0 \times C_0$ ①

第一次替代，假定A因素变动，B、C因素保持不变。

$N_2 = A_1 \times B_0 \times C_0$ ②

第二次替代，在A因素变动的基础上再变动B因素。

$N_3 = A_1 \times B_1 \times C_0$ ③

第三次替代，在A、B因素变动的基础上再变动C因素。

$N_1 = A_1 \times B_1 \times C_1$ ④

则有：

（2）－（1）$=N_2-N_0$（表示A因素变动的影响）

（3）－（2）$=N_3-N_2$（表示B因素变动的影响）

（4）－（3）$=N_1-N_3$（表示C因素变动的影响）

最后，将A、B、C因素变动的影响程度相加，可得：

$(N_2-N_0)+(N_3-N_2)+(N_1-N_3)=N_1-N_0$

下面举例说明连环替代法的步骤和应用。

【例10-2】某企业2025年2月和3月有关材料费用、产品产量、材料单耗和材料单价的资料见表10-4。

表10-4　材料成本资料

指标	2025年2月	2025年3月
产品产量（件）	100	120
材料单耗（千克/件）	10	9
材料单价（元/千克）	9	8.6
材料费用（元）	9 000	9 288

要求：使用连环替代法分析各因素变动对材料费用的影响程度。

3月材料费用（实际指标体系）：120×9×8.6=9 288（元）

2月材料费用（基期指标体系）：100×10×9=9 000（元）

分析对象：9 288-9 000=288（元）

进行连环顺序替代，并计算每次替代后的结果：

基期指标体系：100×10×9=9 000（元）

替代第一因素：120×10×9=10 800（元）

替代第二因素：120×9×9=9 720（元）

替代第三因素：120×9×8.6=9 288（元）

确定各因素对材料费用的影响程度：

产品产量的影响：10 800-9 000=1 800（元）

材料单耗的影响：9 720-10 800=-1 080（元）

材料单价的影响：9 288-9 720=-432（元）

最后检验分析结果：1 800-1 080-432=288（元）

（2）差额计算法。

差额计算法是利用各个因素的实际数与基数的差额来计算各项因素影响程度的方法，是连环替代法的一种简化形式。使用该方法时，需要注意的事项与连环替代法一致。其基本要点是：

❶ 确定各因素实际数与计划数的差额。

❷ 用各因素的差额，乘以计算公式中该因素前面的各因素的实际数，以及列在该因素后面的其余因素的计划数，即可求得该因素的影响值。

❸ 将各因素的影响值相加，其代数和应等于该项经济指标的实际数与计划数的差额。

【例 10-3】根据表 10-4 的资料，使用差额计算法分析各因素变动对材料费用的影响程度。

产品产量的影响：（120-100）×10×9=1 800（元）

材料单耗的影响：120×（9-10）×9=-1 080（元）

材料单价的影响：120×9×（8.6-9）=-432（元）

最后检验分析结果：1 800-1 080-432=288（元）

任务三 编制和分析成本报表

3.1 编制和分析产品成本表

1）产品成本表的意义

产品成本表是反映企业在一定会计期间内生产的全部产品的总成本以及各种主要产品的单位成本和总成本的报表。根据产品成本表提供的资料，可以考核企业全部产品和主要产品成本计划的执行结果，为进一步分析成本增减变化原因提供依据，为制订下期成本计划提供参考资料。

2）产品成本表的结构和内容

企业产品成本表可以按照产品种类反映，也可以按照产品成本项目反映。

（1）按产品种类反映的产品成本表

按产品种类反映的产品成本表，是按产品种类汇总反映企业在一定会计期间内全部产品总成本和单位成本的报表。该表分正表和补充材料两部分，其中，正表部分往往将全部产品按可比产品和不可比产品分别列示；补充材料部分一般可根据统计结果计算可比产品成本降低额、可比产品成本降低率等指标。

所谓可比产品，是指以前年度正式生产过，具有较完备的成本资料的产品。所谓不可比产品，是指以前年度没有正式生产过，因而也没有完备的成本资料的产品，以及去年试制成功、今年正式投产的产品。

按产品种类编制的产品成本表，一般分为产品产量、单位成本、总成本等部分。

产品产量包括本月实际产量和本年累计实际产量；单位成本包括上年实际平均单位成本、本年计划单位成本、本月实际单位成本和本年累计实际平均单位成本等；总成本可分为本月总成本和本年累计总成本。

【例 10-4】万发公司 2025 年 3 月产品成本汇总资料见表 10-5，根据该表数据编制 2025 年 3 月的产品成本表。

表 10-5　　产品成本汇总资料

2025年3月　　金额单位：元

产品名称		可比产品		不可比产品
		甲产品	乙产品	丙产品
产量（件）	本年计划	600	750	300
	本月实际	100	100	50
	本年累计实际	620	800	360
单位成本	上年实际平均	150	110	
	本年计划	148	105	60
	本月实际	145	102	56
	本年累计实际平均	146	101	58

按产品种类反映的产品成本表的格式见表 10-6。

表 10-6　　产品成本表（按产品种类反映）

2025年3月　　金额单位：元

产品名称	计量单位	实际产量		单位成本				本月总成本			本年累计总成本		
		本月实际	本年累计实际	上年实际平均	本年计划	本月实际	本年累计实际平均	按上年实际平均单位成本计算	按本年计划单位成本计算	本月实际	按上年实际平均单位成本计算	按本年计划单位成本计算	本年实际
		(1)	(2)	(3)	(4)	(5)=(9)÷(1)	(6)=(12)÷(2)	(7)=(1)×(3)	(8)=(1)×(4)	(9)	(10)=(2)×(3)	(11)=(2)×(4)	(12)
可比产品											181 000	175 760	171 320
甲	件	100	620	150	148	145	146	15 000	14 800	14 500	93 000	91 760	90 520
乙	件	100	800	110	105	102	101	11 000	10 500	10 200	88 000	84 000	80 800
不可比产品													
丙	件	50	360		60	56	58		3 000	2 800		21 600	20 880
产品成本合计									28 300	27 500		197 360	192 200

补充资料：

可比产品成本降低额=181 000−175 760=5 240（元）

可比产品成本降低率=5 240÷181 000×100%=2.90%

（2）按成本项目反映的产品成本表

按成本项目反映的产品成本表，是按成本项目汇总反映企业在一定会计期间内发生的全部生产费用以及产品生产总成本的报表。

按成本项目编制的产品成本表，一般分为生产费用和产品成本两部分，其中，生产费用部分分为直接材料、直接人工和制造费用等成本项目；而产品成本部分除了要考虑生产费用外，还应加上在产品和自制半成品期初余额，减去在产品和自制半成品期末余额。为了便于分析，按成本项目编制的产品成本表各项目应反映上年实际、本年计划、本月实际和本年累计实际等指标。

按成本项目反映的产品成本表的格式见表10-7。

表10-7 产品成本表（按成本项目反映）

2025年3月 单位：元

项目		上年实际	本年计划	本月实际	本年累计实际
生产费用	直接材料	125 500	120 000	21 570	123 700
	直接人工	69 500	65 000	10 152	64 435
	制造费用	70 000	70 000	11 270	67 316
	生产费用合计	265 000	255 000	42 992	255 451
加：在产品、自制半成品期初余额		7 800	8 000	10 200	10 985
减：在产品、自制半成品期末余额		5 560	9 300	10 892	8 776
产品成本合计		267 240	253 700	42 300	257 660

课堂讨论

编制产品成本表需要的数据如何取得呢？

提示：编制产品成本表，主要涉及计划数据、以前年度成本数据、当月成本数据以及全年累计成本数据。一般情况下，计划数据可以根据企业本年产品成本计划资料填列；以前年度成本数据可以根据上一年度12月份同类报表填列；当月成本数据可以通过本月产品成本明细账取得；全年累计成本数据可以通过上一月份同类报表累计数及本月数据汇总填列。总成本数据先获得，通过与产品产量配比可计算出单位成本。

3）分析产品成本表

由于产品成本表是按产品种类和成本项目分别编制的，所以对于产品成本表的分析，也按照产品种类和成本项目分别进行。

（1）按产品种类分析产品成本表。

该分析主要体现在两个方面：一是查明全部产品的成本计划完成情况，包括可比产品和不可比产品；二是对于可比产品，还要与上年的实际平均成本进行比较，以分析报告期实际成本比上年成本的降低幅度和降低数额，从而对企业在报告期内生产组织和经营管理工作的改进情况进行比较。

【例10-5】根据万发公司2025年3月的产品成本表（表10-6），编制产品成本计划完成情况分析表，见表10-8。

表10-8　产品成本计划完成情况分析表（按产品种类分析）

2025年3月　金额单位：元

产品名称	计划总成本	实际总成本	降低额	降低率
可比产品				
甲	91 760	90 520	1 240	1.35%
乙	84 000	80 800	3 200	3.81%
不可比产品				
丙	21 600	20 880	720	3.33%
产品成本合计	197 360	192 200	5 160	2.61%

甲产品成本降低额=91 760−90 520=1 240（元）

甲产品成本降低率=1 240÷91 760×100%=1.35%

乙产品成本降低额=84 000−80 800=3 200（元）

乙产品成本降低率=3 200÷84 000×100%=3.81%

丙产品成本降低额=21 600−20 880=720（元）

丙产品成本降低率=720÷21 600×100%=3.33%

全部产品成本降低额=197 360−192 200=5 160（元）

全部产品成本降低率=5 160÷197 360×100%=2.61%

在本例中（表10-8），计划总成本和实际总成本都是按实际产量来计算的，这是因为只有同一实物量的总成本才可以比较。通过计算分析可以看出，该公司本年全部产品总成本完成了计划，实际成本与计划成本比较，成本降低额为5 160元，成本降低率为2.61%。在全部产品中，甲产品、乙产品和丙产品的成本计划完成得都较好，实际成本较计划分别降低了1.35%、3.81%和3.33%，成本降低额分别为1 240元、3 200元和720元。

【例10-6】万发公司2025年甲产品的计划产量为600件，乙产品的计划产量为750件。根据2025年3月的产品成本表（表10-6），编制可比产品计划完成情况分析表，见表10-9。

表10-9　可比产品计划完成情况分析表

2025年3月　金额单位：元

产品名称	计划成本降低任务		实际成本降低情况	
	降低额	降低率	降低额	降低率
可比产品				
甲	1 200	1.33%	2 480	2.67%
乙	3 750	4.55%	7 200	8.18%
合　计	4 950	2.87%	9 680	5.35%

甲产品计划成本降低额=计划产量×上年实际平均单位成本−计划产量×本年计划单位成本

=600×150−600×148=1 200（元）

甲产品计划成本降低率=计划降低额÷（计划产量×上年实际平均单位成本）×100%

=1 200÷（600×150）×100%=1.33%

甲产品实际成本降低额=实际产量×上年实际平均单位成本−实际产量×本年实际平均单位成本

=620×150−620×146=2 480（元）

甲产品实际成本降低率=实际降低额÷（实际产量×上年实际平均单位成本）×100%

=2 480÷（620×150）×100%=2.67%

乙产品计划成本降低额=计划产量×上年实际平均单位成本−计划产量×本年计划单位成本

=750×110−750×105=3 750（元）

乙产品计划成本降低率=计划降低额÷（计划产量×上年实际平均单位成本）×100%

=3 750÷（750×110）×100%=4.55%

乙产品实际成本降低额=实际产量×上年实际平均单位成本−实际产量×本年实际平均单位成本

=800×110−800×101=7 200（元）

乙产品实际成本降低率=实际降低额÷（实际产量×上年实际平均单位成本）×100%

=7 200÷（800×110）×100%=8.18%

可比产品计划降低额=$\sum$（计划产量×上年实际平均单位成本）−$\sum$（计划产量×本年计划单位成本）

=（600×150+750×110）−（600×148+750×105）=4 950（元）

可比产品计划降低率=［计划降低额÷$\sum$（计划产量×上年实际平均单位成本）］×100%

=4 950÷（600×150+750×110）×100%=2.87%

可比产品实际降低额=$\sum$（实际产量×上年实际平均单位成本）−$\sum$（实际产量×本年实际平均单位成本）

=（620×150+800×110）−（620×146+800×101）=9 680（元）

可比产品实际降低率=［实际降低额÷$\sum$（实际产量×上年实际平均单位成本）］×100%

= 9 680 ÷（620×150+800×110）×100%=5.35%

在本例中（表 10-9），企业可比产品成本实际降低额和实际降低率都超额完成了计划，其中，实际降低额比计划多降低 4 730 元（9 680−4 950），实际降低率比计划多降低 2.48%（5.35%−2.87%）。

尽管可比产品的实际降低额和实际降低率都超额完成了计划，影响可比产品成本各主要因素的变动情况怎样呢？它们各自对产品成本的影响程度又怎样呢？这需要进行进一步的分析。

一般来说，影响可比产品成本的主要因素有三个：产品产量、产品品种结构和产品单位成本。由于可比产品的计划降低额是根据各种产品的计划产量确定的，可比产品的实际降低额是根据各种产品的实际产量确定的，在产品品种结构和产品单位成本不变的情况下，产量变动将会使成本降低额发生同比例变动，因而产量变动将不会影响成本降低率的变动。此外，由于各种产品的成本降低程度不同，因而产品品种比重变动将会使成本降低额与成本降低率同时发生变动。成本降低程度大的产品比重增加会使成本降低额和降低率增加，反之会减少。最后，产品单位成本降低会使成本降低额和成本降低率增加，反之会减少。

【例 10-7】沿用【例 10-6】资料，使用因素分析法进一步计算可比产品成本降低任务完成情况的各因素的影响。

$$\text{按计划产量、计划品种结构、计划单位成本计算的成本降低额}D_1=\sum\left(\text{计划产量}\times\text{上年实际平均单位成本}\right)-\sum\left(\text{计划产量}\times\text{本年计划单位成本}\right)$$

$$=(600\times150+750\times110)-(600\times148+750\times105)$$

$$=4\,950\ (\text{元})$$

$$\text{按实际产量、计划品种结构、计划单位成本计算的成本降低额}D_2=\sum\left(\text{实际产量}\times\text{上年实际平均单位成本}\right)\times D_1\div\sum\left(\text{计划产量}\times\text{上年实际平均单位成本}\right)$$

$$=(620\times150+800\times110)\times4\,950\div(600\times150+750\times110)$$

$$=5\,194\ (\text{元})$$

$$\text{按实际产量、实际品种结构、计划单位成本计算的成本降低额}D_3=\sum\left(\text{实际产量}\times\text{上年实际平均单位成本}\right)-\sum\left(\text{实际产量}\times\text{本年计划单位成本}\right)$$

$$=(620\times150+800\times110)-(620\times148+800\times105)$$

$$=5\,240\ (\text{元})$$

$$\text{按实际产量、实际品种结构、实际单位成本计算的成本降低额}D_4=\sum\left(\text{实际产量}\times\text{上年实际平均单位成本}\right)-\sum\left(\text{实际产量}\times\text{本年实际平均单位成本}\right)$$

$$=(620\times150+800\times110)-(620\times146+800\times101)$$

$$=9\,680\ (\text{元})$$

产品产量变动影响：$D_2-D_1=5\,194-4\,950=244$（元）

产品品种结构变动影响：$D_3-D_2=5\,240-5\,194=46$（元）

产品单位成本变动影响：$D_4-D_3=9\,680-5\,240=4\,440$（元）

从以上分析可以看出，该公司成本降低任务的超额完成，是产品产量、产品品种结构、产品单位成本三个因素变动共同影响的结果。在这三个因素中，主要是产品单位成本较好地完成计划的结果。

（2）按成本项目分析产品成本表。

按产品种类分析产品成本，虽然可以了解每种产品成本的升降情况，但是不能了解哪些成本项目发生了升降。在此，可以根据企业需要按成本项目进行成本分析。按产品成本项目分析产品生产成本计划完成情况，是将全部产品生产成本按成本项目逐一汇总，并与按实际产量调整后的计划总成本对比，计算出每个成本项目的降低额和降低率，以此考核成本计划的完成情况。

【例 10-8】某公司根据成本计划和成本报表的有关资料，编制按成本项目分析的产品成本计划完成情况分析表，见表 10-10。

表 10-10 产品成本计划完成情况分析表（按成本项目分析）

2025年3月 金额单位：元

成本项目	实际产量的总成本		实际与计划的差异	
	计划总成本	实际总成本	成本降低额	成本降低率
直接材料	500 000	485 000	15 000	3%
直接人工	360 000	363 624	-3 624	-1.01%
制造费用	387 500	384 500	3 000	0.77%
合　计	1 247 500	1 233 124	14 376	1.15%

从表10-10中可以看出，该公司构成产品总成本的三个成本项目中，直接材料项目和制造费用项目完成了计划，与计划比较的降低率分别为3%和0.77%；但直接人工项目超支3 624元，超支1.01%。对于直接人工项目超支的原因，应当进一步分析。

3.2 编制和分析主要产品单位成本表

1）主要产品单位成本表的意义

主要产品单位成本表是反映企业在一定会计期间内生产的各种主要产品单位成本的构成情况和各项主要技术经济指标执行情况的报表。通过该表，可以考核各种主要产品单位成本计划的执行结果，分析各成本项目和消耗定额的变化及其原因，分析成本构成的变化趋势等，其是对产品成本表有关单位成本所进行的进一步补充说明。

2）主要产品单位成本表的结构和内容

主要产品单位成本表应按企业主要产品分别编制，即每种主要产品编制一张报表。该表分为三部分：一是产品基本信息；二是按成本项目反映的各口径单位成本数据；三是按主要技术经济指标反映的各口径单位成本数据。其中，各口径往往包括历史先进水平、上年实际平均、本年计划、本月实际和本年累计实际平均。

主要产品单位成本表的结构和内容见表10-11。

表 10-11 主要产品单位成本表

编制单位： 年　月 金额单位：元

<table>
<tr><td>产品名称</td><td colspan="2"></td><td colspan="8">本月计划产量</td><td colspan="2"></td></tr>
<tr><td>规格</td><td colspan="2"></td><td colspan="8">本月实际产量</td><td colspan="2"></td></tr>
<tr><td>产量单位</td><td colspan="2"></td><td colspan="8">本年累计计划产量</td><td colspan="2"></td></tr>
<tr><td>销售单价</td><td colspan="2"></td><td colspan="8">本年累计实际产量</td><td colspan="2"></td></tr>
<tr><td>成本项目</td><td colspan="3">历史先进水平
单位成本</td><td colspan="2">上年实际平均
单位成本</td><td colspan="2">本年计划
单位成本</td><td colspan="2">本月实际
单位成本</td><td colspan="2">本年累计实际
平均单位成本</td></tr>
<tr><td>直接材料
直接人工
制造费用</td><td colspan="3"></td><td colspan="2"></td><td colspan="2"></td><td colspan="2"></td><td colspan="2"></td></tr>
<tr><td>合计</td><td colspan="3"></td><td colspan="2"></td><td colspan="2"></td><td colspan="2"></td><td colspan="2"></td></tr>
<tr><td>主要技术经济指标</td><td>单位</td><td>用量</td><td>金额</td><td>用量</td><td>金额</td><td>用量</td><td>金额</td><td>用量</td><td>金额</td><td>用量</td><td>金额</td></tr>
<tr><td>1. 主要材料
2. 工时</td><td></td><td></td><td></td><td></td><td></td><td></td><td></td><td></td><td></td><td></td><td></td></tr>
</table>

课堂讨论

编制主要产品单位成本表需要的数据如何取得呢?

提示：编制主要产品单位成本表，主要依据有关产品的“产品成本明细账”资料、成本计划、历年有关成本资料、上年度本表有关资料以及产品产量、材料和工时的消耗量等资料。对于主要技术经济指标项目，可以根据企业需要，反映主要产品每一单位产量所消耗的主要材料、燃料、工时等数据。

3）分析主要产品单位成本表

在对企业全部产品及可比产品成本降低情况进行分析的基础上，还应对企业主要产品单位成本进行具体分析。一般来说，制造业企业生产产品的种类较多，如果对所有产品单位成本不加选择就进行详细深入的分析，既是一种浪费，也会使成本分析工作缺乏重点。所以，产品单位成本分析应该抓住重点，着重对企业经常生产、产量较大、能代表企业生产经营基本面貌的主要产品进行分析。

产品单位成本分析的内容主要包括：产品单位成本的计划完成情况分析；产品单位成本的主要成本项目分析。

（1）分析产品单位成本的计划完成情况。

对主要产品单位成本计划完成情况进行分析时，主要采用比较法，计算单位成本实际比计划、上期、历史先进水平的升降情况，计算差异，在此基础上再按成本项目进行逐项分析，以进一步了解各成本项目升降的情况。

（2）分析产品单位成本的主要成本项目。

❶分析直接材料项目。

降低材料成本是降低产品成本的重要途径，特别是直接材料费用占产品成本比重较大的产品，直接材料项目更应作为产品单位成本分析的重点。影响直接材料费用变动的因素主要有材料耗用量和材料单价。分析这两个因素变动对材料成本的影响程度，根据连环替代法的原理，可以按下列公式计算：

材料耗用量变动的影响=（实际单位耗用量-计划单位耗用量）×材料计划单价

材料价格变动的影响=（材料实际单价-材料计划单价）×实际单位耗用量

❷分析直接人工项目。

直接人工项目是企业产品成本的重要组成部分，它直接反映了企业的劳动组织是否合理、工时利用是否充分和劳动生产率是否提高等。该项目受工人劳动生产率和工人平均工资两个因素影响。这两个因素也可以用单位产品工时消耗和小时工资率来表示。根据连环替代法的原理，分析单位产品工时消耗和小时工资率变动对成本的影响，计算公式如下：

单位产品工时消耗变动的影响=（单位产品实际工时-单位产品计划工时）×计划小时工资率

小时工资率变动的影响=（实际小时工资率-计划小时工资率）×单位产品实际工时

❸分析制造费用项目。

制造费用是企业为生产产品和提供劳务所发生的各项间接费用，通常应当按照工时标准分配到各种产品成本之中，所以，影响制造费用项目的是单位产品工时和小时费用率两个因素。

单位产品工时变动的影响=（单位产品实际工时-单位产品计划工时）×计划小时费用率

小时费用率变动的影响=（实际小时费用率-计划小时费用率）×单位产品实际工时

3.3 编制和分析制造费用明细表

制造费用明细表是反映企业在一定会计期间内发生的制造费用总额及其构成情况的报表。根据制造费用明细表，可以了解一定会计期间内制造费用的实际支出水平；可以考核制造费用计划的执行情况；可以判断制造费用的变化趋势，以便加强对制造费用的控制和管理。

制造费用明细表应当按照费用的明细项目提供制造费用的上年实际数、本年计划数、本月实际数和本年累计实际数等指标。制造费用明细表通常按月编制。

制造费用明细表的结构和内容见表10-12。

表10-12 制造费用明细表

编制单位： 年 月 单位：元

费用项目	上年实际	本年计划	本月实际	本年累计实际
1.工资				
2.机物料消耗				
3.折旧费				
4.租赁费				
5.办公费				
6.水电费				
7.运输费				
8.保险费				
9.差旅费				
10.其他				
⋮				
合 计				

课堂讨论

编制制造费用明细表需要的数据如何取得呢？

提示：编制制造费用明细表，上年实际数根据上年12月份编制的制造费用明细表“本年累计实际”栏的数字填列；本年计划数根据本年制造费用预算资料填列；本月实际数根据制造费用明细账中各费用项目本月发生额填列；本年累计实际数根据制造费用明细账中各费用项目本年累计发生额填列，也可以将本月实际数加上上月本表中的本年累计实际数后填列。

制造费用明细表的分析主要是通过实际与计划的对比，分析各种费用计划的执行情况。对制造费用的分析，要从各个费用项目着手进行，而不能仅仅关注总额的计划执行情况，应注意重点费用项目的分析、费用项目的构成比例，以及固定费用和变动费用的分析。

3.4 编制和分析期间费用明细表

1）期间费用明细表的意义

期间费用明细表是反映企业在一定会计期间内发生的各种期间费用情况的报表，包括管理费用明细表、财务费用明细表和销售费用明细表。利用期间费用明细表可以分析该项期间费用构成及增减变动情况，考核期间费用计划的执行情况。

2）期间费用明细表的结构和内容

期间费用明细表一般按照其费用项目，分别反映该费用项目的上年实际数、本年计划数、本月实际数和本年累计实际数。期间费用明细表通常按月编制。

管理费用明细表、财务费用明细表和销售费用明细表的结构和内容分别见表10-13、表10-14和表10-15。

表10-13 管理费用明细表

编制单位： 年 月 单位：元

费用项目	上年实际	本年计划	本月实际	本年累计实际
1.公司经费				
其中：工资				
办公费				
差旅费				
折旧费				
修理费				
水电费				
保险费				
低值易耗品摊销				
2.工会经费				
3.职工教育经费				
4.咨询费				
5.诉讼费				
6.无形资产摊销				
7.业务招待费				
8.其他				
⋮				
合计				

表 10-14　　财务费用明细表

编制单位：　　　　年　月　　　　单位：元

费用项目	上年实际	本年计划	本月实际	本年累计实际
1.利息费用				
减：利息收入				
2.汇兑损失				
减：汇兑收益				
3.金融机构手续费				
4.其他				
⋮				
合　计				

表 10-15　　销售费用明细表

编制单位：　　　　年　月　　　　单位：元

费用项目	上年实际	本年计划	本月实际	本年累计实际
1.专设销售机构费用				
其中：工资				
差旅费				
办公费				
水电费				
租赁费				
折旧费				
低值易耗品摊销				
2.运输费				
3.装卸费				
4.包装费				
5.保险费				
6.展览费				
7.广告费				
8.其他				
⋮				
合　计				

课堂讨论

编制期间费用明细表需要的数据如何取得呢？

提示： 编制期间费用明细表，上年实际数应分别根据上年12月份编制的各期间费用明细表“本年累计实际”栏的数字填列；本年计划数根据本年各期间费用预算资料填列；本月实际数根据各期间费用明细账中各费用项目本月发生额填列；本年累计实际数根据各期间费用明细账中各费用项目本年累计发生额填列，也可以将本月实际数加上上月本表中的本年累计实际数后填列。

3）分析期间费用明细表

期间费用明细表的分析主要是通过实际与计划的对比，分析各种费用计划的执行情况。分析过程中，既要从各个费用项目角度进行分析，防止各项目间互相抵补、掩盖实际问题的现象，也要从总体上把握，综合各项目支出的特点，对某些费用项目支出增加或减少的合理性进行具体分析，不能搞一刀切。

党的二十大报告强调问题导向，这在成本会计领域同样具有重要意义。成本会计通过科学的成本核算和分析，帮助企业识别和解决成本管理中的问题，从而优化成本结构，提高经济效益。

项目概要

本项目在认知成本报表的意义、作用、种类的基础上，重点实践了成本报表分析的几种基本方法（对比分析法、比率分析法、趋势分析法、因素分析法等），以及常见的几种成本报表（产品成本表、主要产品单位成本表、制造费用明细表和期间费用明细表等）的编制和分析。

职业能力训练

一、单项选择题

职业能力训练

单项选择题

1.根据现行有关制度规定，成本报表属于（　　）。

A.外部报表

B.内部报表

C.既是内部报表，又是外部报表

D.是内部报表还是外部报表由企业自行决定

2.通过对比经济指标，从数量上确定差异的分析方法是（　　）。

A.对比分析法　　B.比率分析法　　C.趋势分析法　　D.因素分析法

3.（　　）是通过计算两个性质不同而又相关的指标的比率进行数量分析的方法。

A.相关比率分析法　　B.构成比率分析法

C.趋势分析法　　D.连环替代法

4.运用连环替代法时要正确确定各因素的（　　）。

A.重要程度　　B.详细程度　　C.价值大小　　D.排列顺序

5.环比动态比率是以每一分析期的（　　）为基期数值而计算出来的动态比率。

A.前期数值　　B.本期数值　　C.下期数值　　D.预测数值

二、多项选择题

职业能力训练
多项选择题

1. 企业的产品成本表可以按（　　）反映。

A. 产品种类　　B. 成本项目
C. 计划成本　　D. 实际成本

2. 生产企业一般需要编制的成本报表包括（　　）。

A. 产品成本表　　B. 主要产品单位成本表
C. 制造费用明细表　　D. 期间费用明细表

3. 成本报表按报送时间可以分为（　　）。

A. 年报　　B. 季报　　C. 月报　　D. 日报

4. 成本报表的主要作用有（　　）。

A. 综合反映企业报告期内产品成本和费用水平
B. 反映企业成本计划的完成情况
C. 为制订新一轮成本计划提供依据
D. 为企业成本决策提供数据信息

5. 成本分析中常用的分析方法有（　　）。

A. 对比分析法　　B. 比率分析法　　C. 趋势分析法　　D. 因素分析法

三、判断题

职业能力训练
判断题

1. 成本报表必须按照统一制定的格式和项目进行编制，不允许企业随意变动。（　　）

2. 成本报表是服务于企业内部经营管理目的的报表，不对外报送。（　　）

3. 影响可比产品成本降低额和影响可比产品成本降低率的因素是相同的。（　　）

4. 运用连环替代法时要正确确定各因素的排列顺序，在分析相同问题时要按照统一排列顺序进行替换，否则会得出不同的计算结果。（　　）

四、技能训练题

职业能力训练
技能训练题

技能训练一

【目的】掌握因素分析法。

【资料】某企业有关材料费用、产品产量、材料单耗和材料单价等资料见表10-16。

表10-16　材料成本资料

指　标	单　位	计划数	实际数
产品产量	件	100	102
材料单耗	千克/件	20	16
材料单价	元/千克	15	18
材料费用	元	30 000	29 376

【要求】使用连环替代法分析各因素变动对材料费用的影响程度。

技能训练二

【目的】编制产品成本表。

【资料】某公司2025年3月产品成本表见表10-17。

表10-17 产品成本表

2025年3月

金额单位：元

产品名称	计量单位	实际产量	单位成本			总成本		
			上年实际平均	本年计划	本月实际	按上年实际平均单位成本计算	按本年计划单位成本计算	本月实际
可比产品								
甲	件	100	84	82	83			
乙	件	10	760	750	740			
不可比产品								
丙	件	20		60	56			
产品成本合计								

【要求】填写表10-17中总成本各栏相关数据。

业务实践篇

成本会计综合实训

一、实训要求

1. 根据实训资料中的（一）（二）建立库存现金日记账和以下明细账：库存商品——铣床、库存商品——机床、应收账款——光华机械、应收账款——秋实机械、管理费用、制造费用——铸造车间、制造费用——金工车间、制造费用——装配车间、生产成本——铣床、生产成本——机床。

2. 根据实训资料中的（三）填写并完善相关的原始凭证。

3. 根据实训资料中的（三）及所填制的原始凭证填制记账凭证，要求原材料、库存商品、应收账款、应付账款、应交税费、制造费用、生产成本必须写明细科目，并将原始凭证粘贴在记账凭证的后面。

4. 根据所填制的记账凭证登记库存现金日记账，不必每天计算填列余额，但要月末结账。

5. 根据所填制的记账凭证及其所附的原始凭证登记以下明细账：库存商品——铣床、库存商品——机床、应收账款——光华机械、应收账款——秋实机械、管理费用、制造费用——铸造车间、制造费用——金工车间、制造费用——装配车间、生产成本——铣床、生产成本——机床，不必每天计算填列余额，但要月末结账。

6. 根据所填制的记账凭证编制科目汇总表。

7. 编制当月资产负债表。

8. 编制当月利润表。

二、实训资料

1. 企业基本信息：

公司名称：郑州市永春机械公司

性质及主营：属于制造业，主要生产、销售铣床和机床

法人及公司地址：赵永春，郑州市建设路198号

纳税人及税率：增值税一般纳税人，增值税税率13%，企业所得税税率25%

开户行及账号：工行郑州市支行；17020201521221390549

2. 存货核算：

存货按实际成本核算，存货发出计价采用先进先出法。

3. 生产核算：

企业生产模式为大量大批连续多步骤生产，设有三个生产车间（如图1所示）：铸造车间（生产铸造零件：铁铸件、铝铸件）、金工车间（生产加工零件：铁质零部件、铝材零部件）、装配车间（进行产品装配：铣床、机床）。生产工艺为连续式加工，采用逐步综合结转分步法计算产品成本。

图1　企业生产模式图

铸造车间设置“生产成本——铁铸件”“生产成本——铝铸件”科目分别核算铁铸件、铝铸件的成本，账内设置“直接材料”“直接人工”“制造费用”成本项目。设置“制造费用——铸造车间”科目进行该车间间接生产费用核算。

金工车间设置“生产成本——铁质零部件”“生产成本——铝材零部件”科目分别核算铁质零部件、铝材零部件的成本，账内设置“直接材料”“直接人工”“制造费用”成本项目。设置“制造费用——金工车间”科目进行该车间间接生产费用核算。

装配车间设置“生产成本——铣床”“生产成本——机床”科目分别核算铣床、机床的成本，账内设置“直接材料”“直接人工”“制造费用”成本项目。设置“制造费用——装配车间”科目进行该车间间接生产费用核算。

各车间发生的制造费用按直接人工费用比例在该车间的各种产品之间进行分配。

月末在产品成本按约当产量法核算：原材料在生产开始时一次性投入，直接人工和制造费用按生产进度陆续发生，月末在产品按所在工序的50%折算。

职工薪酬当月计提，次月发放。

（一）郑州市永春机械公司2025年7月相关总账账户期初余额见表1。

表1　相关总账账户期初余额　　金额单位：元

总账账户	借方余额	总账账户	贷方余额
库存现金	10 000	应付票据	550 000
银行存款	15 428 909	应付账款	268 000
应收票据	800 000	预收账款	110 000
应收账款	1 800 000	应付职工薪酬	1 356 000
坏账准备	−69 852	应交税费	456 268
其他应收款	2 000	实收资本	39 000 000
原材料	760 000	资本公积	861 000
库存商品	2 618 120	盈余公积	1 043 060
固定资产	48 456 131	利润分配	581 000
累计折旧	−16 235 980	本年利润	9 344 000
合　计	53 569 328	合　计	53 569 328

（二）郑州市永春机械公司2025年7月相关明细账账户期初余额见表2至表5。

表2　应收票据、应收账款、其他应收款明细账　金额单位：元

明细科目	金额
应收票据——光明机械	800 000
应收账款——光华机械	840 000
应收账款——秋实机械	960 000
其他应收款——牛桂春	2 000

表3　原材料、库存商品明细账　金额单位：元

明细科目	数量	单位成本	金额
原材料——生铁	60吨	2 000	120 000
原材料——铝锭	40吨	4 000	160 000
原材料——钢板	20吨	3 000	60 000
原材料——电器元件	40套	6 500	260 000
原材料——标准件	40套	4 000	160 000
库存商品——铣床	40台	40 700	1 628 000
库存商品——机床	40台	24 753	990 120

表4　应付票据、应付账款、预收账款明细账　单位：元

明细科目	金额
应付票据——河东冶炼	550 000
应付账款——港城配件	226 000
应付账款——华远钢铁	42 000
预收账款——康宁机械	110 000

表5　应交税费明细账　单位：元

明细科目	金额
应交税费——未交增值税	407 382
应交税费——应交城市维护建设税	28 517
应交税费——应交教育费附加	12 221
应交税费——应交地方教育附加	8 148

（三）郑州市永春机械公司2025年7月份发生下列经济业务：

1.7月1日，郑州市永春机械公司从中国工商银行取得30万元短期借款，期限为12个月，年利率6%，每月月末计提利息，到期一次还本付息。款项已经转入公司银行账户。

1-1

中国工商银行借款凭证（回单）④

收款单位	名　　称	郑州市永春机械公司	借款单位	名　　称	中国工商银行郑州市支行
	往来户账号	17020201521221390549		往来户账号	123461789023450931
	开户银行	中国工商银行郑州市支行		开户银行	中国工商银行郑州市支行

借款期限（最后还款日）	12个月	年利率	6%	起息日	2025年07月01日

项目	内容	十	百	十	万	千	百	十	元	角	分
借款申请金额	人民币（大写）叁拾万元整		¥	3	0	0	0	0	0	0	0
借款原因及用途：用于正常的生产周转	银行核定金额		¥	3	0	0	0	0	0	0	0

备　注：

期限	还款日期	计划还款金额
1年	2026.06.30	300 000.00

上述借款业务已同意贷给并转入你单位往来账户，借款到期应按期归还

此致

借款单位：中国工商银行郑州市支行

（银行盖章）　2025年07月01日

（印章：中国中国工商银行股份有限公司郑州市支行 2025.07.01 转讫）

2.7月2日，对出纳岗位进行突击检查，发现现金长款200元，原因待查。

2-1

现金盘点表

盘点人	彭敏	监盘人	黄丽	财务主管	夏平
盘点日期	2025.07.02	盘点地点	财务部	出纳员	彭敏
清　点　现　金			核　对　账　目		
币面额	张数	金额	项目		金额
100元	88	8 800	现金账面余额		10 000
50元	24	1 200	加：收入凭证未记账		
20元	10	200	减：支出凭证未记账		
10元			调整后现金余额		10 000
5元			实点现金		10 200
1元			长款		200
5角			短款		
2角					
1角					
实点现金		10 200			
处理意见：请及时查明原因			领导签字：夏平		

3.7月2日，销售给光华机械有限公司铣床40台，不含税单价60 000元，增值税税率13%，货物已出库，郑州市永春机械公司开出增值税专用发票，确认收入，货款尚未收到。销售成本月末结转。

3-1

电子发票（增值税专用发票）

全国统一发票监制章 国家税务总局 河南省税务局

发票号码：25100000000071180971
开票日期：2025年07月02日

购买方信息	名称：光华机械有限公司 统一社会信用代码/纳税人识别号：91020134587498565M	销售方信息	名称：郑州市永春机械公司 统一社会信用代码/纳税人识别号：910102317912513147

项目名称	规格型号	单位	数量	单价	金额	税率/征收率	税额
*全数机床*铣床		台	40	60 000.00	2 400 000.00	13%	312 000.00
合计					¥2 400 000.00		¥312 000.00
价税合计（大写）	⊗贰佰柒拾壹万贰仟元整				（小写）¥2 712 000.00		
备注							

开票人：黄丽

3-2

产品出库单

出货单位：郑州市永春机械公司
收货单位：光华机械有限公司　　2025年07月02日　　№ 7001

产品编号	产品名称	单位	数量
略	铣床	台	40
合　计			40

提货人：付正喜　　销售处负责人：冯寒野　　保管员：刘亮

4.7月3日，从郑州凯达有限公司购入钢板10吨，每吨不含税单价3 000元，增值税税率为13%，货物验收入库，货款以转账支票支付。

4-1

电子发票（增值税专用发票）

全国统一发票监制章 国家税务总局 河南省税务局

发票号码：25100000000094002942
开票日期：2025年07月03日

购买方信息	名称：郑州市永春机械公司 统一社会信用代码/纳税人识别号：910102317912513147	销售方信息	名称：郑州凯达有限公司 统一社会信用代码/纳税人识别号：91010348540549506X

项目名称	规格型号	单位	数量	单价	金额	税率/征收率	税额
*黑色金属冶炼压延品*钢板		吨	10	3 000.00	30 000.00	13%	3 900.00
合计					¥30 000.00		¥3 900.00
价税合计（大写）	⊗叁万叁仟玖佰元整				（小写）¥33 900.00		
备注							

开票人：王一平

4-2

材料入库单

供应单位：郑州凯达有限公司　　　　　　　　　　　　　　　　编号：0701

发票号码：25100000000094002942　　　　2025年07月03日　　　　材料类别：原材料

名称	单位	数量	实际成本				
			买价		运费	合计	
			单价	金额			
钢板	吨	10	3 000.00	30 000.00		30 000.00	
合计				30 000.00		30 000.00	

②财务记账

收料人：秦丽　　　　供应部门负责人：杜苗　　　　经手人：海军

4-3

中国工商银行

转账支票存根

支票号码4105007101

附加信息

签发日期：2025年07月03日

收款人：	郑州凯达有限公司
金　额：	¥33 900.00
用　途：	支付材料款

单位主管　略　　　　会计　略

5.7月5日，收到秋实机械有限公司前欠货款960 000元。

5-1

中国工商银行电划贷方补充报单（第三联）

报单号码 36458544

收报日期 2025年07月05日　　　　凭证提交号 0948568

发报行行号	北京市5001	汇出行行号	交行北京支行500100	收报行行号	郑州市4910	汇入行行号	工行郑州市支行4913
付款人 账号	29012191917			收款人 账号	17020201521221390549		
付款人 全称	秋实机械有限公司			收款人 全称	郑州市永春机械公司		
金额（大写）	人民币玖拾陆万元整					金额	¥960 000.00
事由：货款						应解汇款编号	
上列款项已代进账，如有错误，请持此联来行面洽。此致（开户单位）		（银行盖章）2025年07月05日		上列款项已照收无误。证件名称：证件号码：（收款人盖章）2025年07月05日		科目（贷）对方科目（借）解汇日期　年　月　日 复核　记账　出纳	

中国工商银行股份有限公司郑州市支行 2025.07.05 转讫

此联送收款人代收账通知或取款收据

6.7月6日，铸造车间领用生铁20吨、铝锭20吨，分别用于生产铁铸件、铝铸件。

6-1

领料单

领料部门：铸造车间　　　　　　　　　　　　　　　　　　　　第0701号

用　　途：铁铸件　　　　2025年07月06日　　　　金额单位：元

材料名称	单位	数量		实际成本	
		请领	实发	单位成本	实际总成本
生铁	吨	20	20	2 000	40 000
合计					

财务部

领料人：李好　　　领料部门负责人：侯杰　　　发料人：刘亮

6-2

领料单

领料部门：铸造车间　　　　　　　　　　　　　　　　　　　　第0702号

用　　途：铝铸件　　　　2025年07月06日　　　　金额单位：元

材料名称	单位	数量		实际成本	
		请领	实发	单位成本	实际总成本
铝锭	吨	20	20	4 000	80 000
合计					

财务部

领料人：李好　　　领料部门负责人：侯杰　　　发料人：刘亮

7.7月7日，以银行存款支付前欠港城配件有限公司货款226 000元。

7-1

中国工商银行电汇凭证（回 单） 1

委托日期 2025年07月07日

<table>
<tr><td rowspan="3">汇款人</td><td>全　称</td><td colspan="4">郑州市永春机械公司</td><td rowspan="3">收款人</td><td>全　称</td><td colspan="11">港城配件有限公司</td></tr>
<tr><td>账　号</td><td colspan="4">17020201521221390549</td><td>账　号</td><td colspan="11">6364264768797836211</td></tr>
<tr><td>汇出地点</td><td colspan="4">河南 省 郑州 市</td><td>汇入地点</td><td colspan="11">湖北 省 武汉 市</td></tr>
<tr><td colspan="2">汇出行名称</td><td colspan="4">中国工商银行郑州市支行</td><td colspan="2">汇入行名称</td><td colspan="11">中国工商银行武汉市支行</td></tr>
<tr><td rowspan="2">金额</td><td colspan="7" rowspan="2">人民币（大写）贰拾贰万陆仟元整</td><td>亿</td><td>千</td><td>百</td><td>十</td><td>万</td><td>千</td><td>百</td><td>十</td><td>元</td><td>角</td><td>分</td></tr>
<tr><td></td><td></td><td>¥</td><td>2</td><td>2</td><td>6</td><td>0</td><td>0</td><td>0</td><td>0</td><td>0</td></tr>
<tr><td colspan="5" rowspan="2">中国工商银行股份有限公司
郑州市支行
2025.07.07
转讫

汇出行签章</td><td>支付密码</td><td colspan="13"></td></tr>
<tr><td colspan="14">附加信息及用途：支付前欠货款
复核　　记账</td></tr>
</table>

8.7月8日，以银行存款支付上月职工薪酬1 356 000元。

8-1

中国工商银行

转账支票存根

支票号码4105007102

附加信息

签发日期：2025年07月08日

收款人：	郑州市永春机械公司
金　额：	¥1 356 000.00
用　途：	发工资

单位主管　略　　会计　略

9.7月10日，办公室牛桂春报销差旅费3 000元（附件略），出差前已预借差旅费2 000元，超出部分以现金支付。

9-1

差旅费报销单

部门：办公室　　2025年07月10日

姓名			牛桂春			出差事由	开会	出差时间	自2025年07月05日 至2025年07月08日			共4天	
起止时间及地点						车船费		住宿费		伙食补助		其他	
月	日	起	月	日	至	类别	金额	标准	金额	标准	金额	内容摘要	金额
7	5	郑州	7	5	天津	火车	200	400	1 200	150	600	会议费	800
7	8	天津	7	8	郑州	火车	200						
小计							400		1 200		600		800
总计金额（大写）		叁仟元整								预支　元　实报3 000元 退款　元或补付1 000元			

现金付讫

财务主管：夏平　　单位负责人：赵永春　　审核：彭敏　　填报人：牛桂春

10. 7月10日，金工车间领用钢板，分别用于生产铁质零部件、铝材零部件。

10-1

领料单

领料部门：金工车间　　第0703号

用　　途：铁质零部件　　2025年07月10日　　金额单位：元

材料名称	单位	数量		实际成本	
		请领	实发	单位成本	实际总成本
钢板	吨	10	10	3 000	30 000
合计					

财务部

领料人：李好　　领料部门负责人：侯杰　　发料人：刘亮

10-2

领料单

领料部门：金工车间　　　　　　　　　　　　　　　　　　　　　第0704号

用　　途：铝材零部件　　　　　　2025年07月10日　　　　　　金额单位：元

材料名称	单位	数量		实际成本	
		请领	实发	单位成本	实际总成本
钢板	吨	10	10	3 000	30 000
合计					

财务部

领料人：李好　　　　领料部门负责人：侯杰　　　　发料人：刘亮

11.7月11日，以银行存款支付银行业务手续费120元。

11-1

银行业务收费凭证

日期：2025年07月11日

户名	郑州市永春机械公司	付款账号	17020201521221390549
费用项目	金额	币种：人民币	
手续费	120.00	银行盖章	
其他			
合计	（小写）120.00	（大写）壹佰贰拾元整	

中国工商银行股份有限公司
郑州市支行
2025.07.11
转讫

12.7月12日，以现金购买办公用品，取得普通发票。

12-1

电子发票（普通发票）

全国统一发票监制章
国家税务总局
河南省税务局

发票号码：25100000000022196452

开票日期：2025年07月12日

购买方信息	名称：郑州市永春机械公司 统一社会信用代码/纳税人识别号：910102317912513147	销售方信息	名称：郑州市郑东新区汇捷文具店 统一社会信用代码/纳税人识别号：92410MA91213333C12

项目名称	规格型号	单位	数量	单价	金额	税率/征收率	税额
*文具*笔记本		本	500	9.7087	4 854.37	3%	145.63
合计					¥4 854.37		¥145.63
价税合计（大写）	⊗伍仟元整					（小写）¥5 000.00	
备注							

开票人：李丽娟

13.7月12日，从中国工商银行提取现金5 000元备用。

13-1

中国工商银行

现金支票存根

支票号码4106664401

附加信息

签发日期：2025年07月13日

收款人：	郑州市永春机械公司
金　额：	¥5 000.00
用　途：	备用金

单位主管　略　　会计　略

14. 7月14日，装配车间领用电器元件、标准件，分别用于生产铣床、机床。

14-1

领料单

领料部门：装配车间　　第0705号

用　　途：铣床　　2025年07月14日　　金额单位：元

材料名称	单位	数量		实际成本	
		请领	实发	单位成本	实际总成本
电器元件	套	20	20	6 500	130 000
合计					

财务部

领料人：李好　　领料部门负责人：侯杰　　发料人：刘亮

14-2

领料单

领料部门：装配车间　　第0706号

用　　途：铣床　　2025年07月14日　　金额单位：元

材料名称	单位	数量		实际成本	
		请领	实发	单位成本	实际总成本
标准件	套	20	20	4 000	80 000
合计					

财务部

领料人：李好　　领料部门负责人：侯杰　　发料人：刘亮

14-3

领料单

领料部门：装配车间　　第0707号

用　　途：机床　　2025年07月14日　　金额单位：元

材料名称	单位	数量		实际成本	
		请领	实发	单位成本	实际总成本
电器元件	套	10	10	6 500	65 000
合计					

财务部

领料人：李好　　领料部门负责人：侯杰　　发料人：刘亮

14-4

领料单

领料部门：装配车间　　第0708号

用　　途：机床　　2025年07月14日　　金额单位：元

材料名称	单位	数量		实际成本	
		请领	实发	单位成本	实际总成本
标准件	套	10	10	4 000	40 000
合计					

财务部

领料人：李好　　领料部门负责人：侯杰　　发料人：刘亮

15.7月15日，现金支付车间设备修理费，价款800元，增值税104元，共计904元。

15-1

电子发票（增值税专用发票）

全国统一发票监制章　国家税务总局　河南省税务局

发票号码：25100000000075875480

开票日期：2025年07月15日

购买方信息	名称：郑州市永春机械公司 统一社会信用代码/纳税人识别号：910102317912513147			销售方信息	名称：郑州创新修理修配有限公司 统一社会信用代码/纳税人识别号：91010512365478944W		
项目名称	规格型号	单位	数量	单价	金额	税率/征收率	税额
*劳务*设备修理劳务		项	1	800.00	800.00	13%	104.00
合计					¥800.00		¥104.00
价税合计（大写）	⊗玖佰零肆元整				（小写）¥904.00		
备注							

开票人：史钟伟

16.7月16日，开具转账支票支付河南东方文化传播公司广告费50 000元，增值税税率6%，共计53 000元。

16-1

电子发票（增值税专用发票）

全国统一发票监制章 国家税务总局 河南省税务局

发票号码：25100000000009985725

开票日期：2025年07月16日

购买方信息	名称：郑州市永春机械公司 统一社会信用代码/纳税人识别号：910102317912513147	销售方信息	名称：河南东方文化传播公司 统一社会信用代码/纳税人识别号：910101558971944977

项目名称	规格型号	单位	数量	单价	金额	税率/征收率	税额
*广告服务*广告费		项	1	50 000.00	50 000.00	6%	3 000.00
合计					¥50 000.00		¥3 000.00
价税合计（大写）	⊗伍万叁仟元整					（小写）¥53 000.00	
备注							

开票人：邵云志

16-2

中国工商银行

转账支票存根

支票号码4105007103

附加信息

签发日期：2025年07月16日

收款人：河南东方文化传播公司

金　额：¥53 000.00

用　途：广告费

单位主管　略　　　会计　略

17.7月17日，分别收到郑州市自来水公司和郑州市供电公司发票，企业通过转账支票方式支付水电费。根据水电费耗用明细表，分配当月水电费用。

17-1

郑州市永春机械公司7月份水电费耗用明细表

金额单位：元

单位	电费			水费			合计
	度数	电费		吨数	水费		
		单价	金额		单价	金额	
铸造车间	6 000	0.60	3 600	150	4.00	600	4 200
金工车间	5 000	0.60	3 000	100	4.00	400	3 400
装配车间	5 000	0.60	3 000	200	4.00	800	3 800
管理部门	300	0.60	180	50	4.00	200	380
销售部门	200	0.60	120				120
合计	16 500	0.60	9 900	500	4.00	2 000	11 900

17-2

电子发票（增值税专用发票）

发票号码：25100000000008716725

开票日期：2025年07月17日

购买方信息	名称：郑州市永春机械公司 统一社会信用代码/纳税人识别号：910102317912513147
销售方信息	名称：郑州市自来水公司 统一社会信用代码/纳税人识别号：910753619852944912

项目名称	规格型号	单位	数量	单价	金额	税率/征收率	税额
*城市供水*自来水		吨	500	4.00	2 000.00	9%	180.00
合计					¥2 000.00		¥180.00
价税合计（大写）	⊗贰仟壹佰捌拾元整				（小写）¥2 180.00		
备注							

开票人：蔡志杰

17-3

电子发票（增值税专用发票）

发票号码：25100000000049175578

开票日期：2025年07月17日

购买方信息	名称：郑州市永春机械公司 统一社会信用代码/纳税人识别号：910102317912513147
销售方信息	名称：郑州市供电公司 统一社会信用代码/纳税人识别号：910198529449127753

项目名称	规格型号	单位	数量	单价	金额	税率/征收率	税额
*城市供电*电		度	16 500	0.60	9 900.00	13%	1 287.00
合计					¥9 900.00		¥1 287.00
价税合计（大写）	⊗壹万壹仟壹佰捌拾柒元整				（小写）¥11 187.00		
备注							

开票人：张启生

17-4

中国工商银行

转账支票存根

支票号码4105007104

附加信息

签发日期：2025年07月17日

收款人：	郑州市自来水公司
金 额：	¥2 180.00
用 途：	水费

单位主管 略 会计 略

17-5

中国工商银行

转账支票存根

支票号码4105007105

附加信息

签发日期：2025年07月17日

收款人：	郑州市供电公司
金 额：	¥11 187.00
用 途：	电费

单位主管 略 会计 略

18.7月18日，销售给湖心石墨有限公司机床40台，不含税单价70 000元，增值税税率13%，货物已出库。郑州市永春机械公司开出增值税专用发票并确认收入，当天收到对方开来的转账支票。销售成本月末一并结转。

18-1

电子发票（增值税专用发票）

国家税务总局 河南省税务局

发票号码：25100000000071180971

开票日期：2025年07月18日

购买方信息	名称：湖心石墨有限公司 统一社会信用代码/纳税人识别号：910201345874985369				销售方信息	名称：郑州市永春机械公司 统一社会信用代码/纳税人识别号：910102317912513147		
项目名称	规格型号	单位	数量	单价		金额	税率/征收率	税额
*全数机床*机床		台	40	70 000.00		2 800 000.00	13%	364 000.00
合计						¥2 800 000.00		¥364 000.00
价税合计（大写）	⊗叁佰壹拾陆万肆仟元整					（小写）¥3 164 000.00		
备注								

开票人：黄丽

18-2

产品出库单

出货单位：郑州市永春机械公司

收货单位：湖心石墨有限公司　　2025年07月18日　　No.7002

产品编号	产品名称	单位	数量
	机床	台	40
合计			40

提货人：付正喜　　销售处负责人：冯寒野　　保管员：刘亮

18-3

中国工商银行电划贷方补充报单（第三联）

报单号码 36458545

收报日期 2025年07月18日　　凭证提交号 0948569

发报行行号	洛阳市5001	汇出行行号	交行洛阳支行500100	收报行行号	郑州市4910	汇入行行号	工行郑州市支行4913
付款人 账号	29012191919			收款人 账号	17020201521221390549		
付款人 全称	湖心石墨有限公司			收款人 全称	郑州市永春机械公司		
金额（大写）	人民币叁佰壹拾陆万肆仟元整				金额 ¥3 164 000.00		
事由：货款					应解汇款编号		
上列款项已代进账，如有错误，请持此联来行面洽。 此致 （开户单位）	中国工商银行股份有限公司 郑州市支行 2025.07.18 （银行盖章） 转讫 2025年07月18日		上列款项已照收无误。 证件名称： 证件号码： （收款人盖章） 2025年07月18日		科目（贷） 对方科目（借） 解汇日期 年 月 日 复核 记账 出纳		

此联送收款人代收账通知或取款收据

19.7月19日，向河南省青少年发展基金会捐款5 000元，以转账支票支付。

19–1

公益事业捐赠统一票据

票据代码：豫财410401

票据批次：NA[2011]

（财政票据监制章 河南省 财政部监制）

捐赠人：郑州市永春机械公司　　2025年07月19日　　No. 86643648

捐赠项目	实物(外币)种类	数量	金额									
			千	百	十	万	千	百	十	元	角	分
希望工程	现金					¥	5	0	0	0	0	0
金额合计（小写）						¥	5	0	0	0	0	0
金额合计（大写）	⊗仟⊗佰⊗拾⊗万伍仟零佰零拾零元零角零分											

第一联 收据联

接受单位（盖章）：（河南省青少年发展基金会 财务专用章）　　复核人：宋安　　开票人：关欣

感谢您对公益事业的支持！

19–2

中国工商银行

转账支票存根

支票号码4107082110

附加信息

签发日期：2025年07月19日

收款人：	河南省青少年发展基金会
金　额：	¥5 000.00
用　途：	捐赠款

单位主管 略　　会计 略

20.7月20日，从上海万利机电公司购入不需要安装的发电机2台，价款合计400 000元，增值税52 000元，价税总计452 000元，款项已以电汇方式支付，发电机已经运抵公司并交付使用。

20-1

电子发票（增值税专用发票）

（全国统一发票监制章 国家税务总局 上海市税务局）

发票号码：25100000000001777318
开票日期：2025年07月20日

购买方信息 名称：郑州市永春机械公司 统一社会信用代码/纳税人识别号：910102317912513147	销售方信息 名称：上海万利机电公司 统一社会信用代码/纳税人识别号：910103645745089003

项目名称	规格型号	单位	数量	单价	金额	税率/征收率	税额
*发电机*发电机	HL50KW	台	2	200 000.00	400 000.00	13%	52 000.00
合计					¥400 000.00		¥52 000.00
价税合计（大写）	⊗肆拾伍万贰仟元整				（小写）¥452 000.00		
备注							

开票人：濮方如

20-2

中国工商银行电汇凭证（回单）1

委托日期 2025年07月20日

汇款人	全称	郑州市永春机械公司	收款人	全称	上海万利机电公司
	账号	17020201521221390549		账号	6756487854787934793
	汇出地点	河南省郑州市		汇入地点	省 上海 市
汇出行名称		中国工商银行郑州市支行	汇入行名称		中国工商银行新柳路支行

金额	人民币（大写）	亿	十	百	十	万	千	百	十	元	角	分
	肆拾伍万贰仟元整			¥	4	5	2	0	0	0	0	0

（中国工商银行股份有限公司郑州市支行 2025.07.20 转讫）

汇出行签章

支付密码

附加信息及用途：

复核　　记账

20-3

固定资产验收交接单

设备名称	发电机	交接时间	2025年07月20日
型号	HL50KW	厂家	上海万利机电公司
数量	2	设备用途	发电
单价	200 000.00	金额	400 000.00
验收情况：发电机组完好无损，无异常情况。验收负责人：何亮			
移交单位 负责人	上海万利机电公司 王成	接受单位 经办人	郑州市永春机械公司 王迎春

（上海万利机电公司 印）（郑州市永春机械公司 印）

21.7 月 21 日，现金长款 200 元原因无法查明，经批准转作营业外收入处理。

21-1

待处理财产处理报告

7 月 2 日，对出纳岗位进行突击检查，清查结果为现金盘盈 200 元，经多人多次调查，仍无法查明长款原因，特申请转作营业外收入处理。

请批示

报告人：夏平

2025 年 07 月 21 日

领导签字：同意

赵永春

22.7 月 25 日，向税务机关缴纳增值税、城市维护建设税、教育费附加、地方教育附加，款项已通过银行划转。

22-1

中国工商银行郑州市支行电子缴税付款回单

转账日期：2025 年 07 月 25 日　　　凭证字号：34539584981

纳税人全称及纳税人识别号：郑州市永春机械公司 9101023179125131147

付款人全称：郑州市永春机械公司

付款人账号：17020201521221390549　　　征税机关名称：郑州市中原区税务局

付款人开户银行：中国工商银行郑州市支行　　　收缴国库名称：地方金库郑州市金库

小写（合计）金额：肆拾伍万陆仟贰佰陆拾捌元整

缴款书交易流水号：34539584981

大写（合计）金额：456 268.00　　　税票号码：9459849

税（费）种名称	所属时期	实缴金额
增值税	2025.06.01—2025.06.30	407 382.00
城市维护建设税	2025.06.01—2025.06.30	28 517.00
教育费附加	2025.06.01—2025.06.30	12 221.00
地方教育附加	2025.06.01—2025.06.30	8 148.00

第 1 次打印　　　打印时间：2025 年 07 月 25 日 10 时 42 分

22-2

中华人民共和国
税收通用完税证

（2025）豫地完 9459848

注册类型：有限公司　　填发日期：2025 年 07 月 25 日　　征税机关：郑州市中原区税务局

纳税人代码	910102317912513147			地址	郑州市建设路 198 号		第二联 收据 交纳税人作完税凭证
纳税人名称	郑州市永春机械公司			税款所属期	2025.06.01-2025.06.30		
税种	品名名称	课税数量	计税金额销售收入	税率或单位税额	已缴或扣除额	实缴金额	
增值税						407 382.00	
城市维护建设税						28 517.00	
教育费附加						12 221.00	
地方教育附加						8 148.00	
合计金额	肆拾伍万陆仟贰佰陆拾捌元整		¥ 456 268.00				
税务机关（盖章）	委托代征单位（盖章）		填票人（章）	备注			

（印章：郑州市中原区税务局 征税专用章）

23. 7 月 23 日，计提本月固定资产折旧。

23-1

固定资产 7 月份折旧提取表

单位：元

部门	记入科目	月折旧额
铸造车间	制造费用——铸造车间	60 000
金工车间	制造费用——金工车间	50 000
装配车间	制造费用——装配车间	40 000
管理部门	管理费用	31 900
销售部门	销售费用	20 000
合计		201 900

制单：黄丽　　复核：夏平

24. 7 月 30 日，本月应发职工薪酬 1 356 000 元。

24-1

郑州市永春机械公司 7 月份工资计算分配表

单位：元

部门	人员类别	应计科目	应发合计
铸造车间	生产人员	生产成本——铁铸件	150 000
	生产人员	生产成本——铝铸件	50 000
	车间管理人员	制造费用——铸造车间	60 000
金工车间	生产人员	生产成本——铁质零部件	180 000
	生产人员	生产成本——铝材零部件	70 000
	车间管理人员	制造费用——金工车间	40 000
装配车间	生产人员	生产成本——铣床	160 000
	生产人员	生产成本——机床	196 000
	车间管理人员	制造费用——装配车间	27 400
管理部门	管理人员	管理费用	250 000
销售部门	销售人员	销售费用	172 600
总计			1 356 000

制单：黄丽　　复核：夏平

25.7月31日，计提本月短期借款利息。

25-1

计提利息

2025年07月31日　　　　金额单位：元

借款金额	年利率	月利息
300 000.00	6%	1 500.00
合计		1 500.00

制单：黄丽　　　　复核：夏平

26.7月31日，各车间按直接人工费用比例分配制造费用。

（要求：填写26-1制造费用分配表）

26-1

制造费用分配表

2025年07月31日　　　　金额单位：元

车间名称	产品名称	直接人工	分配率	分配金额
铸造车间	铁铸件	150 000		
	铝铸件	50 000		
小计				
金工车间	铁质零部件	180 000		
	铝材零部件	70 000		
小计				
装配车间	铣床	160 000		
	机床	196 000		
小计				

制单：黄丽　　　　复核：夏平

27.本月铸造车间投产铁铸件24套、铝铸件17套，全部完工并交付金工车间分别继续生产铁质零部件和铝材零部件，半成品不通过仓库结转，编制两车间交付半成品的会计分录。采用逐步综合结转分步法计算并结转铸造车间完工半成品成本。

（要求：填写27-2铝铸件的产品成本计算单）

27-1

产品成本计算单

单位：铸造车间　　　　2025年07月31日　　　　单位：元

产品名称：铁铸件　　　　投产情况：24套　　　　完工情况：全部完工

成本计算	成本项目			合计
	直接材料	直接人工	制造费用	
本期发生	40 000	150 000	93 150	283 150
完工成本	40 000	150 000	93 150	283 150

交付人：李好　　　　保管员：刘亮

27-2

产品成本计算单

单位：铸造车间　　2025年07月31日　　单位：元

产品名称：铝铸件　　投产情况：17套　　完工情况：全部完工

成本计算	成本项目			合计
	直接材料	直接人工	制造费用	
本期发生				
完工成本				

交付人：李好　　保管员：刘亮

28. 本月金工车间投产铁质零部件24套、铝材零部件17套。金工车间除了正常料工费消耗外，还领用了铸造车间交付的铁铸件和铝铸件。铁铸件用于加工生产铁质零部件，铝铸件用于加工生产铝材零部件。金工车间本月生产的铁质零部件和铝材零部件全部完工并交付装配车间分别继续生产铣床和机床，半成品不通过仓库结转，编制两车间交付半成品的会计分录。采用逐步综合结转分步法计算并结转金工车间完工半成品成本。

（要求：填写28-2铝材零部件的产品成本计算单）

28-1

产品成本计算单

单位：金工车间　　2025年07月31日　　单位：元

产品名称：铁质零部件　　投产情况：24套　　完工情况：全部完工

成本计算	成本项目			合计
	直接材料	直接人工	制造费用	
本期发生	30 000	180 000	67 248	277 248
上车间转入	283 150			283 150
完工成本	313 150	180 000	67 248	560 398

交付人：刘亮　　保管员：田园

28-2

产品成本计算单

单位：金工车间　　2025年07月31日　　单位：元

产品名称：铝材零部件　　投产情况：17套　　完工情况：全部完工

成本计算	成本项目			合计
	直接材料	直接人工	制造费用	
本期发生				
上车间转入				
完工成本				

交付人：刘亮　　保管员：田园

29. 本月装配车间投产铣床24台、机床17台。装配车间除了正常料工费消耗外，还领用了金工车间交付的铁质零部件和铝材零部件。其中，铁质零部件用于加工生产铣床，铝材零部件用于加工生产机床。装配车间本月生产产品全部完工并交付仓库，编制装配车间交付产成品的会计分录。计算并结转装配车间完工产成品成本。

（要求：填写29-2机床的产品成本计算单）

29-1

产品成本计算单

单位：装配车间　　2025年07月31日　　单位：元

产品名称：铣床　　投产情况：24套　　完工情况：全部完工

成本计算	成本项目			合计
	直接材料	直接人工	制造费用	
本期发生	210 000	160 000	32 000	402 000
上车间转入	560 398			560 398
完工成本	770 398	160 000	32 000	962 398

交付人：田园　　保管员：李冀东

29-2

产品成本计算单

单位：装配车间　　2025年07月31日　　单位：元

产品名称：机床　　投产情况：17套　　完工情况：全部完工

成本计算	成本项目			合计
	直接材料	直接人工	制造费用	
本期发生				
上车间转入				
完工成本				

交付人：田园　　保管员：李冀东

30.7月31日，结转铣床、机床本月销售产品成本。(库存商品发出计价采用先进先出法)

(要求：填写30-1销售成本汇总表)

30-1

销售成本汇总表

编制单位：郑州市永春机械公司　　2025年07月31日　　金额单位：元

产品名称	期初成本			本期入库			销售成本		
	数量	单位成本	金额	数量	单位成本	金额	数量	单位成本	金额
铣床									
机床									
合计									

制单：李丽　　复核：常思远

31.7月31日，计算本月损益类账户余额并结转至“本年利润”账户。

(要求：填写31-1结转前损益类账户月末余额计算表)

31-1

结转前损益类账户月末余额计算表

2025年07月31日　　单位：元

账户名称	借方余额	贷方余额
管理费用		
销售费用		
财务费用		
主营业务收入		
主营业务成本		
营业外收入		
营业外支出		
合　计		

制单：黄丽　　复核：夏平

32. 7月31日，计算本月应交所得税并结转所得税费用至“本年利润”账户。(无纳税调整事项)

(要求：填写32-1企业所得税计算表)

32-1

企业所得税计算表

编制单位：郑州市永春机械公司　　2025年07月

月应纳税所得额	税率	月应纳所得税额
	25%	

33. 编制科目汇总表、资产负债表和利润表。

科目汇总表

编制单位：郑州市永春机械公司　　2025年07月　　单位：元

序号	会计科目	借方金额	贷方金额
1	库存现金		
2	银行存款		
3	应收账款		
4	其他应收款		
5	原材料		
6	库存商品		
7	固定资产		
8	累计折旧		
9	生产成本		
10	制造费用		
11	短期借款		
12	应付账款		
13	应付利息		
14	应交税费		
15	应付职工薪酬		
16	本年利润		
17	待处理财产损溢		
18	主营业务收入		
19	主营业务成本		
20	管理费用		
21	销售费用		
22	财务费用		
23	所得税费用		
24	营业外收入		
25	营业外支出		
	合计		

资产负债表（简表）

编制单位：郑州市永春机械公司　　2025年07月31日　　单位：元

资产	期末余额	负债及所有者权益（或股东权益）	期末余额
货币资金		短期借款	
应收票据		应付票据	
应收账款		应付账款	
存货		预收款项	
固定资产		应付职工薪酬	
		应交税费	
		其他应付款	
		实收资本（或股本）	
		资本公积	
		盈余公积	
		未分配利润	
资产总计		负债及所有者权益（或股东权益）总计	

利润表（简表）

编制单位：郑州市永春机械公司　　2025年07月　　单位：元

项　目	本期金额
一、营业收入	
减：营业成本	
税金及附加	
销售费用	
管理费用	
研发费用	
财务费用	
二、营业利润（亏损以“-”号填列）	
加：营业外收入	
减：营业外支出	
三、利润总额（亏损总额以“-”号填列）	
减：所得税费用	
四、净利润（净亏损以“-”号填列）	

智能应用篇

成本管理智能应用

在数字化浪潮席卷各行各业的当下，成本核算早已告别传统手工计算的时代。如今，Excel、OA系统已广泛应用，零代码平台更是将成本核算推向新高度，不仅能实现精准的成本核算，还能利用数据推送、公式计算、仪表盘实时监控等功能，让成本管理更高效、透明、智能。

接下来的实训，我们将体验简道云零代码平台的强大功能。

小贴士

什么是简道云？

简道云是一款零代码轻量级应用搭建平台，其功能丰富且强大，拥有表单、流程、仪表盘、知识库等核心功能模块。在这里，搭建成本核算应用无须复杂编程，仅仅通过简单的模块拖拽与配置，就能快速构建贴合企业实际需求的成本核算系统。不仅如此，数据推送功能还可让成本数据及时触达相关人员，公式计算功能确保核算准确无误，而仪表盘实时监控则能帮助管理者随时掌握成本动态，为决策提供有力支持。让我们一同开启这场数字化成本核算的探索之旅，解锁企业降本增效的新密码吧！

一、基本信息

公司名称：河南绮梦家用纺织品有限公司

法人及公司地址：罗绮梦，郑州市建设路195号

纳税人及税率：增值税一般纳税人，增值税税率13%，企业所得税税率25%

开户行及账号：中国工商银行郑州市支行；17020201521221390566

行业：制造业

类型：小型企业

记账本位币：人民币

记账单位：元

存货核算：存货按实际成本核算，存货发出计价采用先进先出法

产品：本实训主要涉及棉布床单和亚麻床单的生产

二、注册账号

登录简道云官网https：//www.jiandaoyun.com/，点击“免费试用”（如附图1所示），进入注册界面，使用手机号获取验证码注册账号（如附图2所示）。

附图1　官网首页

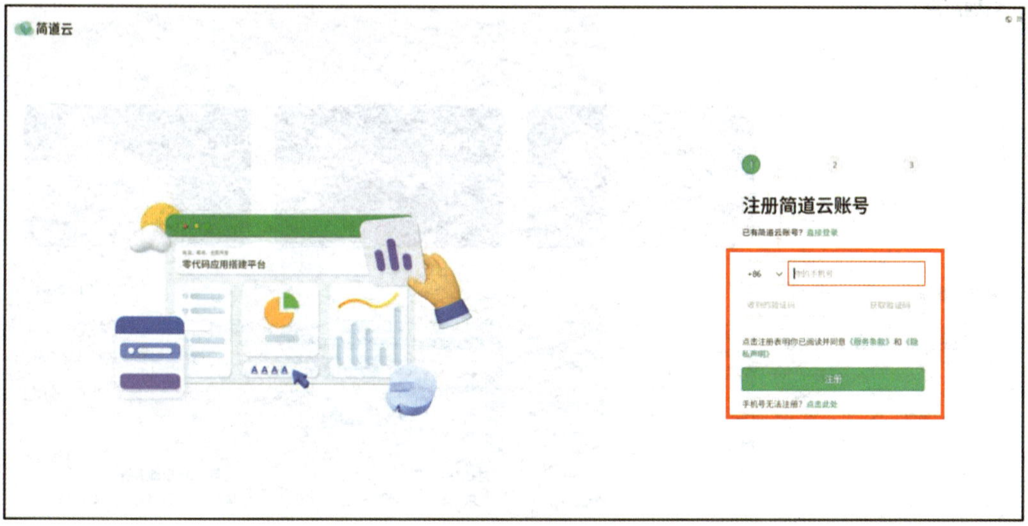

附图2　注册账号

三、应用创建

在简道云里，“应用”是一个具有特定功能和用途的业务系统或工具集。它可以被看作是一个“篮子”，里面包含了表单、流程、仪表盘、知识库等各种功能模块。打开“工作台”界面，在“我的应用”板块点击右侧的“新建应用”（如附图3所示），创建名称为“成本核算”的应用。在弹出的界面选择“创建空白应用”（如附图4所示），设置应用“名称”为“成本核算”并为其选择图标（如附图5所示），点击“确定”按钮。

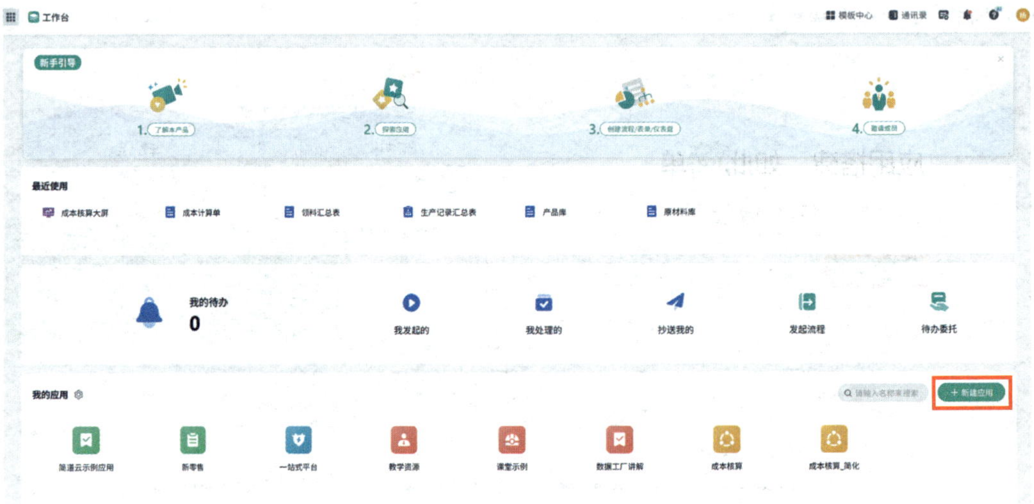

附图3　工作台

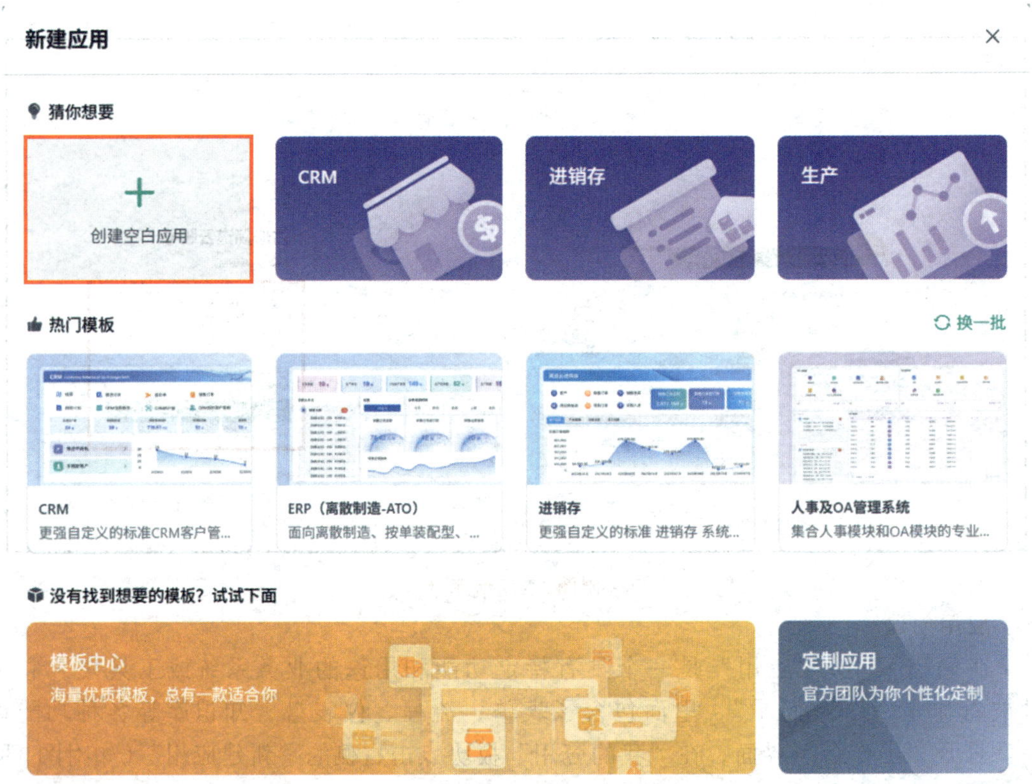

附图4　创建应用

附图5 应用设置

在弹出的“成本核算”界面点击“新建表单”，开始构建应用（如附图6所示），然后选择“创建空白表单”（如附图7所示），弹出如附图8所示的表单编辑页面。

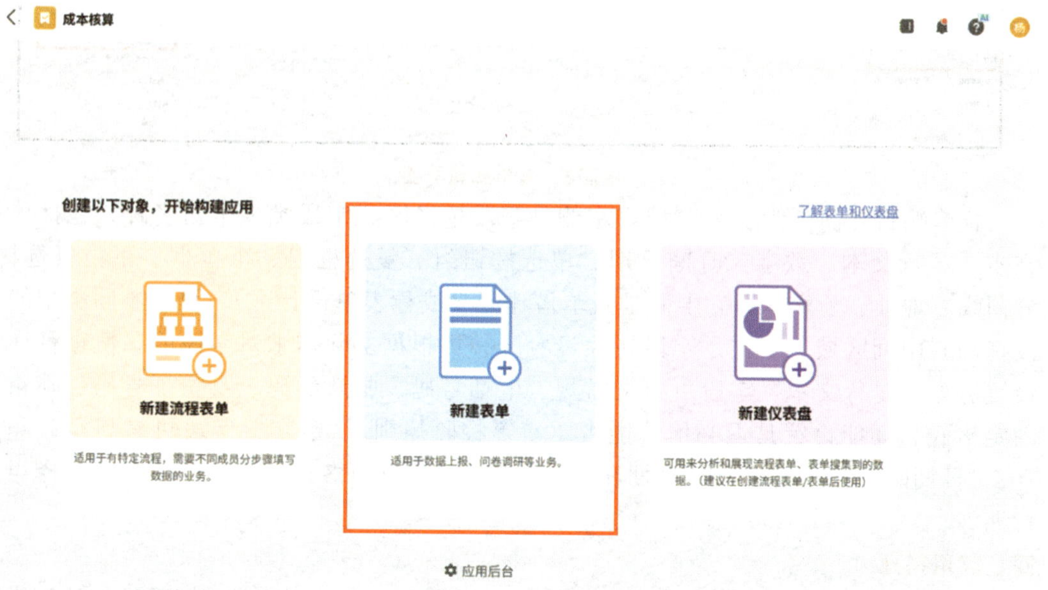

附图6 构建应用

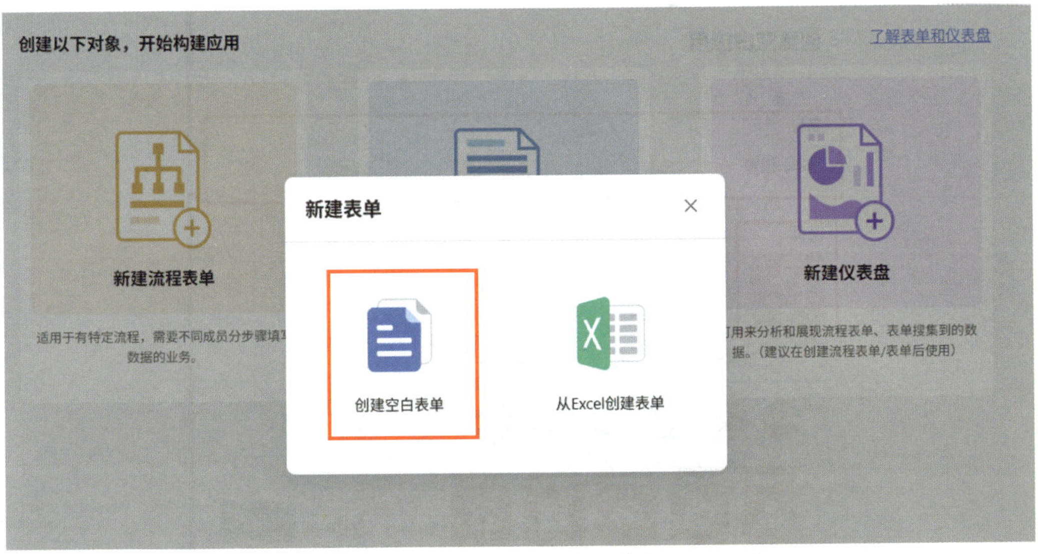

附图7　新建表单

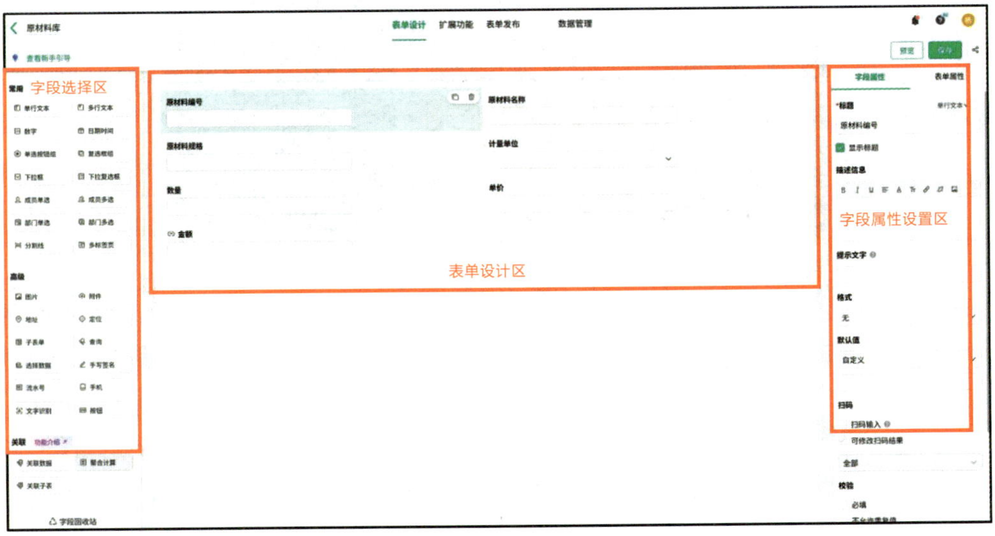

附图8　表单编辑界面

表单编辑界面分为三大区域。左侧是字段选择区，字段类型丰富多样，包括单行文本、多行文本、数字、时间日期、单选按钮组、复选框组、下拉框、下拉复选框、分割线、地址、子表单等。中间是表单搭建区（或称表单设计区），可将不同类型的字段拖动到中间区域。右侧是字段属性设置区，可根据实际需求对字段的属性进行详细设置。如“单行文本”字段可定义常规、电话号码、邮政编码、身份证号码、邮箱等固定格式，还能设置是否必填、能否重复等校验规则；“数字”字段可参与运算和统计；“日期时间”字段有单纯日期和“日期+时间”两种格式可选，也可默认选择当天日期等。

四、应用搭建

本次实训任务应用设置“基础信息”“生产信息”“月度汇总分配”“成本计算”四个分组，主要包含表单、流程表单和仪表板三种类型（如附图9所示）。

附图9　应用结构

点击上方的“+”号创建分组或表单功能（如附图10所示）。

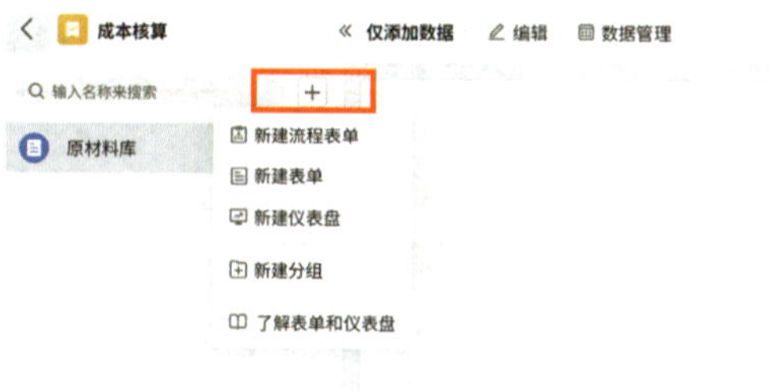

附图10　新增应用功能

（一）基础信息

基础信息包含原材料库和产品库，使用表单功能。基础表单为后续表单提供数据联动和关联表单的数据来源，能大大提升数据录入的效率和准确性。

视频

基础表单操作示范

小贴士

数据联动与关联其他表单数据

数据联动：当两个表单通过某一字段产生关联后，该字段内容发生变化时，表单中预设的对应字段会自动更新或填充。例如，“领料单”表单中“原材料名称”和“原材料库”表单中“领料名称”设置关联，那么在“领料单”中填入某一“原材料名称”后，“原材料编号”“规格”“单位”“单位成本”等都会自动填充“原材料库”表单中对应“原材料名称”的数据。

关联其他表单数据：在当前表单中，通过预设规则实时调取并展示另一个表单中的数据，实现字段内容的自动填充或选项范围的动态变化。比如，当“领料单”中的“原材料名称”关联了“原材料库”表单中的“原材料名称”时，在填写“领料单”表单“原材料名称”字段时，“原材料库”表单中已有的“原材料名称”数据会以下拉菜单的形式出现，方便选取数据。

1.原材料库（表单）（见附表1）

附表1　原材料库（表单）

字段	类型	属性设置	备注
原材料编号	单行文本		
原材料名称	单行文本		
原材料规格	单行文本		
计量单位	下拉框	选项：米/卷/个/条	
数量	数字		
单价	数字		
金额	数字	默认值：公式编辑 金额=数量*单价	设置公式从界面中选取字段

2.产品库（表单）（见附表2）

附表2　产品库（表单）

字段	类型	属性设置
产品编号	单行文本	
产品名称	单行文本	
产品规格	单行文本	
计量单位	下拉框	选项：件/个/条

（二）生产信息

生产信息包含领料单、生产记录单，使用流程表单功能。该组信息用于获取产品直接材料成本、产量、工时等信息，为后续分配生产工人工资、制造费用提供数据，进而为形成成本计算单提供数据。

小贴士

什么是流程表单？

流程表单带有流程审批功能，非常适合报销、请假申请等工作场景。流程表单提交后，它可以进行审批，侧重于数据录入的过程，即按照预先设置好的路线进行流转，让多人有顺序、有规则地完成一条数据的录入。而普通表单则更注重数据协作，比如修改、删除、导入、导出等操作。

1. 领料单（流程表单）（见附表3）

附表3 领料单（流程表单）

字段		类型	属性设置
编号		流水号	流水号规则： 自动计数：5位数字+固定字符：LLD
日期时间		日期时间	类型：年－月－日
用途		下拉框	选项：关联其他表单数据－产品库（产品名称）
领料明细（子表单）	原材料名称	下拉框	选项：关联其他表单数据－原材料库（原材料名称）
	原材料编号	单行文本	默认值：数据联动－原材料库 当“原材料名称=领料明细.原材料名称”时，触发“领料明细.编号=原材料编号”
	规格	单行文本	参考原材料编号设置数据联动，筛选条件一致，根据该字段名称设置触发动作
	单位	单行文本	
	单位成本	数字	
	领用数量	数字	
	实际成本	数字	默认值：公式编辑 实际成本=单位成本*领用数量
合计成本		数字	默认值：公式编辑 合计成本=sum(领料明细.实际成本) 备注：将领料明细中多种原材料成本汇总求和
仓库主管审批		单选按钮组	选项：批准/不批准
仓库主管意见		多行文本	在表单属性添加显隐规则 仓库主管审批=不批准，显示该字段
仓库保管员审批		单选按钮组	批准/不批准
仓库保管员意见		多行文本	在表单属性添加显隐规则 仓库保管员审批=不批准，显示该字段

小贴士

什么是子表单？

子表单：允许在表单中添加多个子字段，并且支持录入多条数据。这特别适用于那些录入字段格式固定、但录入条数不确定的情况。使用子表单，可以更便捷地处理数据一对多的场景。

流程设定：参照附图11增加流程节点，修改节点名称，设置节点负责人和节点权限。

视频

领料单操作示范

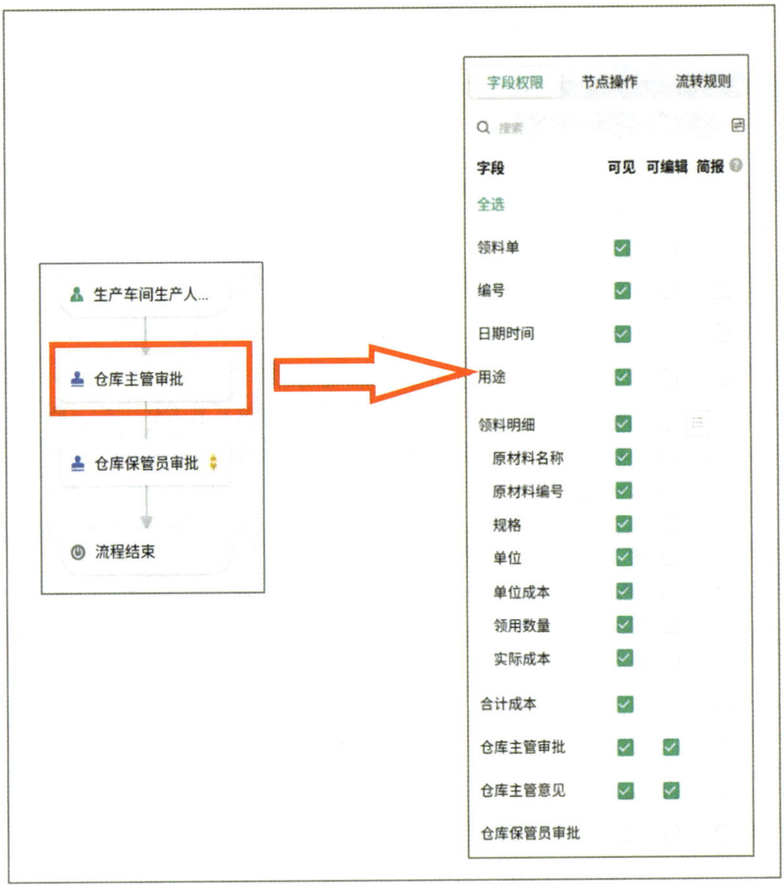

附图11　流程设定

2.生产记录单（流程表单）（见附表4）

附表4　　　　　　　　　　生产记录单（流程表单）

字段	类型	属性设置
编号	流水号	流水号规则： 自动计数：5位数字+固定字符：SC
日期时间	日期时间	类型：年-月-日
产品名称	下拉框	选项：关联其他表单数据-产品库（产品名称）
产量	数字	
单位工时	数字	默认值：0.4
工时	数字	默认值：公式编辑 工时=产量*单位工时
车间管理员确认	单选按钮组	选项：是/否
备注	多行文本	在表单属性添加显隐规则 车间管理员确认=否，显示该字段

参照领料单，进行流程设定。

视频

生产记录单
操作示范

（三）月度汇总分配（表单）

该组表单包括领料汇总表、生产记录汇总表、制造费用汇总表、制造费用分配表、生产工人工资分配表，为成本计算的直接人工、制造费用提供数据。

视频

月度汇总分配
操作示范

1. 领料汇总表（表单）（见附表5）

附表5　领料汇总表（表单）

字段	类型	属性设置	备注
日期时间	日期时间	类型：年-月	
产品名称	下拉框	选项：关联其他表单数据-产品库（产品名称）	
成本合计	数字	默认值：公式编辑 成本合计=MAPX("sum",产品用途,用途,合计成本)	MAPX函数是一个“跨表单”函数。第2个参数来自本表单，第3、4个参数来自领料单

2. 生产记录汇总表（表单）（见附表6）

附表6　生产记录汇总表（表单）

字段	类型	属性设置	备注
日期时间	日期时间	类型：年-月	
部门归属	下拉框	选项：关联其他表单数据-人员信息表（部门归属）	
产品名称	下拉框	选项：关联其他表单数据-产品库（产品名称）	
产量	数字	默认值：公式编辑 产量=MAPX("sum",产品名称,产品名称,产量)	MAPX函数是一个“跨表单”函数。第2个参数来自本表单，第3、4个参数来自生产记录单
工时	数字	默认值：公式编辑 工时=MAPX("sum",产品名称,产品名称,工时)	MAPX函数是一个“跨表单”函数。第2个参数来自本表单，第3、4个参数来自生产记录单

3.制造费用汇总表（表单）（见附表7）

附表 7　　制造费用汇总表（表单）

字段	类型	属性设置
日期时间	日期时间	类型：年-月
总工时	数字	
车间管理人员工资合计	数字	
水费	数字	
电费	数字	
本月折旧	数字	
制造费用合计	数字	默认值：公式编辑 制造费用合计=车间管理人员工资合计+水费+电费+本月折旧

4.制造费用分配表（表单）（见附表8）

附表 8　　制造费用分配表（表单）

字段	类型	属性设置
日期时间	日期时间	类型：年-月 默认值：填写当时时间
制造费用合计	数字	默认值：数据联动-其他费用汇总表 当“日期时间=日期时间”时，触发“制造费用合计=制造费用合计”
总工时	数字	默认值：数据联动-其他费用汇总表 当“日期时间=日期时间”时，触发“总工时=总工时”
分配率	数字	默认值：公式编辑 分配率=制造费用合计/总工时
产品名称	下拉框	选项：关联其他表单数据-产品库（产品名称）
工时	数字	默认值：数据联动-生产记录汇总 当“产品名称=产品名称”时，触发“工时=工时”
分配金额	数字	默认值：公式编辑 制造费用=工时*分配率

5.生产工人工资分配表（表单）（见附表9）

附表9　生产工人工资分配表（表单）

字段	类型	属性设置
日期时间	日期时间	类型：年–月
应付合计	数字	
总工时	数字	默认值：数据联动–制造费用汇总表 当“日期时间=日期时间”时，触发“总工时=总工时”
分配率	数字	默认值：公式编辑 分配率=应付合计/总工时
产品名称	下拉框	选项：关联其他表单数据–产品库（产品名称）
工时	数字	默认值：数据联动–生产记录汇总表（月底） 当“产品名称=产品名称”时，触发“工时=工时”
分配金额	数字	默认值：公式编辑 分配金额=分配率*工时

（四）成本计算

该分组下包括成本计算单（见附表10）和成本核算大屏（即数据大屏）。成本计算单按产品类别核算成本。成本核算大屏为可视化仪表板，由多个组件构成，可根据数据的更新实时变动，直观展示数据。本实训成本核算大屏可由成本明细表、成本构成柱形图、原材料消耗占比饼图、制造费用漏斗图等构成。

附表10　成本计算单

字段	类型	属性设置
日期时间	日期时间	类型：年–月
产品名称	下拉框	选项：关联其他表单数据–产品库（产品名称）
产量	数字	默认值：数据联动–生产记录汇总表 当“产品名称=产品名称”时，触发“产量=产量”
直接材料成本	数字	默认值：数据联动–领料汇总表 当“产品名称=产品名称”时，触发“直接材料成本=成本合计”
直接材料单位成本	数字	默认值：公式编辑 直接材料成本=直接材料成本/产量
直接人工成本	数字	默认值：数据联动–生产工人工资分配表 当“产品名称=产品名称”时，触发“直接人工成本=分配金额”
直接人工单位成本	数字	默认值：公式编辑 直接人工成本=直接人工成本/产量
制造费用成本	数字	默认值：数据联动–制造费用分配表 当“产品名称=产品名称”时，触发“制造费用成本=分配金额”
制造费用单位成本	数字	默认值：公式编辑 制造费用单位成本=制造费用成本/产量
成本合计	数字	默认值：公式编辑 成本合计=直接材料成本+直接人工成本+制造费用成本
单位成本合计	数字	默认值：公式编辑 单位成本合计=直接材料单位成本+直接人工单位成本+制造费用单位成本

视频

成本计算操作示范

五、数据录入

1. 原材料库资料（见附表11）

附表 11　　原材料库资料　　金额单位：元

编号	名称	规格	计量单位	数量	单价	金额
001	幅宽2.8米棉布	纯棉/白色	米	50 000	11.00	550 000.00
002	幅宽2.8米亚麻布	亚麻/灰色	米	50 000	15.00	750 000.00
003	线	白色	卷	50 000	8.00	400 000.00
004	胶带		条	10 000	0.20	2 000.00

2. 产品库资料（见附表12）（可使用Excel素材直接导入）

附表 12　　产品库资料

产品编号	产品名称	产品规格	计量单位
1	棉布床单	260*280	条
2	亚麻床单	260*280	条

3. 领料情况

（1）4月1日，为生产棉布床单，领用棉布14 500米、线5卷、胶带5 000条；

（2）4月8日，为生产棉布床单，领用棉布14 500米、线5卷、胶带5 000条；

（3）4月15日，为生产棉布床单，领用棉布5 800米、线2卷、胶带2 000条；

（4）4月17日，为生产亚麻床单，领用亚麻布11 600米、线8卷、胶带4 000条；

（5）4月22日，为生产亚麻床单，领用亚麻布11 600米、线8卷、胶带4 000条。

4. 生产情况

本月共生产棉布床单12 000条，单位工时0.4时，共计4 800小时；生产亚麻床单8 000条，单位工时0.4小时，共计3 200小时；合计工时8 000小时。

（1）4月2日，生产棉布床单5 000条；

（2）4月9日，生产棉布床单5 000条；

（3）4月16日，生产棉布床单2 000条；

（4）4月18日，生产亚麻床单4 000条；

（5）4月23日，生产亚麻床单4 000条。

5. 工资情况（见附表13）

附表 13　　工资情况　　单位：元

部门	身份	基本工资	奖金	津贴补贴	应付合计
生产车间	生产人员	60 000.00	1 500.00	2 500.00	64 000.00
生产车间	管理人员	10 000.00	100.00	120.00	10 220.00

6. 其他费用情况

（1）用电情况（见附表14）。

附表 14　　用电情况　　金额单位：元

部门归属	单位	单价	用量	电费
生产车间	度	1.00	80 000	80 000.00

（2）用水情况（见附表15）。

附表15 用水情况 金额单位：元

部门归属	单位	单价	用量	水费
生产车间	吨	8.00	350	2 800.00

（3）固定资产折旧情况（见附表16）。

附表16 固定资产折旧情况 金额单位：元

部门归属	固定资产类别	折旧率	固定资产原值	月折旧额
生产车间	机器设备	0.8%	215 000.00	1 720.00
生产车间	房屋建筑物	0.4%	11 320 000.00	45 280.00
			合计	47 000.00

六、应用运行

（1）根据“五、数据录入”的相关信息，录入［基础信息］分组下的2个表单、［生产信息］分组下的2个表单。

（2）［月度汇总分配］分组下根据“领料单”生成“领料汇总表”，根据“生产记录单”生成“生产记录汇总表”。

（3）根据“五、数据录入”的相关信息，填写“制造费用汇总表”并生成“制造费用分配表”和“生产工人工资分配表”。

（4）生成成本计算单。

（5）配置仪表板（即成本核算大屏）（如附图12所示）。

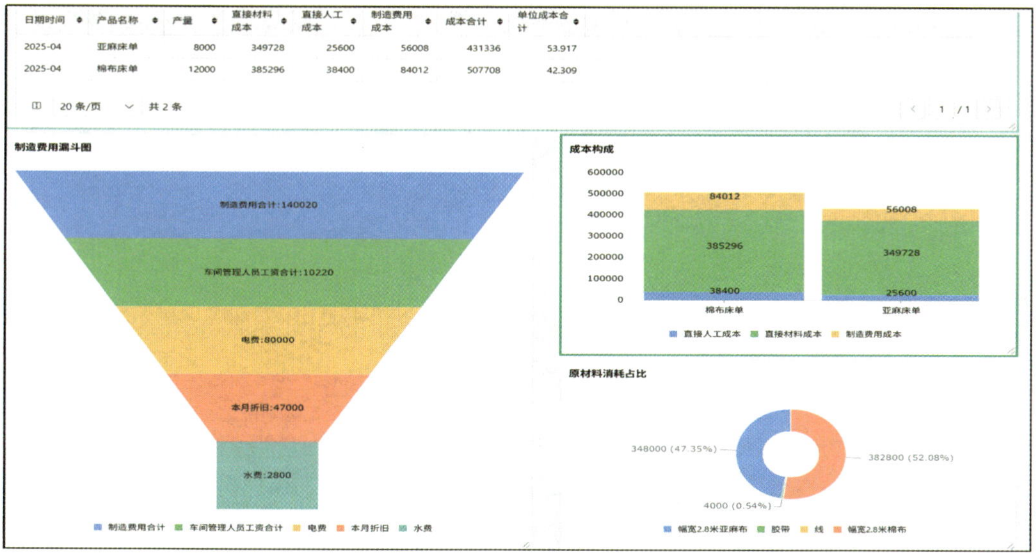

附图12 成本核算大屏

主要参考文献

［1］江希和，向有才．成本会计教程［M］．7版．北京：高等教育出版社，2022.

［2］张桂春．成本核算实务［M］．2版．北京：人民邮电出版社，2014.

［3］周云凌，王雪岩．成本会计——原理、实务、案例、实训［M］．5版．大连：东北财经大学出版社，2022.

［4］周列平，兰霞，刘克涛．成本会计实务［M］．2版．大连：东北财经大学出版社，2017.

［5］马莉萍．成本会计实务［M］．2版．北京：中国经济出版社，2016.

［6］于富生，黎来芳，张敏．成本会计学［M］．7版．北京：中国人民大学出版社，2015.

［7］吴玉林．成本会计［M］．2版．南京：南京大学出版社，2013.

［8］罗彬．成本会计学［M］．北京：现代教育出版社，2011.

［9］武美云，刘悦．新编成本会计实务［M］．南京：南京大学出版社，2012.

［10］戴自力，孔慧平．成本会计［M］．2版．郑州：郑州大学出版社，2014.

［11］徐晓敏，杨应杰，杨建．成本会计［M］．北京：人民邮电出版社，212.

［12］王淑平，施颖．成本会计实务［M］．杭州：浙江大学出版社，2013.

［13］胡中艾，蒋小芸．成本核算［M］．2版．北京：高等教育出版社，2014.

［14］鲁亮升．成本会计［M］．8版．大连：东北财经大学出版社，2022.

富媒体智能型教材使用说明

“财经高等职业教育富媒体智能型教材开发系统工程”入选国家新闻出版广电总局新闻出版改革发展项目库，并获得文化产业专项资金支持，是“国家文化产业资金支持媒体融合重大项目”。项目以“融通”“融合”“共建”“共享”为特色，是东北财经大学出版社积极落实国家推动传统媒体与新媒体融合发展的重要举措之一。

“财济书院”智能教学互动平台是该工程项目建设成果之一。该平台通过系统、合理的架构设计，将教学资源与教学应用集成于一体，具有教学内容多元呈现、课堂教学实时交互、测试考评个性设置、用户学情高效分析等核心功能，是高校开展信息化教学的有力支撑和应用保障。

富媒体智能型教材是该工程项目建设成果之二。该类教材是我社供给侧结构性改革探索性策划的创新型产品，是一种新形态立体化教材。富媒体智能型教材秉持严谨的教学设计思想和先进的教材设计理念，为财经职业教育教与学、课程与教材的融通奠定了基础，较好地避免了传统教学模式和单一纸质教材容易出现的“两层皮”现象，有助于教学质量的提高和教学效果的提升。

从教材资源的呈现形式来说，富媒体智能型教材实现了传统纸质教材与数字技术的融合，通过二维码建立链接，将VR、微课、视频、动画、音频、图文和试题库等富媒体资源丰富呈现给用户；从教材内容的选取整合来说，其实现了职业教育与产业发展的融合，不仅注重专业教学内容与职业能力培养的有效对接，而且很好地解决了部分专业课程学与训、训与评的难题；从教材的教学使用过程来说，其实现了线下自主与线上互动的融合，学生可以在有网络支持的任何地方自主完成预习、巩固、复习等，教师可以在教学中灵活使用随堂点名、作业布置及批改、自测及组卷考试、成绩统计分析等平台辅助教学工具。

富媒体智能型教材设计新颖，一书一码，使用便捷。使用富媒体智能型教材的师生首先下载“财济书院”APP或者进入“财济书院”（www.idufep.com）平台完成注册，然后登录“财济书院”输入教材封四学习卡中的激活码建立或找到班级和课程对应教材，就可以开启个性化教与学之旅。

“重塑教学空间，回归教学本源！”“财济书院”平台不仅仅是出版社提供教学资源和服务的平台，更是出版社为作者和广大院校创设的一个自主选择和自主探究的教与学的空间，作者和广大院校师生既是这个空间的使用者和消费者，也是这个空间的创造者和建设者，在这里，出版社、作者、院校共建资源，共享回报，共创未来。

最后，感谢各位作者为支持项目建设所付出的辛劳和智慧，也欢迎广大院校在教学中积极使用富媒体智能型教材和“财济书院”平台，东北财经大学出版社愿意也必将陪伴广大职业教育工作者走向更加光明而美好的职教发展新阶段。

东北财经大学出版社